GARY CHAPMAN
&
CATHERINE PALMER

BRISA DE VERÃO

Traduzido por MARIA EMÍLIA DE OLIVEIRA

MC
mundocristão
São Paulo

Dados Internacionais de Catalogação na Publicação (CIP)
(Câmara Brasileira do Livro, SP, Brasil)

Chapman, Gary

Brisa de verão / Gary Chapman & Catherine Palmer; traduzido por Maria Emília de Oliveira — São Paulo: Mundo Cristão, 2012.

Título original: Summer Breeze.

1. Ficção norte-americana I. Palmer, Catherine II. Título.

11-12860 CDD — 813

Índice para catálogo sistemático:
1. Ficção: Literatura norte-americana 813
Categoria: Ficção

Publicado no Brasil com todos os direitos reservados por:
Editora Mundo Cristão
Rua Antônio Carlos Tacconi, 79, São Paulo, SP, Brasil, CEP 04810-020
Telefone: (11) 2127-4147
Home page: www.mundocristao.com.br

1ª edição: fevereiro de 2012

Para Shannon e Frances Bledsoe.
Minha profunda gratidão por sua ajuda,
seu encorajamento e, acima de tudo,
pelas orações fervorosas.

C. P.

Quando duas pessoas estão sob a influência da mais violenta, mais insana, mais ilusória e mais efêmera das paixões, elas devem jurar que permanecerão continuamente nessa condição emocionada, anormal e exaustiva até que a morte as separe.

George Bernard Shaw

Getting Married[1] [Casar-se]

Nota aos leitores

Não há nada como uma boa história! Estou entusiasmado por trabalhar com Catherine Palmer numa série de ficção baseada nos conceitos expostos em meu livro *As quatro estações do casamento.*[1] Você tem em mãos o segundo livro desta série.

Minha experiência, tanto em meu casamento quanto no aconselhamento de casais por mais de trinta anos, sugere que o casamento está sempre mudando de uma estação para outra. Às vezes estamos no inverno — desanimados, desligados e insatisfeitos. Outras, vivemos a primavera, com sua receptividade, esperança e expectativa. Há ainda ocasiões em que nos aquecemos sob o calor do verão — confortáveis, relaxados, curtindo a vida. E, de repente, vem o outono com suas incertezas, negligências e preocupações. O ciclo se repete muitas vezes ao longo do casamento, da mesma forma que as estações se repetem na natureza. Esses conceitos estão descritos em *As quatro estações do casamento*, acompanhados de sete estratégias comprovadas, para ajudar os casais a se afastarem das turbulências do outono ou da indiferença e frieza do inverno e caminharem rumo à esperança da primavera ou ao calor e aconchego do verão.

A combinação do que aprendi nesses anos de aconselhamento com a extraordinária competência de Catherine, como escritora, resultou nesta série de quatro romances. Na vida dos personagens que você conhecerá nestas páginas, verá as reiteradas escolhas que observei nas pessoas no decorrer dos anos, a importância do carinho de amigos e vizinhos e a esperança de verem seu casamento mudar para uma nova estação, muito mais agradável.

Em *Brisa de verão* e nas outras histórias da série *Quatro estações*, você conhecerá recém-casados, famílias mistas, casais angustiados por terem de adaptar-se ao ninho vazio e casais idosos. Esperamos que você se veja — ou veja alguém que conhece — nesses personagens. Se estiver com o coração ferido, este livro poderá dar-lhe esperança — e algumas sugestões para melhorar a situação.

E seja qual for a estação que estiver atravessando, sei que você vai gostar muito das pessoas e das histórias de Deepwater Cove.

Dr. Gary Chapman

Agradecimentos

Muitas pessoas exercem influência na escrita e publicação de um romance. Por suas valiosas informações acerca da Patrulha Aquática de Missouri, o oficial Shannon Bledsoe conquistou minha admiração e gratidão. Se houve erros nos manuscritos, a culpa foi minha. Pela inspiração e apoio com orações, as jovens esposas e mães da classe de estudos bíblicos de Michael Vitelli merecem minha mais profunda gratidão. Frances, Carolynn, Tammara, Liz e muitas outras — que Deus as abençoe e recompense por sua fiel colaboração. Pelas vezes em que rimos e choramos juntas, minhas amigas de longa data são tesouros que prezo muito. Janice, Mary, Roxie, Kristie, BB, Lucia — amo vocês. Minha equipe de apoio e oração tem me sustentado diante de Deus, e meus agradecimentos nunca serão suficientes — Mary, Andrew, Nina e Marilyn.

Sou grata também a minha família Tyndale por tudo o que fizeram por mim nos últimos dez anos. Ron Beers e Karen Watson, que Deus os abençoe por terem feito desta série uma realidade e também um prazer. Kathy Olson, imagino que não teria tido coragem de escrever uma só palavra sem você. Sua edição tão esmerada e amizade preciosa são verdadeiras dádivas do Senhor. A Travis e Keri, Andrea, Babette, Mavis, Victor, à extraordinária equipe de vendas e ao excelente departamento de diagramação — muito obrigada a todos, do fundo de meu coração.

Apesar de quase sempre deixá-la por último, minha família ocupa o primeiro lugar na lista de apoiadores, encorajadores e pessoas amadas. Tim, Geoffrey e Andrei — amo muito vocês.

1

O estalido do rádio comunicador montado na lancha avisou o patrulheiro Derek Finley que havia uma chamada da sede da Patrulha Aquática em Jefferson City.

— Embarcação em perigo — disse o controlador de tráfego marítimo. — Embarcação em perigo na marca de 20 milhas em frente ao Condomínio Green Oaks. Dan Becker está relatando o incidente. Repito, Dan Becker. Ele diz que está bloqueando o caminho de outros barcos e acredita que esteja criando uma possível situação de risco à navegação.

— Positivo, Jeff City. — Derek começou a manobrar sua lancha de cerca de 9 metros que a Patrulha lhe designara. Com seus dois motores externos, cada um com 250 CV, o barco alcançava a velocidade de 105 km por hora. Derek, porém, não forçaria a embarcação a navegar naquela velocidade para atender a um chamado de rotina.

— OK, Jeff — ele respondeu ao controlador. — Estou a caminho, partindo da marca de 25 milhas.

Enquanto acelerava, Derek esquadrinhou o horizonte à procura de outros barcos no caminho. Num dia como aquele, quente e bonito, o primeiro dia do feriado prolongado do Memorial Day,[1] o movimento de embarcações era intenso. Sem dúvida, haveria vários pilotos alcoolizados. Embora houvesse muitos lagos, rios e riachos no estado de Missouri, o lago de Ozarks registrava o maior número de detenções por conduzir embarcação em estado de embriaguez. Por trabalhar no turno da noite, que começava às 15 horas e só terminava às 3 horas da madrugada seguinte, Derek já havia parado um barco depois de avistar uma mulher que decidira tomar banho de sol na borda da proa sem grade de proteção. Depois, ele recebeu um chamado a respeito de alguém que pilotava um *jet ski* muito próximo de um ancoradouro particular. Muitos pilotos de *jet ski* não tinham ideia de que deveriam obedecer às mesmas leis impostas às embarcações maiores.

Enquanto a lancha cortava as águas brilhantes do lago, Derek pensava, como de hábito, na satisfação que esse emprego lhe proporcionava. Apesar de ter-se graduado em administração de empresas e trabalhado atrás de uma escrivaninha por quase um ano, ele se demitiu do emprego no momento em que soube que o governo recrutava funcionários. Logo depois, passou nos testes de conhecimento e aptidão física. Seu trabalho na Patrulha Aquática proporcionava a mistura perfeita de entusiasmo, amor pela natureza, serviço público e — durante as raras investigações criminais — desafio intelectual.

Ao aproximar-se da marca de 20 milhas, Derek avistou o barco parado na água, um Challenger de 7 metros, balançando de um lado para o outro no meio do canal e cercado por outras embarcações. Dois casais de meia-idade, queimados de sol e sem chapéu, começaram a acenar assim que o viram.

— Jeff, cheguei ao local da embarcação — Derek avisou ao controlador. Reduziu a velocidade e aproximou-se do barco parado. — Ei, pessoal, o que está havendo? Há algum Dan Becker a bordo?

— Sou eu — um dos homens respondeu. — O barco é meu. Fui eu que chamei.

— Vejo que o barco enguiçou.

— Parece que sim. Pescamos a manhã inteira. Quando estávamos voltando para casa e já bem perto de nosso ancoradouro, o motor parou de repente.

— Já tentamos tudo — o outro homem disse. — Não conseguimos dar a partida.

— O barco tem combustível?

— O tanque estava cheio quando saímos. — Dan Becker coçou a parte calva e rosada de sua cabeça. — Não posso acreditar que o barco tenha consumido todo aquele combustível. Deixe-me ver. — Em seguida, disse em tom de lamento: — Vazio. Ah, rapaz! Não imaginei que fosse isso.

Derek sorriu. Embora esse tipo de problema fosse rotineiro e consumisse a maior parte de seu tempo, Derek gostava de ajudar as pessoas em quaisquer circunstâncias, fosse evitando que uma pessoa embriagada causasse danos a si mesma ou aos outros, fosse guiando alguém perdido no lago ou ajudando um casal de pescadores num barco enguiçado. No fim do dia, ele experimentava a sensação de dever cumprido.

— Acontece o tempo todo — ele disse a Dan. — Posso rebocar seu barco e levá-lo até seu ancoradouro. Se preferir, há um posto de combustível a uns 800 metros daqui. Chama-se Marina Sereia. O senhor poderá abastecer lá.

Abanando-se, as mulheres suplicaram que fossem levadas ao ancoradouro perto do condomínio. Mas a vontade de Dan e seu companheiro prevaleceu.

— Vamos abastecer. Já que chegou até aqui, patrulheiro, talvez o senhor possa nos ajudar.

Esperando aquela reação, Derek já estava pegando a corda de reboque.

— Vou jogar a corda em sua direção. Enganche-a na alça da proa.

Enquanto os dois homens se esforçavam para prender a corda ao barco, Derek foi verificar se ela estava presa corretamente em sua lancha. Depois que finalizaram a operação, Derek dirigiu-se para a cabine do piloto e assumiu o leme. A lancha seguiu em frente, com a corda bem amarrada, rebocando o Challenger, que começou a flutuar com segurança.

"Falta de combustível", Derek pensou, sorrindo e sacudindo a cabeça. Quantas vezes ele já ouvira aquilo? A lancha e os outros dezenove barcos da Patrulha Aquática que circulavam constantemente pelo lago de Ozarks transportavam patrulheiros para atender a denúncias e chamados de emergência. O sucesso dependia de autoridade, senso de humor, coragem e habilidade. Em geral, os chamados eram corriqueiros, mas ele precisava estar sempre alerta, caso surgisse um problema sério.

Derek relembrou a lista dos motivos que as pessoas apresentavam quando o barco delas morria de repente no meio da água. "Patrulheiro, o motor enguiçou." "Não consigo dar partida no meu barco." "O motor de popa não quer pegar." "O motor parou quando estávamos puxando um esquiador." Mas o mais comum de todos era: "Estamos sem combustível".

Enquanto rebocava o Challenger em direção à Marina Sereia, Derek reparou nas frentistas do posto, que incentivavam os turistas a visitar o restaurante com vista para o lago, um pouco acima do embarcadouro. Num lembrete amistoso aos barqueiros que pudessem ter abusado da bebida, Derek bateu de leve com as pontas dos dedos no boné, alertando-os de que ele estava patrulhando a área.

Em seguida, virou-se para Dan Becker e seu grupo.

— Chegamos, sãos e salvos — ele disse enquanto os homens desprendiam a corda para devolvê-la. — Tenham um ótimo dia.

— Diga lá, patrulheiro — Dan gritou — quanto lhe devemos pelo serviço prestado?

— Faz parte do trabalho.

Derek acenou para o grupo, afastou-se com o barco e relatou ao controlador:

— Jeff, missão cumprida — e passou ao controlador as coordenadas de onde estava.

Com a tarefa concluída, ele voltou ao plantão. Enquanto Derek manobrava o barco, um colega patrulheiro comunicou-se com ele por rádio, e ambos combinaram de se encontrar na marca de 15 milhas. Com os turnos sobrepostos, os homens costumavam reunir-se no lago para discutir investigações em andamento e ocorrências recentes. Nos últimos dez anos, Derek imaginava já ter visto de tudo. Mas um recente afogamento, ocorrido de forma inusitada, deixara Derek e outros patrulheiros perplexos. Cinco dias antes, Derek havia encontrado um corpo boiando, totalmente enrolado em linha de pesca, perto de Deepwater Cove. Até aquele momento não havia nenhuma pista sobre a identidade da vítima. E ninguém havia comunicado o desaparecimento de uma pessoa.

Inspecionando os barcos com os quais cruzava no lago, Derek sabia que aquela ocorrência não resolvida iria atormentá-lo. No entanto, sem mais informações, não havia nada que ele pudesse fazer.

Com os cabelos escuros voando ao vento, a menina de 10 anos apertou com força o freio de sua bicicleta. Menina e bicicleta pararam subitamente na rampa da garagem da casa cinza de madeira, com cortinas nas janelas e petúnias rosa-choque. Assim que ouviu o ruído da roda da bicicleta bater no poste da caixa de correio, a mãe da menina suspirou fundo.

— Lydia, onde está seu capacete? — Kim gritou da varanda da casa, que dava para o lago. — Eu já disse que você não deve andar de bicicleta sem o capacete. Vá para seu quarto e coloque-o já!

— Não vou mais pedalar hoje — Lydia avisou, largando a bicicleta na entrada da garagem e correndo em direção à casa. Ela usava um *top* de alcinhas, *shorts* e sandália de dedo. — Liguei pro papai enquanto você e Luke estavam no médico. Ele quer falar com você.

Um arrepio de medo apertou o estômago de Kim.

— Lydia, você não pode conversar com seu pai sem que eu esteja presente. É ordem do juiz.

— Ordem do juiz, ordem do juiz! Não aguento mais essa história de ordem do juiz. E daí, o que é que tem?

Lydia tentou passar pela mãe, mas Kim esticou o braço para bloquear-lhe o caminho.

— O que você quer? — a menina berrou. — Quero passar! Preciso ligar para Tiffany.

— Sente-se aqui na varanda comigo por alguns instantes — Kim ordenou. Ao ver a filha virando o nariz, ela acrescentou com mais suavidade: — Por favor.

— Mãe, eu preciso saber que roupa Tiffany vai usar amanhã para ir à igreja. — Lydia, a menina de pernas fininhas e bronzeadas e braços magros, afundou-se no sofá de vime. — A mãe de Tiffany vai deixar que ela vá de *shorts* à igreja porque o Memorial Day foi comemorado na semana passada, e todo mundo sabe que o verão começa no Memorial Day.

— Você não vai à igreja de *shorts* — Kim declarou. Tiffany, dois anos mais velha que Lydia e um ano a sua frente no colégio, era pouco supervisionada pelos pais. Por ser a melhor amiga de Lydia, ela quase sempre acompanhava a família Finley à igreja e a outros passeios, mas sempre sem a companhia da mãe. Na verdade, Kim não conhecia a mulher, que aparentemente permitia que a filha fizesse tudo o que queria a qualquer hora do dia ou da noite.

Kim sacudiu a cabeça.

— Não acho certo usar *shorts* na igreja, e...

— Seria certo, sim, se todos usassem! — Lydia fuzilou a mãe com o olhar. — Você não entende nada.

Suspirando fundo, Kim sentou-se ao lado da filha. Enquanto analisava o rosto de Lydia, ela tentou orar para que sua ira se dissipasse e concentrou-se na mocinha encantadora que emergia da infância diante de seus olhos.

— Lydia — ela começou a dizer, sufocando o desejo de repreendê-la — você sabe que todas as regras foram feitas para sua segurança. O capacete serve para proteger sua cabeça, e a ordem do juiz serve para controlar o contato de seu pai com você. Ele está quebrando nosso acordo e acho que vou ligar para meu advogado para falar sobre isso. Não quero de jeito nenhum que *você* ligue para *ele*.

— Quanto tempo esse sermão vai demorar? — Lydia interrompeu a mãe. — Tiffany pediu que eu ligasse para ela assim que ela voltasse do *shopping*.

— Essa sua interrupção é grosseira e inaceitável — Kim replicou. — Se voltar a andar de bicicleta sem o capacete, vou deixá-la de castigo. E nem pense em usar *shorts* na igreja. Os que você tem são curtos demais. Você não tem se olhado no espelho nos últimos dias? Já é quase uma adolescente, Lydia. Precisa começar a se comportar de maneira mais adulta, e isso inclui saber se vestir adequadamente. E se eu souber que você voltou a ligar para seu pai, mocinha, vai sofrer sérias consequências. Agora tire imediatamente aquela bicicleta do caminho antes que Derek chegue e passe por cima dela.

— Não dá para relaxar um pouco? — Lydia perguntou, com leve tom de sarcasmo na voz. Ela levantou-se do sofá e começou a atravessar a varanda, em direção à bicicleta. — Você é muito chata. Grita com todo mundo e faz sermão o tempo todo. A gente gostava quando você estava em casa, mas agora não vejo a hora de você voltar para o trabalho. O Luke e eu vivemos infelizes nesta casa por sua culpa. Nem sei por que Derek se dá ao trabalho de voltar para casa. Você vive enchendo a cabeça dele.

— Você está exagerando, Lydia. Eu não grito com você nem com o Luke, e nunca... — A voz de Kim vacilou quando a garota, insolente, subiu na bicicleta, sentou-se no selim e pedalou, afastando-se dali. Assim que os cabelos castanhos e brilhantes de Lydia desapareceram na curva, Kim controlou os impulsos e abafou um grito de raiva. Aquilo não deveria acontecer!

O centro das atenções da família deveria ser Luke, não Lydia. Luke era o gêmeo com diabetes. Para sobreviver, ele precisava de dieta especial, exercício físico e verificação constante do nível de glicose no sangue. Nas últimas semanas, Kim havia revisto tudo o que sabia a respeito de nutrição e saúde em geral. E teve de absorver uma quantidade enorme de novas informações. Objetos como seringas, medidores de glicose e lancetas passaram a fazer parte de seu dia a dia. Agora ela usava com facilidade novas palavras como *células beta*, *medidores de antígeno leucocitário humano*, *hipoglicemia*, *acetona urinária* e *triglicerídeos*. Desde os primeiros sintomas de Luke e o diagnóstico subsequente, Kim teve de acompanhar o filho dia e noite. Passava horas orando pela saúde dele, atenta ao menor sinal de problema, e telefonando ao endocrinologista para discutir cada aspecto da enfermidade.

Kim não queria enviar Luke ao acampamento esportivo e recreativo de que os gêmeos costumavam participar no verão, por isso pedira licença do trabalho de técnica em higiene bucal. O dr. Groene, o dentista para o qual ela trabalhava em Camdenton, foi compreensivo e bondoso, e contratou um profissional temporário para substituí-la durante aquele período. Mas Kim deixou de receber salário, e a família estava com problemas para equilibrar o orçamento.

Uma voz interrompeu seus pensamentos.

— Onde está Lydia? — Luke abriu a porta de tela com um empurrão e entrou na varanda. — Achei que ela estivesse aqui. Tiffany acaba de ligar.

— Ela está andando de bicicleta — Kim disse ao filho. Em seguida, sinalizou para que ele se sentasse ao lado dela no sofá de vime. — Como você está, querido? O tremor e a náusea desta manhã ainda não passaram?

— Eu estou bem, mãe. — Luke afundou-se no assento em que a irmã estivera momentos antes. — Queria andar de bicicleta.

— E por que você não vai? Está com tontura ou coisa parecida? Dor de cabeça? — Ela esticou o braço. — Deixe-me ver se está transpirando em excesso.

— Para, mãe. Estou bem. — Luke encostou os joelhos no queixo e passou os braços ao redor deles. — Você me trata como se eu fosse um bebê! Já verifiquei meu sangue. Não há nada de errado comigo. Deixe-me em paz.

— Então, pegue seu capacete e vá encontrar sua irmã. Tenho certeza de que ela vai adorar a companhia.

— Não. — Olhando firme por sobre os joelhos, ele amarrou a cara. — Não estou com vontade de fazer nada. E nunca mais vou usar aquela droga de capacete.

Kim suspirou fundo. Por ter crescido num lar onde a briga constante dos pais os levara ao divórcio, ela aprendeu a lidar com o inesperado. Sua mãe alcoólatra precisava mudar de uma cidade para outra com os filhos porque a bebida sempre a fazia perder o emprego. Kim decidira nunca repetir os erros dos pais. Após ter-se formado no ensino médio, mais de dez anos atrás, ela passou a trabalhar para o dr. Groene como recepcionista e mudou-se para um apartamento pequeno. Logo depois, o vizinho ao lado encantou-a com seu charme, e ela casou-se, feliz, com o belo mecânico de motores de barco.

Não demorou muito para Kim perceber que havia feito exatamente o que queria evitar. De vez em quando, sem nenhum motivo aparente, Joe tornava-se grosseiro e mesquinho. Logo depois do terceiro mês da gestação dos gêmeos, ele a agrediu pela primeira vez. Depois disso, a vida de Kim tornou-se um pesadelo.

Ao mesmo tempo que morria de medo de abandonar o marido, mas também de permanecer ao lado dele, ela se comportava de maneira muito cautelosa e orava para que pudesse dar à luz com segurança. Logo depois que os gêmeos nasceram, Kim começou a frequentar a capela na região dos lagos onde ministravam estudos bíblicos. Na Capela do Cordeiro, como era conhecida, ela encontrou a força e a coragem que nunca tivera na vida. Com a ajuda e o apoio de várias mulheres da igreja, principalmente de Patsy Pringle, ela conseguiu fugir do marido e buscar abrigo num centro para mulheres vítimas de violência. Depois de divorciar-se de Joe e conseguir a guarda dos gêmeos, ela acomodou-se a uma vida que esperava ser normal.

Foi então que conheceu Derek Finley. E agora, enquanto pensava no homem maravilhoso que entrara em sua vida e conquistara seu coração três anos antes, Kim avistou o caminhão dele rodando na estrada à beira do lago em direção a sua casa, em Deepwater Cove, mais cedo do que o esperado.

— Ei, Derek está chegando! — Luke gritou. — Espero que ele tenha trazido algumas cerejas cristalizadas.

— Você não pode... — Kim engoliu o resto das palavras. Se Luke quisesse comer uma guloseima de vez em quando, teria de medir a taxa de açúcar no sangue e manter tudo equilibrado. Ele já aprendera a fazer isso. Ela precisava começar a confiar nele. Mas um menino de 10 anos? Era muito difícil não se preocupar.

— Veja, ele está trazendo a bicicleta de Lydia na carroceria! — Luke saltou do sofá, atravessou correndo a varanda e desceu a escada. — Aposto que ela caiu da bicicleta! Aposto que não estava usando o capacete!

— Ah, não! — Kim correu em direção ao caminhão que se aproximava. — Derek! Lydia está bem?

— Claro que estou. — Lydia abriu a porta do lado do passageiro e atravessou a rampa da garagem. — Derek me viu andando de bicicleta perto da estrada de Tranquility e me deu uma carona. Ei, Luke, quer salgadinho de queijo?

Antes que Kim pudesse reagir, Luke enfiou a mão na embalagem. Ela ia dizer que o jantar estava quase pronto e que aquilo não era bom para o nível de glicose de Luke, quando Derek a segurou nos braços e lhe deu um beijo na boca. Ela resistiu por um momento — medo, preocupações e frustração ainda lhe povoavam a mente —, mas então sentiu o cheiro da pele dele aquecida pelo sol. Entregando-se ao marido, ela passou os braços ao redor do pescoço dele e acariciou o cabelo macio que lhe cobria a nuca.

— Surpresa — ele disse, beijando-a no rosto e no pescoço. — Espero que o jantar seja suficiente para mais um. O capitão viu que eu estava com a vista turva e ordenou que eu ficasse algumas horas em casa para me alimentar e pôr os pés para cima.

— Vista turva? — Kim murmurou. — Não você. E com certeza não na enseada da Festa.

Ele riu e deu-lhe um tapinha de brincadeira enquanto a acompanhava até a varanda. Ambos sabiam que, em dez anos como patrulheiro, Derek estava cansado de ver mocinhas esbeltas de biquínis minúsculos que pulavam de um barco a outro na famosa enseada.

Cheia de orgulho, Kim abriu a porta da frente da casa de onde veio o aroma de molho de macarrão caseiro e torradas de alho. Por ser sábado, ela conseguira iniciar a manhã lavando as roupas acumuladas durante a semana e limpar o banheiro principal.

Em meio às tensões que convergiam como uma série de tempestades capazes de produzir tornados, Kim sempre tentava manter a casa limpa e em ordem. Sabia que às vezes se sentia desanimada ou irritada, mas esperava que o marido e os filhos entendessem que ela fazia tudo para eles com muito carinho.

— O médico disse que Luke já aprendeu a medir o nível de glicose — ela contou a Derek quando entraram na cozinha. Naquela manhã, Kim servira o almoço mais cedo aos gêmeos para poder levar Luke ao consultório do pediatra. Depois, ela teve tempo de terminar de lavar as roupas e passar o aspirador de pó na sala de estar.

— Eu sabia que o garoto ia aprender a fazer isso — Derek disse. — Esse menino é muito determinado. E como foi o dia de Lydia?

— O de sempre — Kim levantou a tampa da panela com o molho e deu uma mexida. — Ela quer usar *shorts* para ir à igreja amanhã.

— Por que não? Ela é uma garota muito bonita, igual à mãe. Vocês ficam lindas de *shorts*. Além disso, é verão.

— Não se atreva a ficar do lado dela, Derek — Kim avisou. — Ela está extrapolando todos os limites que impusemos. Ligou para Joe esta tarde quando não estávamos em casa. Não quer usar o capacete para andar de bicicleta. E agora está determinada a ir à igreja de *shorts* só porque a mãe da Tiffany permite que a filha use.

— Deus tem alguma coisa contra *shorts*?

Kim mordeu os lábios para não dizer nada de que pudesse se arrepender. A única coisa que a fazia duvidar do bom senso de ter-se casado com Derek Finley era o desinteresse dele pela igreja. Kim havia lido sobre a importância de um casal professar a mesma fé, mas só percebeu o valor disso depois que se casaram. Posteriormente, ela constatou que Derek gostava de dormir nas manhãs de domingo em que estava de folga no trabalho, e limitava-se a fazer comentários indiferentes quando Kim procurava lhe falar de religião. Ele nunca tentou conduzir a família em oração ou orientá-la segundo os preceitos divinos. Mesmo assim, provara ser perfeito em todos os outros aspectos.

— Ah, meu bem, este é o molho mais cheiroso do mundo — Derek disse, inclinando-se sobre a panela para sentir o aroma do molho. — Você é a rainha da culinária, e falo sério. Minha mãe sabia fazer um espaguete gostoso, mas você ganha dela de dez a zero.

Kim sorriu enquanto colocava mais um lugar à mesa. A mãe de Derek era exatamente o oposto da sua. A mãe de Kim mal podia comprar as roupas de que precisava para candidatar-se a um emprego, ao passo que Derek havia sido criado num lar encantador em Clayton, perto de St. Louis. Antes de morrer num acidente de carro, o pai de Derek era um premiado fotógrafo autônomo que trabalhava para várias revistas sobre aventura e vida na selva. A mãe de Derek sempre se vestia com roupas finas e elegantes. Frequentava um clube de campo e fazia parte de várias organizações voluntárias. Ela nunca deixava de apontar as pequenas falhas da mulher que o filho escolhera para ser sua companheira.

— Consegui a receita do espaguete com aquele *chef* de quem lhe falei — Kim disse enquanto Derek lavava as mãos na pia da cozinha. Ela já havia lhe pedido centenas de vezes que lavasse as mãos no banheiro. Ele nunca notava a camada de sujeira que deixava na pia branca de porcelana.

— Aquele sujeito para quem sua mãe trabalhou quando vocês moravam em Joplin? — ele perguntou, deixando a água pingar sobre o balcão da pia ao esticar a mão para pegar a toalha. — Ele ensinou muitas coisas a você. Devo muito àquele cara. Se viajarmos um dia para o Sul, vamos parar no restaurante para que eu possa apertar a mão dele e dizer-lhe muito obrigado por ter transformado minha mulher na melhor cozinheira do mundo.

— Você vai gostar dele. Chama-se Marcel, e nasceu na França.
— Sabia fazer quase tudo, inclusive espaguete.

— Ele permitia que você andasse pela cozinha?

— Não no restaurante. Minha mãe foi demitida depois de algumas semanas que nos mudamos para Joplin. Mas ela e Marcel já se interessavam um pelo outro, por isso fomos morar com ele. Não me lembro por quanto tempo. Ele costumava cozinhar para nós depois do trabalho, e eu ficava observando.

Derek aproximou-se de Kim por trás e passou seus braços fortes ao redor da cintura da esposa enquanto ela provava a massa.

— Não entendo como uma mulher igual a você pode ter surgido de um passado como esse — ele disse em voz baixa. — Mas estou muito feliz por tê-la encontrado.

Kim virou a cabeça e beijou-o no rosto.

— Deus nos aproximou um do outro. E não tenho ideia de como ele se sente quanto ao uso de *shorts* na igreja.

— Não seja muito rígida com Lydia, Kim. Aposto que, se Luke voltar a agir como era antes da doença, Lydia seguirá seu exemplo.

Kim desvencilhou-se do abraço do marido e pegou as tigelas para o molho e a massa. Em geral, respeitava a maneira como Derek lidava com as crianças, mas, em momentos de discórdia, era assim que ela agia para lembrá-lo que os filhos eram *dela*, e que ele não deveria intrometer-se. Dessa vez, como sempre, ele estava certo.

— Acho que estou sendo dura demais com os dois — Kim admitiu. — Conversei com Patsy na semana passada, e ela acha que a rebeldia de Lydia é a maneira que ela encontrou para reagir a todas as mudanças que tivemos de fazer por causa de Luke. Faz sentido. Reconheço que estou protegendo Luke em demasia e fazendo os dois sentirem tanto medo quanto eu.

— Apesar de tudo, Lydia está indo muito bem. — Derek sentou-se à mesa, enquanto Kim chamava os gêmeos para jantar. — A questão dos *shorts*, do capacete, até mesmo de ligar para Joe... Nada disso é tão mau assim. Não se parece em nada com o que vejo acontecer com garotas um pouco mais velhas que Lydia. Ela é uma ótima menina.

— Você está dizendo que ligar para Joe não é um problema grave? Você sabe que tipo de homem ele é. Não acredito que concorde com o comportamento de Lydia hoje.

— Calma, querida. Joe só faz contato com as crianças porque isso a deixa furiosa. Ele não pode aproximar-se delas. Não fique tão preocupada.

— Você ficaria preocupado se realmente entendesse pelo que aquele homem nos fez passar. Talvez esteja acostumado a lidar com bêbados descontrolados, mas eu não! As crianças e eu fomos vítimas por muito tempo, e fico apavorada só em pensar em Joe tendo contato com eles.

— Você é uma mulher forte, Kim.

— Pode ser, mas Joe é mais forte que eu. — Decepcionada, ela balançou a cabeça. — Você sabe como ele é, Derek, mas nunca quer discutir o assunto comigo. E também não faz nada quanto a isso. Passa o tempo todo dizendo que tudo vai ficar bem. Às vezes me pergunto se você ao menos ouve o que eu digo. Onde está seu interesse por mim? Onde está a proteção que deve oferecer às crianças? Joe está rondando por aí, e eu morro de medo dele.

— Ele não pode machucar nenhum de vocês, Kim. A lei os protege, eu os protejo, e você sabe se defender. É preciso aprender a confiar em si mesma, e nos dois.

— Eles ainda são crianças, Derek. Têm apenas 10 anos. — Kim olhou firme para ele e pegou a cadeira do outro lado da mesa. — As coisas mudaram. Entendo que os gêmeos estão com quase 11 anos, e já os deixei sozinhos no passado. Permiti que fossem a acampamentos e clubes no verão e que ficassem sozinhos em casa durante as horas vagas. Mas com Joe criando encrencas por aí e com os problemas de Luke, não posso mais fazer isso.

— Ouça, tive uma ideia...

— Ei, Derek, você encontrou o corpo da pessoa que se afogou um dia desses? — Luke entrou na cozinha seguido pela irmã. — Algum bêbado caiu do barco novamente? Ou foi assassinato? Seria o máximo!

— Ele não vai dizer nada sobre o assunto — Lydia repreendeu o irmão. — Eu já fiz a mesma pergunta.

— Sua irmã está certa. Não posso falar sobre uma investigação em andamento — Derek disse a Luke, mexendo no cabelo dele. — Você sabe disso, rapazinho. E quem vai querer ouvir esse tipo de coisa à mesa? Veja que jantar maravilhoso sua mãe preparou.

— Odeio espaguete — Lydia declarou. — Não vou comer. Ela deixa pedaços de tomate por cima para que a gente possa vê-los. É intragável.

— Lydia... — Kim começou a dizer.

— Vamos orar? — Luke interrompeu. — Estou com tanta fome que acho que vou pôr tudo pra fora.

— Fome e náusea. O açúcar no sangue está alterado! — Kim ia se levantar da mesa, mas Derek segurou-lhe o braço.

Luke franziu a testa.

— Mãe, ponha comida no meu prato, tá? Vou ficar bem num minuto.

— Ponha comida no prato dele — Lydia insistiu, empalidecendo. — Dá comida pra ele, mãe! — De repente, irrompendo em lágrimas, ela pegou o prato do irmão e serviu o molho com uma concha. — Come, Lukey — ela disse, tentando enfiar uma colherada de molho na boca do irmão. — Come! Come logo.

— Para com isso, sua idiota! — Luke derrubou a colher da mão da irmã, espirrando molho vermelho no piso e na parede da cozinha. — Eu não vou morrer! Parem com essa mania! Detesto que vocês me tratem assim o tempo todo. Parece que estou morrendo, mas não estou!

— Calma. — Derek pousou a mão com firmeza no ombro de Luke. — Ninguém acha que você está morrendo. Você *não* está morrendo, garoto; está vivendo. Está se saindo muito bem em tudo, e sua mãe e eu estamos tão orgulhosos de você que parece que vamos explodir. Agora vamos nos acalmar e comer um pouco. Kim, que tal eu orar?

Depois do casamento, era a primeira vez que Derek havia mencionado a palavra oração, e agora se oferecia para orar abençoando a comida. Kim estava tão estupefata que nem conseguiu falar.

Com uma das mãos no ombro de Luke e a outra no braço da esposa, Derek curvou a cabeça.

— Estamos todos um pouco desesperados — ele começou a dizer — e precisamos nos acalmar e entender que alguém maior que nós está no controle. Por favor, ajude Luke a sentir-se à vontade para lidar com seu diabetes, e ajude Lydia a aceitar a mudança em seu irmão sem se aborrecer demais. E esteja com Kim, que confia no Senhor para cuidar da família dela. Amém.

Todos ergueram a cabeça ao mesmo tempo. Kim sentiu uma gratidão imensa porque, pela primeira vez, o marido reconhecera a existência de um poder celestial. Derek não havia usado o nome de Deus nem mencionado Cristo, mas pelo menos havia orado. Era o começo — um magnífico começo.

Com um sorriso suavizando-lhe o coração, Kim ergueu a tigela de massa e passou-a ao marido.

— Obrigada, querido. Era exatamente disso que precisávamos.

Derek riu e encheu o prato de espaguete.

— E há mais uma coisa que vai nos ajudar a nos sentir melhor... Uma resposta imediata à minha oração. Eu pretendia dizer antes, mas fui interrompido. Kim, você vai poder voltar ao trabalho na segunda-feira, e os gêmeos ficarão protegidos e seguros aqui em casa — ele olhou para os rostos ao redor da mesa. — Minha mãe ligou esta tarde. Crianças, a vovó Finley está vindo de St. Louis para nos fazer uma bela e longa visita!

2

— **Ora, ora, vejam só quem chegou!** — Pete disse, erguendo as sobrancelhas ao avistar Patsy aproximando-se dele no ancoradouro e sentando-se no banco cinza e desgastado pelo tempo. — Eu nunca vi você sem toda aquela produção.

— Que produção? — Ela esticou as pernas e inspirou profundamente o ar fresco do lago. — Pete, se você vai começar a falar que eu mudo a cor do cabelo o tempo todo, que gosto de usar maquiagem ou que tenho muitos pares de sapatos de salto alto, vou para casa tirar um cochilo.

— Está bem. Não vou dizer mais nada — ele inclinou o corpo e deu-lhe um beijo de leve no rosto. — Mas gosto muito destes seus pés descalços.

Pelo fato de ser a primeira vez que Pete chegara tão perto de Patsy a ponto de tocá-la, e até mesmo de beijá-la, ela teve a sensação de que cairia do banco e afundaria no lago. Em vez disso, agarrou-se ao pilar de ferro que apoiava a cobertura do ancoradouro, respirou fundo e tentou acalmar-se.

Em circunstâncias normais, a tarde de domingo convidava para um cochilo. Mas ultimamente os domingos de Patsy já não eram os mesmos, e ela gostou da mudança. Agora, ia à capela com Pete Roberts. Sentavam-se juntos no primeiro banco, o favorito dela, onde a música e a pregação a mantinham desperta. Depois do culto, ela e o proprietário da Rods-N-Ends almoçavam no restaurante Boa Comida da Tia Mamie, em Camdenton, o melhor lugar para se comer frango frito, carne assada, rosquinhas quentes caseiras e purê de batatas com molho cremoso de carne.

Hoje, Pete convencera Patsy a acompanhá-lo ao ancoradouro da comunidade de Deepwater Cove para uma breve pescaria após o almoço. Aquela era a pior hora do dia para pescar peixes pequenos, mas Patsy imaginou que o ancoradouro fosse um bom lugar para encontrar-se casualmente com os Finleys. Os gêmeos adoravam nadar, e Patsy sempre via a família à beira do lago durante a tarde.

Sem querer admitir que o beijo de Pete lhe causara uma enorme surpresa, Patsy mergulhou os dedos dos pés na água.

— Algum sinal dos Finleys? — ela perguntou, olhando ao redor.

— Eu gostaria de saber da Kim como as coisas vão indo com Luke.

Ciente de que o ombro de Pete estava muito próximo do dela, Patsy manteve o olhar fixo no lago. Fazia anos que ela lidava com cabelo humano: lavando, cortando, tingindo, enrolando e fazendo penteados. Conhecia, pelo toque, as peculiaridades dos cabelos compridos, curtos, delicados, grossos, fracos, cabelos com muitas permanentes, muitas tinturas e expostos ao secador em demasia. Mas Patsy não se lembrava da última vez que sentira o toque da barba e do bigode de um homem no rosto.

Não que *gostasse* particularmente disso, ela dizia a si mesma enquanto Pete voltava a atenção para as iscas vivas. Patsy não sentia nenhuma atração especial por pelos no rosto, porque eles escondiam as partes mais bonitas da fisionomia masculina — a boca e o queixo. Sem mencionar as migalhas de pão e outras coisas que ficavam presas em seus fios.

Mas o beijo...

O beijo pegou-a desprevenida e provocou-lhe um arrepio na espinha. Distraída, Patsy enfiou a mão no balde de iscas vivas de Pete e pegou um peixinho prateado que se contorcia para voltar ao balde.

Será que aquela reação ao beijo no rosto significava que a fortaleza ao redor do coração de Patsy estava sendo demolida por aquele homem?

Ela colocou a isca no anzol e atirou a linha de pescar na imensidão de água que circundava o ancoradouro. O sol da tarde brilhava na superfície azul-acinzentada, lançando raios cintilantes na cobertura de zinco do ancoradouro. Naquele fim de semana, um dos mais movimentados do ano, a circulação de embarcações no lago de Ozarks era grande. Barcos a motor puxavam boias, pranchas e esquis. Lanchas navegavam lotadas de famílias preparando churrasco ou pescando. *Jet skis* cortavam as águas com seus motores barulhentos, dificultando a conversa.

Apesar da grande movimentação no lago, os arredores permaneciam tranquilos. Densas florestas de bordos, carvalhos, cornisos, olaias e nogueiras revestidas de hera forravam o chão com camadas de folhas caídas e cogumelos que se estendiam até a beira da água. Penhascos de pedra calcária formavam cavernas para morcegos e santuários para todo tipo de vida selvagem. E lá no alto, no céu azul pontilhado de tufos de nuvens brancas, corvos voavam em círculos, gaivotas rondavam em busca de peixes e bandos de gansos batiam as asas para chegar a seus ninhos secretos.

Patsy teria apreciado o cenário se não fosse aquele beijo que Pete lhe dera. Ora, ora. Ela não poderia permitir que sua vida confortável e bem ordenada virasse de ponta-cabeça por causa de um homem. Principalmente por alguém como Pete Roberts. Tudo o que ele lhe contara a respeito de seu passado a deixava desconfortável — dois divórcios, várias prisões por dirigir embriagado, uma temporada num centro de reabilitação e um emprego que mal dava para pagar as contas. Ele era conhecido por mascar fumo e cuspir em qualquer lugar, inclusive na floreira do lado de fora do salão de beleza de Patsy. Era grosso, peludo e irritante. Além disso, ela não ligava muito para ele.

— Ótimo dia para pescar — Pete disse com voz pausada enquanto girava a manivela do molinete. — O que você achou do sermão desta manhã?

— Gostei. — A bem da verdade, Patsy já esquecera o tema da mensagem, mas admirava o pastor Andrew e sabia que, provavelmente, ele havia falado sobre algo com o qual ela concordava.

— Ser pescador de homens[1] — Pete disse. — Essa é a coisa mais maluca que já ouvi. Qualquer pescador sabe que, quando a gente tira um peixe da água, ele vai morrer, sem mas nem por quê. O peixe está condenado. Então, por que Jesus disse aos discípulos que fossem pescar homens? O pastor Andrew falou muito sobre isso, dizendo que devemos também ser pescadores de homens. Tive vontade de me levantar e perguntar se faltavam alguns parafusos na cabeça dele.

— É uma *história*, Pete. O que Jesus disse não deve ser levado ao pé da letra — Patsy enrolou a parte restante da linha de pescar, notou que a isca desaparecera e esticou o braço para pegar outra. — É uma espécie de... como se diz?... de metáfora, uma alegoria ou algo parecido.

— Uma parábola?

— Não sei bem como isso se chama, mas Jesus estava dizendo que devemos sair em busca de outras pessoas para falar sobre ele a elas.

— Concordo, mas ele não precisava ter dito que devemos ser pescadores de homens. Essa história me faz pensar numa fieira de gente morta, e o que tem de bom nisso?

— Ora, Pete — Patsy balançou a cabeça. Os ensinamentos bíblicos pareciam muito estranhos a alguém que raramente os ouvia.

— O que estou dizendo é que se a gente decidir pescar homens — Pete resmungou — vai ter um problema nas mãos. Acho que Jesus era bastante inteligente para saber disso. Afinal, ele morava perto do lago da Galileia.

— Ele era inteligente, claro. O problema é que... As pessoas *precisam* morrer assim que são fisgadas por Jesus. Você deve ter ouvido o pastor Andrew dizer várias vezes que temos de morrer para nós mesmos.

— Como assim? Você está falando daquela história de carregar nossa cruz?

— Sim, e entregar nossa vida a fim de salvá-la. Todos aqueles versículos famosos da Bíblia. Se você for pego pelo verdadeiro Pescador de Homens, Pete, irá morrer para seu velho "eu" e nascer de novo.[2]

— *Nascer de novo*. — Com um gesto de desagrado, Pete pousou a vara de pescar no banco e tirou uma lata redonda de rapé do bolso da calça *jeans*. — Já ouvi essa história antes e nunca quis ser um daqueles cristãos nascidos de novo. Fanáticos. Era assim que meu pai os chamava. Com um parafuso a menos. É o que eu digo, se você me perguntar.

Enquanto Pete esticava o braço para apanhar mais um pouco de fumo, Patsy pegou a lata e atirou-a no lago. A lata bateu com força na água, provocou algumas ondas e desapareceu.

Assim que percebeu o que havia feito, Patsy deixou cair a vara de pescar no ancoradouro e cobriu a boca com a mão.

— Sinto *muito*, Pete. Às vezes eu ajo sem pensar, e isso nunca dá certo. Vou comprar outra lata de rapé. Ou melhor, vou pegar o carro agora mesmo para ir à loja de conveniência...

— Calma — ele disse, batendo de leve no joelho dela com a mão em que segurava uma isca. — Não se preocupe. Eu preciso mesmo parar de mascar fumo. O dr. Groene disse que faz mal para os dentes e gengivas.

Patsy olhou de relance para ele.

— Você não ficou furioso?

— Não. Ei, veja quem está chegando. Steve e Brenda Hansen. E Cody veio junto.

Pete acenou para o belo casal que caminhava de mãos dadas. Atrás deles, andando despreocupadamente, vinha o rapaz magro e de cabelos encaracolados que encontrara moradia e emprego entre os habitantes de Deepwater Cove. Cody tinha o raciocínio um pouco lento, mas era o trabalhador mais dedicado que Patsy já empregara em seu salão. Ele mantinha o local perfeitamente limpo e também era educado com os clientes.

— Pegou alguma coisa? — Steve Hansen perguntou.

— Nada, a não ser esta linda garota aqui — Pete respondeu, fazendo um sinal de positivo na direção de Patsy. — Ainda estamos aquecendo as varas. Vão dar uma volta de barco?

— Vamos. Pensamos em encontrar um lugar mais tranquilo na enseada. Brenda quer tentar ensinar Cody a nadar.

— Eu não quero nadar — Cody disse. — Meu papai sempre dizia que quem nada é peixe, e eu não sou peixe.

— Vai dar tudo certo — Brenda assegurou-lhe. — Ensinei meus três filhos, e eles adoram nadar. Assim que você aprender, vai gostar também. É divertido.

— OK — Cody disse essa palavra em tom nasal, como os moradores dos bosques de Missouri. — Patsy e Pete têm iscas vivas nos baldes. A gente come esses peixinhos quando está com muita fome. Mas se eu fosse você, Patsy, não comeria. O gosto deles não é bom.

— Obrigada pelo aviso, Cody. — Patsy sorriu para ele. — Você está muito elegante hoje. Acho que finalmente conseguimos cortar seu cabelo no comprimento certo.

O rapaz corou e deu uma palmada de leve na cabeça.

— Você sempre soube cortar bem o meu cabelo, Patsy Pringle. Principalmente na primeira vez.

— Nunca vamos esquecer aquele grande acontecimento, não é mesmo, Brenda? — Patsy disse em voz baixa, sorrindo para a encantadora esposa de Steve. Depois de uma difícil adaptação ao ninho vazio, Brenda e Steve pareciam ter reencontrado o caminho. Na verdade, pareciam um casal de pombinhos empoleirados lado a lado sob o sol de verão.

— Cody "ressurgiu" depois que tiramos todo aquele cabelo, causando grande surpresa a todas nós — Brenda disse.

— E você "ressurgiu" depois que saiu daquela cadeira de balanço onde ficava sentada o tempo todo — Cody fez um movimento com a cabeça em direção a Brenda. — "Ressurgiu", não? Você vivia triste o tempo todo, e não queria conversar comigo. Mas agora está feliz.

— É verdade, Cody. Estou me sentindo muito melhor — Brenda sorriu para Pete e Patsy. — Quero dizer a vocês que encontramos um assentador de telhas. Ele apresentou um preço razoável e vai iniciar o serviço daqui a algumas semanas.

— E por falar nisso — Pete disse — muito obrigado por ter consertado o vazamento acima de minha caixa registradora, Steve. Vou ficar feliz quando colocarem um telhado novo naquele barraco. A propósito, enviei meu cheque pelo correio na sexta-feira. Vocês devem recebê-lo na terça-feira.

— Também enviei o meu — Patsy complementou.

Steve e Brenda haviam comprado recentemente o conjunto de estabelecimentos comerciais, um pegado ao outro, na cidade vizinha chamada Tranquility. Agora, viviam atarefados cuidando dos inúmeros consertos que o proprietário anterior deixara de fazer.

— E já ouviram a boa notícia? — Brenda perguntou encostando o ombro no poste de ferro do ancoradouro. — Encontramos uma inquilina para a loja vazia.

— Quem é? — Pete e Patsy perguntaram ao mesmo tempo.

— O nome dela é Bitty Sondheim — Steve respondeu. — Ela é nova na região e vai abrir um pequeno restaurante chamado Pop-In. Apenas café da manhã e almoço.

— Lá se vão minhas vendas de cachorro-quente — Pete lamentou.

— Xi! — Cody sacudiu a cabeça.

Todos sabiam que o cachorros-quentes de Pete era uma das comidas prediletas de Cody. Patsy viu o rosto abatido do rapaz, e, para dizer a verdade, também não gostou muito da novidade.

— Duvido que você vá perder muitos clientes para esse novo lugar — Brenda disse a Pete. — Vai ser uma comida diferente da sua. A proprietária está mais interessada em servir omeletes e sanduíches.

— Vai prejudicar meu salão de chá — Patsy disse. — Estou feliz por vocês não terem alugado o espaço para aquele homem que queria abrir uma locadora de filmes para adultos, mas não sei o que vou fazer se as pessoas deixarem de aparecer para o chá. Ela ajuda muito financeiramente, e contratei algumas senhoras da localidade para fazer os salgados. Elas contam com esse dinheiro extra. Não tenho condições de competir.

— Não se preocupe — Steve disse. — Falta a esse novo local uma coisa que você tem, Patsy: cadeiras. Na verdade, também faltam mesas. Há apenas uma cozinha, um balcão para pedidos e um pequeno espaço para ficar em pé. As pessoas não vão poder ficar ali comendo guloseimas e conversando.

— Patsy não serve guloseimas — Cody interveio. — Ela serve bolo de chocolate cortado em quadrados, do jeito que eu gosto.

— Você está dizendo que os clientes vão comer em pé? — Patsy perguntou. — Esse pequeno restaurante vai servir *fast-food*?

Brenda assentiu com a cabeça.

— Mais ou menos isso, só que a comida não vai ter o sabor de *fast-food*. Foi o que a proprietária nos garantiu. Bitty aproveitou a ideia de um pequeno restaurante que conheceu na Califórnia, de frente para a praia. Serão sanduíches e omeletes para viagem. Ela vai servir tudo embrulhado em papel manteiga, quente e fácil de segurar. A apresentação é muito bonita, e os preços são razoáveis. O cardápio é bem simples, e ela vai precisar apenas de um ou dois cozinheiros, sem necessidade de garçonetes ou ajudantes.

Steve passou o braço ao redor do braço da esposa.

— Brenda vai fazer a decoração interior do local. Ela tem ótimas ideias sobre cores e enfeites.

— Isso sim é uma boa ideia — Patsy disse. — Para mim, não há nenhuma casa tão bonita no lago quanto a de vocês.

— Ei, você ainda não viu a minha — Pete protestou.

— Você é meu amigo, Pete, mas eu estremeço só em pensar como deve ser a sua casa.

— Pode tremer quanto quiser. Você vai ficar sabendo que eu sou mais ordeiro que uma dona de casa e mais habilidoso que um engenheiro. Sou fanático pelo meu jardim. Construí todas aquelas floreiras para as lojas, não é verdade? Você nunca viu flores tão felizes quanto as do jardim da minha casa. E quanto àquela parede antirruídos que instalei entre seu salão de beleza e minha loja? Sou um excelente carpinteiro. Sem mencionar meus dotes culinários que, devo dizer, são pra lá de bons. Faço o *chili* mais saboroso do mundo. E, quando eu frito bolinhos de peixe com milho, não há uma viva alma que consiga resistir.

— Você também é muito bom de papo — Patsy acrescentou. — Bem, qualquer dia desses Cody e eu vamos conhecer sua casa e examinar tudo, até o jardim do qual você se orgulha tanto, Pete. Por enquanto, estou feliz porque Brenda vai pôr seus dons artísticos para funcionar no novo restaurante. Se você tiver algumas ideias para melhorar a decoração de meu salão de beleza, querida, vou gostar muito de ouvi-las.

— Vou pensar nisso — Brenda disse. — Bem, é melhor pegarmos o barco se eu quiser começar a ensinar Cody a nadar antes do anoitecer.

— Eu não quero nadar — Cody retrucou. — Meu papai sempre dizia que quem nada é peixe.

Brenda e Steve caminharam em direção ao barco, e Cody ficou para trás. Assim que o casal se afastou a ponto de não ouvir a conversa, ele inclinou o corpo e disse ao ouvido de Patsy:

— Eu... não... sou... *peixe.* — A frase foi pronunciada de maneira enfática.

— Eu sei que você não é peixe — ela cochichou de volta. — Gente também nada. Agora vá para o barco.

— OK — Cody disse com ar de tristeza.

Pete estava rindo quando lançou a linha na água novamente.

— Esse Cody é mais inteligente do que as pessoas pensam. Ele sabe que não é peixe, e é exatamente isso que estou tentando dizer a você. Jesus foi infeliz quando falou que seus amigos deveriam ser pescadores de homens. Acho a ideia muito louca, e não tente me explicar essa história de nascer de novo, Patsy Pringle. Eu nasci uma vez e fim de papo.

Patsy mordeu os lábios para manter-se calada e enrolou a linha. Pete achava que conhecia muita coisa a respeito de tudo. Mas ele não tinha ideia de que a mulher sentada a seu lado no banco estava pescando algo mais que peixinhos no lago. Era *ele* que Patsy queria pescar e, se dependesse dela, Pete Roberts nasceria de novo antes do término do verão.

Assim que se aproximou da beira do lago, acompanhada dos gêmeos, Kim acenou para o casal na extremidade do ancoradouro. Era bonito ver Pete Roberts e Patsy Pringle sentados juntos tão à vontade, ela pensou. Eles formavam um casal perfeito. Embora Patsy relutasse em admitir, todos sabiam que Pete se interessou por ela no momento em que inaugurou a loja de pesca ao lado do salão de beleza. Patsy também gostava da companhia de Pete, apesar de reclamar dele. Kim perguntou a si mesma quanto tempo levaria para Patsy cair na real. Não levou muito tempo para que Derek conquistasse o coração de Kim, recordava ela, enquanto Luke e Lydia corriam em direção à água.

Não muito longe da área destinada à natação, o ancoradouro de Deepwater Cove contava com duas fileiras de abrigos para barcos separadas por um convés e protegidas por um teto. Hoje, não havia quase nenhum barco ancorado ali porque os habitantes e os turistas de fim de semana estavam navegando, aproveitando ao máximo o tempo maravilhoso. A área onde as famílias da vizinhança podiam fazer piqueniques e nadar era formada por um grande gramado, à semelhança de um parque, com várias árvores frondosas, um banco e algumas mesas e cadeiras. Para os nadadores, havia um dique flutuante de madeira no centro de uma extensão de água demarcada por cordas.

Já era um pouco tarde para nadar, mas Kim cedera ao desejo dos gêmeos de brincar com as outras crianças na praia. Ela carregava uma cesta com toalhas grossas, equipamentos de mergulho e sanduíches naturais, além de uma sacola com zíper que Luke tinha de ter por perto o tempo todo. Seringas, um monitor, agulhas, insulina e pílulas de glicose lotavam a sacola que eles chamavam de "*kit* de insulina". Enquanto as crianças corriam em direção à água, Kim estendeu uma toalha grande no chão e acomodou-se na sombra para observar os filhos espirrando água um no outro.

— Que grande fiasco! — A voz animada atrás de Kim era de Brenda Hansen. A mulher de cabelos molhados, um pouco mais velha que Kim, sentou-se de pernas cruzadas na toalha. — Espero que você não se importe de eu ficar um pouco aqui com você, Kim. Preciso muito de uma companhia feminina depois do que acabo de passar.

— Claro, gosto muito de sua companhia. Derek está trabalhando, e estou de olho nos gêmeos — Kim notou a marca molhada que o maiô de Brenda deixara na camiseta. — O que aconteceu?

— Tentei ensinar Cody a nadar.

— Ah... — Kim demonstrou compreensão, mas, conhecendo as esquisitices de Cody, não pôde conter um sorriso. — Problemas?

— Primeiro ele começou a gritar sem parar: "Eu não sou peixe! Eu não sou peixe!".

— Não diga!

— Quando finalmente consegui tirá-lo do barco e colocá-lo na água, ele se debateu de tal forma que nós dois quase nos afogamos.

— Ele estava com colete salva-vidas?

— Claro, mas o colete não fez nenhuma diferença para Cody. Ele ficou apavorado. Quando percebi, ele havia perdido o calção de banho.

Kim jogou a cabeça para trás e deu uma gargalhada.

— Você está brincando! Como isso aconteceu?

— Ele não amarrou o cordão em volta da cintura, e o elástico estava muito frouxo. E ficamos lá, nos debatendo na água, Cody e eu, gritando um com o outro, e Steve gritando conosco enquanto procurávamos o calção de Cody. Foi então que apareceu um barco da Patrulha Aquática.

— Era Derek?

— Quem dera! O patrulheiro pensou que estivéssemos tentando afogar um pobre homem nu. Ele pulou na água, e Steve pulou atrás. Ficamos todos batendo as mãos na água e lutando para ouvir o que o outro dizia em razão dos gritos histéricos de Cody. Foi ridículo! Cody ficou o tempo todo agarrado à escada do barco, tentando sair do lago antes de encontrarmos o calção.

— Ah, mal posso esperar para contar a Derek — Kim disse, dando uma risadinha. — Essa história vai competir com algumas dele, com certeza.

— Finalmente encontrei o calção preso na hélice. Steve e o patrulheiro conseguiram desenroscá-lo enquanto Cody chorava sem parar. Qualquer um teria pensado que estávamos tentando afogá-lo. Pobre rapaz. Em seguida, o patrulheiro resolveu mencionar o caso do afogamento perto de Deepwater Cove, e aquilo fez Cody chorar mais alto ainda. Finalmente, Steve ajudou-o a vestir-se, o patrulheiro foi embora, nós subimos no barco e voltamos para cá.

— Puxa! Você deve estar exausta. Onde Cody está agora?

— Ele e Steve foram para casa. Cody estava ansioso por fazer a cobertura do bolo que assamos antes de sair.

— Vamos ver se eu adivinho. Chocolate? — Kim perguntou, e as duas mulheres sorriram. — Não posso imaginar Steve assando bolo. Ele costuma cozinhar?

— Ele sempre foi um zero à esquerda na cozinha, mas ultimamente tem feito carne grelhada para nós. Descobriu também que gosta de fazer bolo.

— Isso é fantástico. Derek ajuda quando pode, mas seus horários são tão inconstantes que a maior parte do preparo da comida fica por minha conta.

— Em casa também era assim. Mas nos últimos meses as coisas mudaram para melhor.

— Que bom, Brenda! Eu não queria ser bisbilhoteira, mas estava preocupada. Você parecia muito deprimida. Lembrei-me de como me senti durante o divórcio. Você parece muito mais feliz agora.

Brenda inclinou o corpo e deu-lhe um abraço.

— Obrigada por ter se preocupado comigo, Kim. Hoje, quando penso no que aconteceu, vejo que fazia tempo que as coisas não andavam bem entre mim e Steve. Começamos realmente a nos afastar um do outro na época em que Jessica e Justin entraram na faculdade, e Steve ficou atarefado demais vendendo imóveis. A nova imobiliária dele mantinha-o longe de casa constantemente. Descobri que preciso que meu marido passe tempo de qualidade comigo. Steve simplesmente não tinha tempo para mim. Aquilo me magoou tanto que me afastei dele e me retraí, e não havia nada que me fizesse sentir melhor.

— Mas você estava reformando o porão, pintando tudo com todas aquelas cores lindas e...

— Nada daquilo ajudou — Brenda interrompeu, levantando a mão para impedir Kim de continuar a falar. — Acredite em mim. A situação estava péssima. Cheguei a ponto de ficar deprimida o tempo todo. Eu nem sequer tinha vontade de orar. Steve e eu... bem, estávamos com problemas. Mas a situação mudou, graças a Deus. E digo isso com todas as letras. Você e as outras mulheres se ajuntaram para me ajudar. Steve finalmente começou a entender que eu sentia falta dele e que precisava de sua companhia. Percebi que deixei de lhe dar amor e apoio no momento em que ele mais precisou de mim. Eu detestava o trabalho dele e ficava magoada por causa das longas horas que ele dedicava à venda de casas, mas entendi que precisava mudar de atitude se quisesse manter nosso casamento.

— Parece que você soube separar bem as coisas.

— Estamos nos esforçando para isso. Ainda temos um longo caminho a percorrer. Às vezes Steve se envolve demais com o trabalho e se esquece de mim. Às vezes eu ainda me afasto dele. Mas estamos fazendo o possível para perdoar o passado e apoiar um ao outro. Passei a acompanhar Steve aos jantares com clientes da imobiliária, e ele está muito entusiasmado com meu interesse por decoração de interiores. Fico surpresa ao ver que só agora ele começou a apreciar tudo o que tenho feito em todos esses anos. E mais, compramos as lojas em Tranquility e estamos trabalhando juntos para revitalizar a área.

— Aposto que isso serviu para aproximá-los um pouco mais.

— É verdade, e serviu também para acrescentar um pouco de estresse a nossa vida. Mas estamos lidando relativamente bem com os problemas que surgem. Sei que teremos outras pedras no caminho, mas oro para que a gente não baixe a guarda. Nenhum de nós quer que a situação fique tão ruim outra vez. Jamais.

— É uma boa maneira de enxergar as coisas. — Kim viu Lydia dar um impulso e pular na água com as pernas dobradas, perto do irmão, subindo à superfície com um sorriso. — Meu primeiro casamento foi um pesadelo. Quando Joe começou a me agredir, entendi que precisava cair fora. Ele se recusou a admitir o problema, e tudo que tentei foi em vão. Depois de muito tempo, e com a ajuda de algumas boas amigas, aceitei a verdade, mas não havia condições de levar adiante um relacionamento que ameaçava minha vida.

— Tenho certeza de que a situação é diferente com Derek.

— Como a noite e o dia — Kim disse. — Ele me trata muito bem, é o homem mais carinhoso que conheço, e os gêmeos o adoram. Mas a vida não tem sido fácil para ele. Derek nunca se casou antes nem passou muito tempo na companhia de crianças. Por ser filho único, precisou esforçar-se muito para sair da barra da saia da mãe. Miranda é uma pessoa agradável, porém mantinha Derek sob rédeas curtas, por isso ele concentrou a atenção em cursar a faculdade e, depois, trabalhar na Patrulha Aquática. Luke e Lydia são difíceis, mas Derek é maravilhoso com eles. Ontem à noite, quando ele chegou para jantar, estávamos todos preocupados com a saúde de Luke. Brenda, você não vai acreditar... Derek pediu que nos sentássemos à mesa e orou por nós.

Brenda ficou boquiaberta ao ouvir uma novidade tão agradável.

— Kim! Estávamos pedindo a Deus que isso acontecesse. Que maravilha!

— Foi uma surpresa para mim. Mas ele agiu de maneira quase natural. Você sabe que Derek sempre disse que não tinha certeza da existência de Deus. Mas ontem à noite ele reconheceu que existe alguém maior que nós, alguém no controle. Não houve aquela mudança radical pela qual estamos orando, mas foi emocionante.

— Kim, isso é ótimo. E os gêmeos, como vão? O diabetes de Luke provocou mudanças em casa?

— Tudo mudou — Kim olhou para os filhos que brincavam na água com outras crianças na área reservada à natação. — Às vezes acho que volto a agir como no tempo em que eles eram bebês... Não quero desviar os olhos deles nem por um segundo.

— Imagino como deve ser difícil.

— Antes do diagnóstico, eu não me preocupava em deixar os gêmeos em casa sozinhos por algumas horas após a escola. Permitia que andassem de bicicleta desacompanhados. E eles tinham liberdade para vir ao lago quantas vezes quisessem.

— Eles sabem nadar muito bem — Brenda disse. — Diferente de *certa pessoa* que conhecemos. Luke e Lydia me fazem lembrar muito de meus três filhos. Permaneciam bronzeados e saudáveis todos os verões, graças ao sol brilhante de Deepwater Cove e aos exercícios que praticavam.

— Derek e eu achamos que este era o lugar perfeito para criar filhos. Até o diabetes aparecer — enquanto falava, Kim percebeu que passara a enxergar a doença como um monstro que pairava sobre sua família, espreitando, observando e aguardando o primeiro deslize para atacar Luke. Ela prosseguiu: — O médico disse que eu deveria tratar a doença como parte normal da vida, mas não consigo ser tão indiferente assim. Ela está ameaçando a vida de meu filho.

— Eu sei — Brenda disse em voz sussurrada.

— E embora eu tenha Derek, ainda me vejo como principal protetora de Luke.

— É compreensível — Brenda concordou com a cabeça.

— Morro de medo só de pensar em voltar ao trabalho, mas não tenho escolha. O dr. Groene precisa de mim. E, bem... Eu sei que deveria ser grata, mas... Miranda, a mãe de Derek, vem nos visitar e deve chegar hoje à noitinha. Ela vai cuidar das crianças enquanto eu estiver fora durante o dia.

— Não me lembro de tê-la conhecido. Como ela é?

— Perfeita.

— Então vocês devem se dar muito bem.

— Ha, ha — disse Kim secamente.

— Falo sério. Você é muito organizada, e os gêmeos estão sempre com ótima aparência. Você e Derek se amam. Você apoia o trabalho dele. Ele é um homem feliz. Você tem uma casa bonita e bem arrumada... Tem tudo do bom e do melhor. Pra mim, você é perfeita.

— É uma luta, Brenda. Eu me dedico a minha casa, mas, fora isso, estou simplesmente vivendo. E, desde o diagnóstico de Luke... Vivendo mal. Agora preciso voltar a trabalhar no consultório do dr. Groene *e* tenho uma visita para aumentar minha carga de serviço.

— Quanto tempo sua sogra ficará aqui?

— Quem sabe? Pode ser por um bom tempo. Depois que o marido morreu, ela não tem muita coisa que a prenda em St. Louis. Está sempre preocupada com Derek. Quando ficar sabendo de todo aquele trabalho extra que lhe impuseram por causa do afogamento, ela vai ficar mais preocupada ainda.

— E deve estar preocupada também com os gêmeos, claro.

— Luke e Lydia não são netos dela, você sabe. São netos adotivos. Miranda toca no assunto de vez em quando, para eu não esquecer. É claro que ela se preocupa com eles, mas no passado eu achava... Bem, que eles a deixavam irritada.

— Que criança não age assim? Faz parte da natureza delas.

— Talvez — Kim inclinou o corpo para trás e apoiou-se nos cotovelos, com os pés apontados em direção à água. Se ela conseguisse ficar calma e descontraída durante a visita da mãe de Derek, as coisas seriam bem mais fáceis. Precisava confiar em Miranda para cuidar de seus filhos. Não havia opção.

— Quem quer bolo de chocolate? Trouxemos pratos e garfos também.

Kim virou-se e viu Cody e Steve segurando o bolo que acabara de receber uma cobertura de glacê. E atrás deles estava Miranda Finley — loira, bronzeada, elegante, tendo nas mãos um prato de papel com bolo de chocolate.

— Ei, aqui! — ela cumprimentou Kim. — Não, não se levante!

— Miranda! — Apesar do aviso, Kim levantou-se e abraçou a sogra. — Sinto muito não ter ouvido seu carro chegar. Esta é Brenda Hansen, e parece que você já conheceu Steve, o marido dela, e nosso amigo Cody Goss.

— Prazer em conhecê-la, Brenda — Miranda disse. Ela trajava blusa branca de malha, *short* branco de linho e sandálias combinando. — Parei em sua casa, Kim, mas, como ninguém abriu a porta, peguei o carro, dei umas voltas e vi você aqui. Espero que não se importe que eu me junte ao grupo.

— Não, claro que não — Kim disse a ela.

Enquanto Steve e Cody colocavam pedaços quadrados de bolo de chocolate nos frágeis pratos de papel, Miranda tirou as sandálias e pisou na toalha estendida no chão. Ela fazia Kim lembrar-se de uma clássica boneca Barbie. Alta, magra, com luzes nos cabelos e maquiagem aplicada com muita habilidade. Uma distinta dama da sociedade. A fragrância de perfume caro exalava de seu pescoço, onde havia duas correntes de ouro penduradas em perfeita simetria.

Steve e Cody juntaram-se ao grupo e agacharam-se na grama para comer o bolo. O sol estava quase se pondo no horizonte, lançando raios cor de bronze, laranja e vermelho em todo o lago. Uma garça azul sobrevoou a água, batendo suas asas enormes à procura de abrigo para pernoitar.

O bolo estava bom, e Kim nunca se importava que as crianças comessem alguma guloseima de vez em quando antes do jantar.

Agora, claro, ela precisava ajudar Luke a vigiar tudo o que ele punha na boca. Luke chegaria em casa esfomeado, como sempre acontecia depois de ter nadado. Ela havia preparado uma panelada de massa com molho branco e *nuggets* de frango assados.

— Está delicioso — Miranda disse a Steve e Cody. — Adoro bolo de chocolate.

— Eu também — Cody interveio. — Cortado em quadrados.

— Em quadrados é bem melhor — ela concordou. Em seguida, olhou para a nora com ar de expectativa. — Os gêmeos vão querer um pedaço. Ah, Kim, acabo de me lembrar de uma coisa. Você passou filtro solar nas crianças, não?

Kim sentiu um aperto no estômago.

— Hoje não. Já era de tardinha quando saímos de casa.

— Li recentemente um artigo que dizia que os raios ultravioleta refletem na água a qualquer hora do dia. Você pode imaginar? Felizmente, eu sempre passava camadas de filtro solar em Derek quando íamos à piscina. Em se tratando de crianças, todo cuidado é pouco.

Kim olhou para o cesto que preparara. Tinha certeza de que havia trazido tudo o que os gêmeos poderiam precisar ou querer. Mas, como sempre, Miranda Finley havia descoberto uma pequena falha.

— Que cena linda! — Miranda suspirou fundo. — Pais e filhos. O pôr do sol e o lago. Bons amigos e...

— E bolo de chocolate — Cody complementou. — Mas não quero mais saber de nadar. Eu não quero, entendeu, Brenda? Tudo o que o meu papai sempre dizia era verdade. Quem nada é peixe. E agora todos já sabem: eu não sou peixe.

3

— Olá? — Derek disse, entrando na sala vazia. — Tem alguém aí? Kim? — Ele acabara de chegar em casa depois de trabalhar até mais tarde e surpreendeu-se ao ver uma lâmpada acesa na sala de estar. Kim estaria esperando por ele? Ou seria sua mãe? A lembrança de chegar em casa após um encontro e encontrar a mãe esperando por ele fez o coração de Derek saltar de apreensão. Claro que não era isso. Ele tinha 34 anos e saíra de casa havia mais de uma década.

Derek se preparou para enfrentar problemas desde que sua mãe se mudara para Deepwater Cove. Além de a família ter aumentado com a chegada de Miranda Finley, aquela era a mulher mais cabeça-dura que já existiu.

Como ninguém respondeu a seu chamado, ele entrou no *hall* e desamarrou o pesado colete à prova de balas que passara a usar recentemente.

Para ser sincero, Derek estava feliz por não haver ninguém a sua espera. Ele queria ter alguns minutos de privacidade para telefonar para outro patrulheiro com quem havia conversado no lago. Embora considerasse Jerry um homem muito esperto e inteligente, Derek receava que o colega não estivesse levando o trabalho a sério como deveria.

— Derek? — a voz baixa de Kim foi ouvida nas sombras. — Oi, querido. Acho que cochilei no sofá. Que bom que você chegou.

O tom de voz dela assustou-o.

— Por que você está acordada até esta hora? — ele perguntou ao ver Kim aproximando-se. — Pensei que estivesse na cama.

— Estava a sua espera — ela disse.

— Sério? Bem, eu gostei. — Apesar de estar feliz por ver a esposa, Derek ficou aborrecido por ter de esperar mais um dia para ligar para Jerry. Derek queria fazer o possível para ajudá-lo, e quanto mais cedo melhor.

Kim, porém, segurou a mão dele e conduziu-o à cozinha.

— Lydia e eu assamos alguns *brownies* para você. Sente-se. Vou pegar um.

— *Brownies*? — Preocupado com a situação do amigo, Derek tentou voltar a atenção à esposa.

— Assar *brownies* foi a única coisa em que consegui pensar para acalmar Lydia — disse Kim. — Você não vai acreditar no que ela fez. Voltou a usar o computador... Sem permissão. Dessa vez ela pesquisou sobre "diabetes".

— Xi! — Ao ouvir essa novidade, ele percebeu que não teria chance de ligar para Jerry, de modo que seria melhor prestar mais atenção nas palavras da esposa. Embora estivesse chateado por ter de deixar para depois um assunto tão importante como o que trataria com Jerry, Derek fitou o rosto de Kim e viu que aqueles olhos castanhos e profundos que ele tanto amava estavam inchados de chorar. Ao acomodar-se na cadeira, ele tentou afastar os pensamentos a respeito do amigo e concentrar-se no doce e na esposa angustiada.

Kim colocou um prato com *brownie* diante dele. Em seguida, despejou leite num copo grande.

Ele suspirou e deu uma mordida.

— Muito bom. Nozes pecãs... Minhas favoritas. Lydia ajudou a assar os *brownies*? Pensei que ela não se interessasse por assuntos de cozinha.

— Ela não se interessa, mas tive de encontrar alguma coisa para ela fazer depois que sua mãe me ligou hoje, apavorada.

— Como? — ele disse novamente. O pedaço de *brownie* afundava como uma pedra em seu estômago. — Minha mãe ligou para você no serviço?

— Ligou no momento em que eu estava ajudando o dr. Groene a fazer uma extração. Lydia sabe que não tem permissão para usar o computador sem a presença de um de nós por perto. Mas assim que você saiu por aquela porta para trabalhar, ela convenceu sua mãe a deixá-la usar o computador. E aí ela encontrou... — O rosto de Kim enrugou-se enquanto ela tentava pronunciar as palavras. — Encontrou um *site* sobre diabetes. E leu que... Leu que a expectativa de vida para uma criança com diabetes tipo 1 é abreviada em quinze anos.

— Ora, Kim, venha aqui, meu amor — Derek sussurrou, puxando a esposa para sentar-se em seu colo e abraçando-a. — Isso não passa de uma estatística idiota. Não significa que acontecerá com Luke. Ele é um menino saudável, e estamos cuidando bem dele. E, acima de tudo, ele está aprendendo a lidar com a doença. O garoto é brilhante, um verdadeiro gênio. Os dois são, e eles sabem cuidar um do outro.

— Não é apenas com isso que me preocupo — ela disse. — Se alguma coisa ruim acontecer com Luke, você sabe que Lydia se sentirá culpada. Eles são gêmeos, Derek! Quando a situação começou a piorar com o pai deles, ou um pouco antes, eu lhes disse que tomassem conta um do outro. Eu não deveria ter dito aquilo. Não se pode esperar que uma criança assuma uma responsabilidade tão grande.

— Foi por isso que minha mãe veio de St. Louis. Ela está aqui para ajudar.

Kim fechou a boca com força e levantou-se do colo do marido.

— Sua mãe não teve *nenhuma* ideia do que fazer hoje — ela disse enquanto colocava uma folha de papel-alumínio em volta da forma de *brownie* com uma força que impressionou Derek. — Quando ela ligou, parecia praticamente histérica. Achei que Luke havia entrado em coma ou que a casa estivesse em chamas ou coisa parecida.

— Histérica?

— O dr. Groene e eu estávamos tentando extrair um dente do siso numa operação muito complicada quando a recepcionista abriu a porta e avisou que havia uma ligação urgente para mim. Você sabe como o dr. Groene se sente quando alguém o interrompe durante uma cirurgia, mas o que eu podia fazer? Quando atendi o telefone, sua mãe estava tão agitada que não consegui entender nada do que acontecera. Ouvi Lydia chorando ao fundo, e Miranda estava gaguejando. Foi um verdadeiro tumulto. Adivinhe quem finalmente entrou na linha? Luke. Ele me contou que Lydia e a vovó Finley estavam apavoradas. Sua mãe queria desligar o computador enquanto Lydia tentava imprimir as informações sobre diabetes. Luke ficou furioso. Ele enfatizou, como fez na noite anterior, que todos nós pensamos que ele vai morrer e que talvez queiramos mesmo que ele morra para não nos importunar tanto, e...

— Calma, querida — Derek interrompeu. — Vou conversar com Luke a respeito dessas bobagens que disse. Ele pôs essa ideia maluca na cabeça, e todo mundo está tornando a situação pior, entrando em pânico a cada dois minutos. Vou conversar com Lydia também. Ela desobedeceu às regras da casa por ter usado o computador. Você a pôs de castigo?

— Não consegui. Oh, Derek, não tive coragem. Sei que às vezes eles brigam como cão e gato, mas Lydia gosta muito do irmão. Foi por isso que ela estava pesquisando sobre diabetes na internet.

— E desobedecendo às regras. O que você disse a ela?

— O que eu poderia ter dito? Não havia nada que eu pudesse fazer. Saí do trabalho o mais rápido possível, peguei o carro, vim para casa e assei *brownies* com ela.

— Kim você não pode fazer isso com o dr. Groene. Ele confia em você.

— Eu sei. Claro que sei! Ele me diz isso o tempo todo. Adiou várias consultas enquanto estive ausente. Mas, Derek, é a minha família.

— Você não pode intervir todas as vezes que surge um problema em casa. Minha mãe e os gêmeos precisam aprender a lidar com as situações. Se você voltar correndo todas as vezes que aparecer um probleminha, vai perder o emprego.

— É com isso que você se preocupa? Com meu trabalho?

— Um pouco, mas...

— Você não enxerga o que está acontecendo, Derek? Tudo está desmoronando. Preciso estar aqui porque as crianças...

— Não, você não precisa — ele levantou-se, segurou os ombros dela e a fez encará-lo. — Kim, você está tão assombrada quanto Lydia, e isso não é nada bom para Luke.

— Como você pode falar assim? Fui eu quem o ensinou a tomar conta de si mesmo. Fico de olho nele o tempo todo, caso alguma coisa aconteça. Acompanho o tratamento e verifico tudo...

— É verdade, você o vigia como um cão de guarda. O menino está apavorado e sente a força de suas garras todas as vezes que se movimenta. Você o protege demais, Kim. Não permite que ele dê um passo sozinho... E faz o mesmo com Lydia.

— Foi você quem quis pôr Lydia de castigo. — Kim afastou-se e colocou os *brownies* em cima do micro-ondas. — Às vezes você é duro demais, Derek, com todas essas suas regras e regulamentos! Parece que não entende que o problema mexeu com todos nós. Você era feliz quando tudo corria dentro da normalidade, mas, agora que Luke está doente, age de modo muito duro conosco.

Derek cerrou os dentes, tentando reprimir palavras das quais poderia arrepender-se. Fazia três anos que se casara com Kim, mas ainda não sabia como a família interagia. Só sabia que suas regras e regulamentos mantinham tudo em funcionamento. Exausto por ter passado muitas horas trabalhando e frustrado com o indecifrável caso de afogamento, ele tinha pouca energia para discutir com a esposa no meio da noite.

Ambos precisavam dormir. Precisavam de uma pausa depois de todo aquele caos.

— Vamos dormir — ele disse.

— Derek, esperei você chegar porque queria conversar! Temos de *fazer* alguma coisa. Estou dando tudo de mim, e você precisa fazer sua parte. Temos de tomar algumas providências. Você estabeleceu as regras, mas eu lhe digo que a situação está fora de controle.

— Quer você goste quer não, Kim, as regras são importantes. É assim que o mundo funciona. Por meio de leis e regulamentos. Tudo precisa de ordem para que as pessoas no comando possam ter algum controle.

— Mas você não conversa comigo sobre *essas* regras e regulamentos. Precisamos nos sentar e elaborar um plano.

— Tudo bem. A partir de agora, então, as regras são estas: é proibido usar o computador sem a presença de um de nós por perto. No caso das bicicletas, o uso de capacete e protetores para os joelhos é obrigatório. A vovó vai vigiar os gêmeos se eles quiserem nadar. E Luke deve levar o *kit* aonde quer que vá.

Kim prendeu uma mecha de seu cabelo escuro atrás da orelha.

— Pois não, patrulheiro Finley. — E complementou com um arremedo de continência: — Peço permissão para me ausentar.

Derek fitou o pescoço comprido e bonito de Kim e o suave balanço de sua camisola. Foi ao encontro dela e segurou-a nos braços.

— Um abraço faz você se sentir melhor, meu bem? — ele sussurrou no ouvido dela. — Você sabe que eu a amo. Vou fazer tudo o que estiver a meu alcance para deixá-la feliz. Você é a mulher mais bonita, mais espetacular que conheço — ele disse, passando o dedo de leve no pescoço dela. — Todos esses anos, e finalmente a encontrei. Que sorte eu tive!

— Não foi sorte, Derek. Deus nos uniu — ela disse suavemente. — Temos de confiar nele para continuar a ser fortes.

Confiante de que solucionara a crise mais recente de Kim, Derek começou a abrir a fivela do cinto onde guardava a arma. Estava tirando-o da cintura quando ouviu o barulho de alguma coisa escorregar da estante na sala de estar e estatelar-se no chão. Numa fração de segundo, Derek sacou sua arma calibre .40 do coldre e apontou-a na direção do barulho.

— Quem está aí? — ele gritou.

— Ei! Ai! — a voz de sua mãe ecoou claramente, vindo da cozinha. — Droga! E agora, o que aconteceu? Derek? Derek, querido? É você? Ouvi vozes... Gente conversando... Discutindo. Não consegui encontrar o interruptor de luz e derrubei alguma coisa do piano, e... Estou descalça. Derek?

Soltando a respiração, ele sentiu o fluxo de adrenalina diminuir. Recolocou a arma no coldre e fechou-o.

Os olhos escuros de Kim lançaram faíscas na direção dele.

— Não temos piano — ela sussurrou.

— Mas temos minha mãe — ele sussurrou de volta.

Kim encostou a cabeça no ombro do marido. Derek passou o braço ao redor dela, acendeu a lâmpada do *hall* e entrou na sala de estar para avaliar o prejuízo.

— **Está aberta a sessão** do Clube dos Amantes de Chá — Esther Moore anunciou, batendo com a colherinha na porcelana da xícara de chá.

Patsy Pringle achou graça ao ver que o grupo dos amantes de chá não deu atenção à pobre Esther. Todas as quartas-feiras, desde a formação do clube, o pessoal reunia-se em volta das mesas num canto ensolarado do Assim Como Estou. E, desde o primeiro dia, Esther Moore tentava impor ao grupo as regras dos Estatutos das Associações Civis.

Esther referira-se várias vezes a si mesma como presidente do clube, mas sempre a lembravam de que o CAC não tinha nenhum diretor. Ela fazia as minutas da reunião regularmente e as levava embora dentro da bolsa. Mas sempre que ela abria o caderno para ler as anotações, a sala inteira pedia com insistência que ela não lesse os registros, caso alguém tivesse deixado escapar um mexerico na semana anterior. Pelo que Patsy sabia, a única regra a que o grupo obedecia era "nada de fofocas", e havia sido ela mesma quem estabelecera essa regra.

— Tenho vários assuntos pendentes da semana passada — Esther disse, continuando a bater na xícara com a colherinha. — Penso que todos deveriam ouvir a minuta.

Cody Goss, sentado ao lado de Patsy, começou a rir.

— Minuta — ele cochichou no ouvido dela. — Eu conheço minutos. Os minutos ficam no relógio, não no caderno. A Brenda me disse que o ponteiro maior marca os minutos e... Ei, sra. Moore — ele gritou, esticando o braço por cima da mesa e batendo de leve no cotovelo dela para chamar-lhe a atenção. Boas maneiras não eram o ponto forte de Cody. — Ei, ninguém vai ouvir o que a senhora está dizendo. Se quiser que as pessoas ouçam, é melhor a senhora parar de bater na xícara com essa colherinha e dar um assobio.

Antes que Patsy tivesse tempo de reagir, Cody levou dois dedos à boca e assobiou. O som agudo fez a conversa cessar imediatamente e todas taparem os ouvidos com as mãos. Todas, exceto Opal Jones, uma senhora de 94 anos de idade, surda como uma porta. Ela possuía aparelho de audição, mas detestava usá-lo. Enquanto o eco do assobio de Cody se dissipava, Opal tomou um gole de chá e, com muita calma, ajeitou o guardanapo no colo.

— Vejam! — ele declarou com um sorriso de orelha a orelha. — O meu papai me ensinou a chamar a atenção das pessoas. É muito fácil assobiar. É só treinar um pouco.

— Por tudo o que é mais sagrado, Cody! — Esther olhou para ele com ar de reprovação. — Você quase nos fez cair da cadeira de susto.

— OK — Cody disse com nervosismo, fitando Brenda Hansen.

Patsy sabia que Brenda estava fazendo um esforço heroico para ensinar algumas regras de etiqueta a Cody. O olhar severo de Esther teria minado a confiança da maioria das pessoas. Mas Cody era feito de um material diferente.

Ele olhou para as senhoras reunidas na sala e disse:

— Se alguém quiser aprender a assobiar, eu ensino. Sou bom nisso.

— Obrigada, Cody — Brenda disse em voz alta. — Talvez depois da reunião. *Lá fora*.

— OK — ele concordou com a cabeça e colocou um pedaço de bolo de chocolate na boca.

— Como eu estava dizendo — Esther retomou a palavra enquanto procurava sua bolsa para encontrar o caderno de anotações da reunião — vamos começar a reunião. Kim, você gostaria de apresentar sua convidada?

Kim Finley levantou-se e pousou a mão carinhosamente no ombro da mulher esguia e extremamente bronzeada ao lado dela.

— Esta é a mãe de Derek, Miranda Finley, de St. Louis. Ela está aqui para cuidar dos gêmeos enquanto trabalho.

— Que ótimo! — Esther comentou. — É um prazer ter sua companhia nesta tarde. Quem está cuidando de Luke agora? Derek?

Kim corou levemente diante da óbvia referência aos problemas de saúde de seu filho. Patsy não conseguira conversar com Kim no domingo anterior, no ancoradouro, embora houvesse tentado. Havia muitas pessoas presentes — Cody, Steve, Brenda e Miranda —, todas em volta dela e dos gêmeos. Mesmo com tanta gente clamando pela atenção de Kim, Patsy sabia que a amiga era muito reservada. Kim não estava disposta a discutir o diabetes do filho diante de um grupo tão grande.

Ela respondeu à pergunta de Esther com um movimento afirmativo de cabeça e sentou-se ao lado da sogra. Miranda já havia conversado com todas as pessoas da mesa. Patsy notou, com satisfação, que o cabelo curto e espetado de Miranda, com luzes douradas, precisaria de cuidados periódicos num bom salão de beleza. As raízes já precisavam de retoque.

— Antes de tudo, eu gostaria de fazer um levantamento dos itens postos em discussão na semana passada — Esther prosseguiu. — Uma de nossas queridas fundadoras do clube, Ashley Hanes, teve a gentileza de pedir ao marido que construísse uma pontezinha sobre a vala da casa dos Hansens. Brad terminou o projeto na semana passada, e fez um excelente trabalho. Mas, com a chegada do verão e o grande número de construções, ele não teve tempo de pintar a ponte. Alguém aqui quer assumir a tarefa? — a essa altura, ela já abrira o caderno e fazia anotações a lápis em sua lista.

Patsy decidiu verificar o estoque de saquinhos de chá. Pelo jeito, aquelas mulheres dariam conta deles rapidamente. Cody conseguia esvaziar uma xícara de chá num só gole.

Além do mais, Patsy não precisava ouvir a minuta da reunião. Ela sabia tudo o que se passava em Deepwater Cove, mais que qualquer outra pessoa. Enquanto arrumava o cabelo de uma ou pintava as unhas de outra, as clientes conversavam. Às vezes era difícil concentrar-se no assunto, como, por exemplo, quando elas explicavam como fazer um xale de crochê ou falavam dos últimos problemas com os planos de saúde. Mas, em geral, ela prestava atenção.

Depois de providenciar mais saquinhos de chá e cubos de açúcar, Patsy observou Brenda Hansen no outro lado da sala. A figura dela fez Patsy lembrar-se de um botão amarelo de açafrão despontando de uma profunda camada de neve — o primeiro sinal da primavera após um inverno longo e rigoroso. A esperança floresceu naqueles olhos verdes e brilhantes, e suas faces rosadas irradiavam o brilho da alegria. Se Patsy estivesse certa, Brenda estava se apaixonando novamente. E o objeto desse sentimento em plena florescência era nada mais nada menos que seu belo marido.

— Muito bem, já temos um comitê para a pintura — Esther disse, tentando manter sua frágil autoridade enquanto as mulheres começavam a reabastecer as xícaras de chá. Esther precisou levantar a voz porque elas voltaram a conversar. — Brenda e várias outras mulheres, inclusive eu, se me permitem a modéstia, trabalhamos duro e instalamos o canteiro de flores em frente do salão de Patsy. Você gostou, querida?

Patsy voltou a se sentar e fez um movimento afirmativo com a cabeça. Ela não era muito inclinada a fazer discursos.

— Foi grande a minha surpresa ao chegar em casa. Gostei muito. Obrigada a todos.

— De nada — Cody respondeu, embora Patsy estivesse quase certa de que ele não trabalhara naquele projeto. Na verdade, Cody passava a maior parte do tempo trabalhando no salão e nas várias casas de Deepwater Cove, onde tirava pó, cortava grama, limpava calhas, lavava vidraças e fazia vários outros serviços pelos quais os vizinhos lhe pagavam. Havia duas semanas, Brenda o ajudara a abrir uma conta bancária, e Patsy imaginou que o rapaz ficaria milionário antes de, conforme ele dizia, atravessar o Jordão e passar para a glória.

— Alguém tem outro projeto e precisa de ajuda? — Esther perguntou. Como ninguém se apresentou, ela prosseguiu. — Então, vamos passar para outro assunto e saber como estão os membros de nosso clube. Opal, como vai seu problema no cólon?

Opal estava ajeitando seu colar de pérolas e olhando pela janela em direção à mata do outro lado da rodovia. Parecia completamente em paz, e Patsy pensou nas vantagens de ser surda.

Esther, porém, estava visivelmente ansiosa por ouvir as palavras de Opal. Ashley Hanes bateu de leve no ombro dela, e Opal olhou ao redor, surpresa.

— O problema no cólon! — Ashley gritou. — A sra. Moore quer saber como a senhora está!

— Meu cólon? Vai bem, obrigada. — Opal fechou os olhos parcialmente e fitou Esther por um momento; em seguida, virou-se para os outros: — Se querem mesmo saber, ontem comi um pedaço de torta de chocolate que minha irmã Mabel trouxe. Não deveria, mas comi. Ah, minha gente, paguei por ela! Acreditem em mim. Além disso, voltei a plantar tomates este ano, e também vou comê-los. Sei que não deveria, mas por que não?

— Porque a senhora teve câncer — Ashley lembrou-a em voz alta. — Os médicos extraíram a maior parte de seu cólon!

— Eu sei o que eles fizeram. Foi moleza. — Por um momento, Opal mordeu os lábios e revirou os olhos. Depois, voltou a falar: — Fiquei sabendo que alguém se afogou na enseada. Quem foi?

Ao ouvir aquilo, todos se viraram e olharam para Kim Finley. Com toda a atenção mais uma vez voltada para ela, Kim encolheu-se na cadeira. O coração de Patsy condoeu-se por ela. Kim já sofrera mais do que aquela gente sabia.

Luke e Lydia eram o único brilho na vida desolada de Kim até três anos atrás, quando o patrulheiro Derek Finley, da Patrulha Aquática de Missouri, entrou no consultório do dr. Groene para fazer um tratamento de canal. Depois, voltou para fazer uma obturação. E depois para uma boa polida. E depois para clarear os dentes. Quando os dentes estavam tão brilhantes a ponto de ofuscar a vista de alguém com um sorriso, Derek conquistou o coração de Kim.

A pequena família era feliz dentro do possível, mas, na última primavera, o calor da paixão entre eles foi atingido em cheio pelo diagnóstico médico a respeito de Luke: diabetes. E agora a sogra de Kim se mudara para a casa dos Finleys. Patsy não era psicóloga, mas não precisou de muito tempo para constatar que aquela situação era a receita certa para se criar tempos infelizes.

— O afogamento? — Kim perguntou, como se não soubesse ao certo a que Opal se havia referido. — Não há nada de novo. Derek está trabalhando no caso, mas ele não pode dizer nada a respeito de uma investigação em andamento.

— Uma investigação! — Esther gritou, como se tivesse encontrado uma mina de ouro. — Significa que houve um crime?

Kim remexeu-se na cadeira.

— A maioria das mortes exige uma investigação. Acidental ou não.

— Depois da primeira notícia, não li mais nada no jornal a respeito do afogamento — Brenda disse. — Eles têm ideia de quem era, Kim?

— Sim, quem era? — Ashley repetiu as palavras de Brenda. A moça ruiva usava camiseta com alças, colada ao corpo, e um colar de contas feito em casa. — Brad não gosta da ideia de alguém ter-se afogado tão perto de nós. Ele diz que Deepwater Cove é uma região muito tranquila do lago e não deveria haver afogamentos aqui. Não é como a enseada da Festa ou como o canal principal, onde há sempre bebedeira e tumultos. Derek teve de fazer muitas horas extras para desvendar a morte, por isso Brad acha que a causa do afogamento pode ter sido assassinato.

— Assassinato? — Esther exclamou. — Ora, não é possível. Não aqui. Somos muito pacíficos. Os pais e os vizinhos estão sempre vigilantes enquanto as crianças nadam. Kim, pode ter sido assassinato?

Sentada no meio de um grupo de mulheres abelhudas e barulhentas, Kim Finley fez Patsy lembrar-se de um carvalho solitário e ereto elevando-se acima do chão da floresta. Forte, tranquila e fervorosa, ela parecia uma pessoa em quem se podia confiar, uma amiga que jamais trairia ou magoaria alguém. Mas uma rajada de vento gelado arrancara suas folhas verdes e douradas, transformando-as em frágeis fragmentos marrons. Ela não morreria nem entraria em colapso. No entanto, talvez estivesse enfrentando um inverno ameaçador, capaz de abalar seu espírito.

— Derek não conversa comigo sobre assuntos de trabalho. — Kim endireitou os ombros e falou com mais determinação: — Se houve um crime, a imprensa vai noticiar. O assunto é confidencial, claro, mas isso não vai deter as equipes de televisão e os repórteres. Duvido que o afogamento seja um fato inusitado. O lago de Ozarks é um lugar conhecido por suas águas turbulentas. No ano passado, tivemos o maior número do estado de pilotos presos por navegarem alcoolizados. A Patrulha Aquática atendeu a mais de 150 acidentes de barcos e quase dez vítimas fatais. Derek faz o trabalho dele, e o faz muito bem. Mas, ao chegar em casa, ele não quer falar, de jeito nenhum, de pilotos bêbados nem de afogamentos.

— Creio que você esteja certa — Esther disse. Ela parecia levemente convencida de que Kim não sucumbira aos apelos do grupo para que contasse mais detalhes. Em suas rondas no carrinho de golfe pela vizinhança, Charlie, o marido de Esther, quase sempre descobria um mexerico aqui, outro acolá, e repassava-o a Esther antes de contar a outra pessoa. Os Moores gabavam-se de saber tudo sobre todos — ou, conforme diziam, de preocupar-se muito com o bem-estar da comunidade de Deepwater Cove.

Charlie, um carteiro aposentado, contou certa vez a Patsy que sua intuição era tão aguçada que, ao levantar o envelope, ele já sabia o que havia dentro da carta. Endereços escritos de maneira inclinada nos envelopes e selos colados nas beiradas sinalizavam problemas para o destinatário. Charles dizia às pessoas que tinha seis sentidos: visão, olfato, audição, tato, paladar... e correio. O último, ele insistia, era o mais confiável. O olhar do cão da casa indicava-lhe como estava o humor da família. O modo como as cortinas eram afastadas, como a grama era cortada ou como o sistema de irrigação era instalado lhe dizia o que se passava na casa. A vizinhança não conseguia guardar segredos quando Charlie Moore fazia suas entregas. E, após sua aposentadoria, Deepwater Cove ainda se beneficiava das patrulhas diárias que ele fazia em seu carrinho de golfe.

Patsy, porém, estava orgulhosa por Kim não ter cedido a tanta pressão. Derek não tinha permissão para discutir detalhes de seu trabalho e ponto final. A própria Patsy já havia tentado extrair algumas informações do patrulheiro Derek sobre o afogamento, e se sentiu mal por ter feito isso.

Ao ver que Kim estava decidida a não revelar mais nada, Esther escreveu algumas anotações em seu caderno a respeito da reunião.

— Obrigada pela informação. E agora eu gostaria de saber mais informações sobre a nova loja que será aberta aqui ao lado do salão. Brenda, ouvimos falar que se trata de um restaurante.

— Era homem ou mulher? — Cody perguntou em voz alta antes de Brenda responder. — A pessoa que morreu na água... Era ele ou ela? Porque se for ele, ninguém vai procurar. Meu papai me disse que, quando um homem desaparece da face da terra, ninguém sente falta. Mas, se for mulher, todos vão procurar. Ela pode ser uma mãe, filha ou irmã, e isso significa que é amada e que querem que ela volte para casa. É assim que acontece com as mulheres, mas o homem pode fugir e até mesmo levar o filho com ele. E se ninguém gostar daquele homem, e se o filho só fizer o que o seu papai manda, então os dois não vão precisar voltar nunca mais. É assim que funciona.

O silêncio na sala de chá foi quebrado apenas pelo zumbido de um secador na sala ao lado. Será que aquilo teria acontecido com Cody? Patsy ouvira falar que uma carta encontrada no bolso da calça do rapaz explicava por que ele apareceu andando a esmo pelo lago, sem casa para morar, imundo e faminto. O pai de Cody escreveu que a esposa havia morrido. Seria verdade? Ou o homem fugira com Cody quando ele era apenas um garotinho? Será que ninguém se dera ao trabalho de procurar os dois? Haveria uma mulher em algum lugar — uma tia, uma irmã, até mesmo uma mãe — interessada em saber o que acontecera com aquela criança?

Patsy olhou para Brenda, que estava pálida como um lençol. Depois olhou para Esther, cuja boca estava tão aberta que parecia que seus dentes cairiam dentro da xícara a qualquer momento. Por último, concentrou o olhar em Kim, sentada totalmente imóvel.

Um terrível pensamento passou-lhe pela mente: se ninguém dissesse nada, Cody poderia contar fatos mais chocantes ainda.

No entanto, Kim, uma boa alma, aproveitou o momento para levantar-se e ajeitar as alças da bolsa no ombro.

— Não sei se a pessoa afogada era homem ou mulher, Cody. Mas sei que todas nós vamos sentir muito sua falta se você desaparecer de repente.

O rosto de Cody brilhou.

— É porque eu faço parte do grupo. E trabalho muito para deixar tudo brilhando. E tomo banho e uso roupas limpas. — Seu semblante entristeceu. — Mas eu não nasci para nadar. Eu não sou peixe.

— Eu também não gosto de chegar perto da água, Cody — Esther declarou enquanto guardava seu caderno de anotações. — Ninguém se importa com isso, querido. Nós o amamos do jeito que você é. Diga lá, você comeu todo o bolo de chocolate, Cody? Vi que estava cortado em quadrados, da maneira que eu gosto.

— Eu também! Vou pegar um pedaço para a senhora. Sobrou muito.

Cody levantou-se e dirigiu-se para o balcão de sobremesa, deixando as mulheres conversando aliviadas. Patsy recostou-se na cadeira e viu Kim Finley atravessar o salão e desaparecer pela porta da frente.

4

Kim não se lembrava de quando havia aguardado um fim de semana com tanta expectativa. Ou com tanta apreensão. Ao pegar a bolsa e as chaves do carro na sala dos funcionários do consultório, ela suspirou fundo.

— Está tudo bem? — a voz suave do dr. Groene partiu da porta de entrada. — Espero não tê-la sobrecarregado nesta primeira semana de trabalho após sua licença, Kim. Tivemos algumas consultas que não consegui adiar por mais tempo. O velho Abe está prestes a perder os dentes. Se não tomarmos providência, vai ficar sem nenhum.

Kim pensou no senhor de idade, vestido com roupas surradas e levemente malcheiroso que entrara várias vezes no consultório nos últimos tempos. O dr. Groene estava fazendo o possível para preservar os poucos dentes que restavam ao homem, mas um dos molares implorava para ser extraído.

— É evidente que Abe Fugal nunca esteve num consultório médico... Ou num consultório dentário, para ser mais exata — Kim concordou. A certa altura da vida, o camarada quebrou vários dedos, e os ossos se calcificaram a ponto de quase inutilizar sua mão esquerda. Ele tinha visão deficiente e piscava repetidas vezes quando perguntava a respeito dos instrumentos esterilizados arrumados na bandeja ao lado da cadeira. E quanto à boca... Bem, pode-se dizer, sem medo de errar, que aqueles dentes não viam uma escova há anos. — Embora não tenha sido necessário usarmos anestesia hoje — Kim prosseguiu — achei que ele não deveria ir embora dirigindo. Há alguém que more com ele?

— Sim, June Bixby, uma mulher de cabelos compridos e grisalhos e olhos castanhos. Ela esteve aqui várias vezes. Pensei em dar uma olhada nos dentes dela também. — O dr. Groene tirou o avental branco e jogou-o no cesto de roupas sujas. — Espero que a semana não tenha sido pesada demais para você.

Apesar de trabalharem muito próximos um do outro, Kim raramente mantinha uma conversa tão longa com o dr. Groene. Para ela, sua função se limitava a dar apoio e assistência ao dentista. De vez em quando, ele lhe pedia opinião sobre uma situação complicada, mas em geral conversava com o paciente e quase não notava sua presença. Ela não se importava. Ben Groene era muito conceituado na área da odontologia, e seu consultório estava sempre lotado de pacientes, desde a chegada de Kim pela manhã até à noite quando ela ia embora. Ele lhe pagava bom salário, que incluía um excelente plano de saúde e de aposentadoria, e tratava-a com respeito.

— Concordo em fazer hora extra — Kim assegurou-lhe. — Muito obrigada por ter permitido que eu me ausentasse tanto tempo por causa de Luke.

— Não há de quê — ele disse. — Tenho seis filhos e eles sempre aparecem com um problema: braço quebrado, febre, dente mole, joelho esfolado. Os mais velhos azucrinam a paciência de minha mulher com seus surtos hormonais. Quando não estão apaixonados, estão no banheiro chorando sem parar. As cenas dramáticas deixariam Shakespeare orgulhoso.

Kim riu.

— Lydia está com quase 11 anos, e estou começando a observar esse tipo de comportamento. Ela vive desafiando as regras que lhe impomos.

— Essa é a idade certa para o início da rebeldia. Minha mulher me ensinou o segredo de uma boa disciplina. Se existe alguém que saiba controlar os filhos, esse alguém é minha Mary. Quando eles eram pequenos, algumas horas de castigo ou uma palmada no traseiro resolviam o problema. Quando as espinhas começarem a aparecer, esteja preparada para castigá-los quando se comportarem mal. Nada de TV, de cinema, de tempo com os amigos, esse tipo de coisa. Quando eles chegarem aos 15 anos, você já saberá *realmente* quais são os segredos para um bom comportamento.

Com um sorriso furtivo, ele tirou um molho de chaves do bolso e balançou-as para explicar o que queria dizer.

— Ameace tirar-lhes as chaves do carro, e eles farão tudo o que você quiser. Está vendo estas chaves aqui? São de Jordan. Ele completou 18 anos e considera-se dono do mundo. Mas o carro é do papai. E quando Jordan chega em casa uma hora depois do combinado, o papai tira-lhe as chaves. Pode apostar que o rapaz nunca mais vai chegar tarde em casa.

Lembrando-se da noite em que Lydia gritou e Luke derrubou a colher da mão de sua irmã nervosa, Kim imaginou se a técnica do dr. Groene para educar filhos seria tão eficaz assim. E ainda era preciso levar em consideração o fato de que sua família tinha agora outra pessoa de autoridade morando com eles.

O que poderia ser feito para que a vovó Finley ajudasse em vez de atrapalhar?

— Acho que Luke está indo bem nos últimos dias. — O dr. Groene tirou uma garrafa de água gelada da geladeira e girou a tampa até romper o lacre. — Foi bom a mãe de Derek ter vindo de St. Louis para ajudar você por uns tempos. Logo o seu garoto vai entrar na rotina.

— Ele está tentando, mas... É difícil ficar longe dele. Eu me preocupo com Luke, mesmo quando estou no meio de um procedimento cirúrgico.

O dr. Groene concordou com a cabeça.

— É, posso imaginar — ele olhou para Kim enquanto tomava um gole de água da garrafa. — Lembro-me da preocupação de minha mulher depois de saber de meu diagnóstico.

— O senhor? O *senhor*... é diabético? — Kim perguntou, gaguejando.

Ele sorriu.

— Parece que eu disse que sou alienígena! O diabetes não é tão raro quanto imaginamos. Eu tinha 19 anos quando fui diagnosticado com diabetes tipo 1. Fazia menos de um mês que Mary e eu estávamos casados.

— Eu nunca soube disso em todos esses anos.

— Não permito que a doença tome conta de mim. Gosto de estar no comando, você sabe — ele piscou e dirigiu-se para a porta. — Meu lema é este: já que você tem diabetes, seja um bom paciente. Seja disciplinado. Controle-se. Peça a alguém que fique de olho em você caso surjam problemas. Mary sabe que, se eu começar a agir de modo estranho, ela precisa tomar providências imediatas. Quando meu nível de açúcar baixa, não gosto de receber ordens, e às vezes fico um pouco agressivo. Mas fizemos um pacto anos atrás, e aprendi a obedecer a minha mulher. As crianças sempre souberam que sofro de diabetes, e acostumamo-nos com isso. Aliás, não me importo nem um pouco se precisar procurar um local para fazer a aplicação de insulina. Mesmo quando estamos vendo TV ou brincando no quintal, eu tiro meu *kit* do bolso.

Kim continuou olhando para ele, estarrecida. Nunca o dr. Groene mencionou sofrer de diabetes. Sempre agiu de maneira normal. Até mesmo com indiferença. Como se o diabetes não fosse um problema *sério* na vida dele.

Dirigindo-se à porta dos fundos para pegar seu carro, ele falou por cima do ombro:

— Contei tudo isso para dizer que Luke ficará bem. Não se preocupe.

Ele fechou a porta atrás de si, e Kim caminhou em direção à porta da frente para trancá-la. Seria possível ser diabético e ter uma vida plena e feliz? Ben e Mary Groene estavam casados havia anos. Tinham seis filhos saudáveis. Moravam numa casa grande e bonita à beira do lago. A filha mais velha estudava na Universidade de Yale.

Ao acomodar-se no carro para seguir em direção a Deepwater Cove, Kim pensou na serenidade com a qual o dr. Groene conduzia a vida. Tudo transcorria como se fosse um relógio no consultório dele. Ela sempre imaginou que aquilo fosse simplesmente reflexo de sua personalidade tranquila e do comportamento calmo do pessoal que ele contratara. Talvez ele tivesse aprendido sozinho a ser ordeiro e cuidadoso, para poder manter controle sobre os níveis de açúcar no sangue. "Já que você tem diabetes, seja um bom paciente", ele disse. Ben Groene devia estar entre os melhores.

Ao subir a rampa da garagem de casa, Kim entendeu que seu patrão lhe dera o conselho que ela procurava desde que o endocrinologista pronunciara o diagnóstico assustador.

"*Ordem*", ela pensou. "*Serenidade. Paz.*" Kim desceu do carro meditando no que poderia fazer para melhorar o clima em casa. De repente, a porta da frente foi aberta com força. Lydia passou por ela correndo. Em seguida, Derek apareceu querendo alcançá-la a qualquer custo.

— Não, não e não! — Lydia berrou para ele, atravessando a varanda em direção ao jardim. — Não vou tirar! Não vou tirar, e você não pode me obrigar!

— Volte aqui, Lydia! — Derek alcançou a menina em questão de segundos. Passou um braço ao redor da cintura dela e, com o joelho, tirou-lhe o equilíbrio, fazendo-a cair de costas no gramado.

— Você não pode fazer isso! — Lydia gritou ao vê-lo em pé acima dela, com as mãos na cintura. — Você não é meu pai verdadeiro! Não manda em mim. Solte-me, seu cretino!

— Lydia! — Kim gritou, correndo em sua direção. — Derek, o que aconteceu?

— Levante-se, garota! — Derek gritou num tom de voz que Kim nunca ouvira. Ele olhou para a esposa, com o cenho franzido. Em seguida, voltou a falar com a garota franzina que se contorcia na grama. — Vou repetir. *Levante-se* daí! Já!

— Ai! Ele me machucou! — Lydia gemeu alto e se encolheu como uma bola. — Vou chamar a polícia! Vou ligar para denunciar abuso contra crianças!

— Mas o quê...? — Kim desvencilhou-se da bolsa e ajoelhou-se ao lado da filha. Lembranças do primeiro marido povoaram-lhe a mente. Ele costumava empurrá-la com força, atirá-la no sofá e darlhe tapas tão violentos no rosto que os ouvidos chegavam a zumbir.

— Lydia, você está bem? — ela perguntou, abraçando a filha. — O que estava fazendo, querida? O que aconteceu?

— Foi *ele*! — Lydia respondeu com raiva. — Ele disse que eu tinha de... Tinha de...

O medo tomou conta de Kim quando ela olhou para Derek.

— O que você fez a minha filha?

Vestido com a farda da Patrulha Aquática, Derek continuava com ar altivo em pé diante delas. Kim assustou-se com a fúria que viu nos olhos do marido. Ele nunca se zangava. Parte da atração que sentira por aquele homem se devia a sua tranquilidade, sua calma, mesmo diante de um problema grave. Mas agora ela receava que ele pegasse o cassetete ou até a arma — como fez na noite anterior quando imaginou que havia um intruso na sala de estar.

— Dê uma olhada em *sua* filha — Derek disse. — Depois pergunte a ela o que aconteceu.

Kim voltou a olhar para Lydia. Borrões escuros de rímel corriam-lhe pelas têmporas. As pálpebras estavam manchadas de sombra azul-escuro. Uma grossa camada de base terminava na linha do queixo, como se ela estivesse usando máscara. As duas rodelas de *blush* rosa-choque no rosto combinavam com a cor da grossa camada de brilho nos lábios que lhes aumentava o volume.

Deixando para trás as lembranças do passado, Kim conseguiu finalmente olhar para o rosto da filha. O medo transformou-se em perplexidade.

— Lydia, por que você está usando minha maquiagem?

— Não é sua. É minha. Comprei com minha mesada, e tenho o direito de usá-la.

— Mas você só tem 10 anos, querida — Kim disse, angustiada. — Não pode usar maquiagem.

— Tenho quase 11 anos, e posso usar se eu quiser. Vou passar a noite na casa de Tiffany. Ela usa maquiagem. E a mãe dela não se importa, e até ajuda a filha a se maquiar.

— O que Tiffany e a mãe dela fazem não me diz respeito — Kim disse com firmeza. — Você não tem nossa permissão.

— Eu não preciso da permissão de Derek — Lydia disse em tom de zombaria. — Ele não é meu pai.

Kim mergulhou em silêncio por alguns instantes enquanto tentava lembrar-se do que a vida do dr. Groene lhe mostrara: ordem, serenidade, paz. Ela crescera num lar onde havia tanta discórdia e confusão que mal sabia o que era permitido e o que não era. A mãe passava a maior parte do tempo embriagada, e as regras pareciam ir e vir ao sabor do álcool.

Completamente perdida, Kim analisou a figura cômica da filha no gramado e, depois, voltou a atenção para o marido.

— O que aconteceu, Derek?

— Eu lhe digo o que está acontecendo — a voz era de Miranda

Finley, que atravessava o gramado na direção deles. Ela usava uma regata de malha rosa-claro, combinando com o *short* de linho e sandálias enfeitadas com pedras. — Estas crianças estão um horror, Kim. Luke quer passar o dia inteiro jogando *games* naquelas maquininhas. Lydia passa o tempo todo falando ao telefone ou diante do computador. Quando tento tirá-las de casa para um passeio, elas discutem comigo. Quando me ofereço para acompanhá-las ao lago para nadar, elas não querem. Convidei-as a ir ao *shopping*. Somente Lydia concordou, e tivemos de deixar Luke em casa.

— Você deixou Luke sozinho? — Kim gritou.

— Derek estava em casa — Miranda explicou.

— Mas você veio aqui para cuidar de Luke, não de Lydia. É ele que precisa ser vigiado.

— Era exatamente o que eu estava fazendo enquanto esta pirralha estava lá em cima, encantada com a maquiagem.

— *Você* me ajudou a comprar a maquiagem, vovó Finley — Lydia retrucou. — Ajudou até a escolher o brilho para os lábios.

— Você permitiu que ela comprasse essas tranqueiras? — Derek virou-se para a mãe. — Lydia não tem permissão para usar maquiagem! Ela só tem 10 anos, e não pode exigir nada.

— Toda menina deve aprender a usar um pouco cosméticos — Miranda gritou para o filho. — E quem melhor que eu para ensiná-la? Minha mãe me levou a um salão de beleza especializado quando eu estava pronta para cuidar de meu rosto. Não creio que Lydia seja tão criança para começar a treinar.

— Ela também é criança para ir à casa da amiga com o rosto desse jeito — Derek disse. — Lydia é doce e inocente. É bonita como a mãe, e não quero que isso mude. — Agora o tom de voz dele era mais suave, mas sua fisionomia voltou a se fechar quando ele tocou na arma presa ao cinto. — Preciso ir embora, senão chegarei atrasado ao trabalho.

— Mas você não disse que me levaria à casa de Tiffany? — Lydia choramingou. — Você prometeu, Derek! Disse que me daria uma carona...

— A partir de agora, você está de castigo — Kim disse, interrompendo-a. As palavras sábias do dr. Groene vieram-lhe à mente enquanto ela levantava Lydia da grama. Segurando a filha pelos ombros, Kim disse com firmeza: — Você não vai à casa de Tiffany neste fim de semana nem no próximo. Se até lá você obedecer às regras da casa, vou pensar em permitir que a convide para passar a noite aqui. Agora, volte para dentro e tire essas coisas do rosto.

— Não aguento mais esta família ridícula e idiota! — Lydia gritou enquanto atravessava o jardim com passos firmes. Com os punhos fechados, ela sacudiu a cabeça. — Eu gostaria de morar com meu pai verdadeiro.

— Você mora com seu pai verdadeiro! — Kim retrucou em voz alta ao ver a filha bater a porta. Derek já saíra da garagem com o caminhão. Partiu sem sequer olhar para a esposa. Virando-se para a sogra, ela deparou com aquela figura loira, de cabelos espetados e olhos azuis contornados com delineador preto. Pensando bem, Miranda Finley usava maquiagem exagerada para o gosto de Kim.

Sem saber mais o que dizer à sogra, Kim pegou a bolsa.

— É melhor eu ajudar Lydia a encontrar o demaquilante — ela resmungou.

— Tenho um creme de limpeza esfoliante que funciona muito melhor — Miranda gritou de longe. — Demaquilante entope os poros!

Enquanto dirigia o barco rumo à marca de uma milha, onde ele e outro patrulheiro haviam combinado de encontrar-se naquela tarde, Derek pensou no afogamento recente e incomum. Aquilo o aborrecia. Mas, por algum motivo, a explosão inesperada de Lydia o aborrecia mais ainda. A menina ousou enfrentar o padrasto com mais agressividade que os pilotos embriagados que ele estava acostumado a repreender. E pior, a raiva dela parecia ter surgido do nada.

Derek estava atravessando a sala de estar para cumprimentar Kim antes de voltar ao trabalho quando avistou Lydia na escada. Ao vê-la com aquela maquiagem carregada no rosto, ele levou um susto enorme e parou. Tudo o que conseguiu dizer foi "Epa!", e a menina começou a ofendê-lo, deixando entrever que sabia que seria impedida de sair de casa usando aquela maquiagem, portanto planejara aquele acesso de raiva.

Por que aquela única palavra provocou tamanha reação? Por que Lydia insistia em mencionar seu pai *verdadeiro*, uma vez que ela e Luke morriam de medo de ficar sozinhos com Joe? E por que Kim agiu daquela maneira? Por que correu para ficar ao lado da filha antes de conversar com ele? Aquilo o irritou mais do que ele gostaria de admitir. E, de repente, sua mãe entrou na discussão.

— Mulheres — ele resmungou enquanto encostava seu barco ao lado do barco do patrulheiro Larry Marshall.

— Qual é o problema? — o patrulheiro perguntou.

— Muitas mulheres em casa — Derek lamentou. — Mãe, esposa, filha. Tudo nas minhas costas.

— Puxa, isso é mau. — Larry fez uma pausa. — Por falar em mulheres, já sabe da novidade? Recebemos um chamado da sede em Jefferson City. O corpo não identificado que você encontrou em Deepwater Cove era de uma mulher.

Uma onda de incredulidade percorreu o corpo de Derek.

— Sério? Eu teria jurado sobre uma pilha de Bíblias que se tratava de um homem. O *jeans*, as botas, a camiseta.

— Eu também. Pensei o tempo todo que fosse um homem. Mas precisamos admitir, o corpo encontrava-se em estado avançado de decomposição.

Derek franziu a testa ao lembrar-se do corpo que encontrara enrolado em linha de pesca, não muito longe da pequena enseada onde morava com Kim. Naquela tarde, uma brisa leve transportou o mau cheiro na direção de sua casa, e ele imediatamente soube do que se tratava. Na função de patrulheiro, ele já lidara antes com mortes no lago, mas nunca havia sido o primeiro a encontrar o corpo. Foi uma imagem que ele queria esquecer rapidamente.

Treinados para tratar todas as mortes como homicídio, eles tiveram de esperar até que o local fosse liberado pelas autoridades. Como sempre, tais circunstâncias eram raras no lago de Ozarks.

— Meu palpite é que ela estava bebendo num embarcadouro ou num barco — Larry disse. — Com certeza não foi a primeira pessoa embriagada a cair no lago, e não será a última. Provavelmente desmaiou e morreu afogada.

Derek encolheu os ombros.

— Se você tivesse visto a linha enrolada em volta dela, pensaria de modo diferente.

— Você acha mesmo que pode ter sido homicídio?

— É possível. Mas quem enrolaria uma pessoa com linha de pesca?

— Alguém que quisesse imobilizá-la?

— Sou capaz de arrebentar aquela linha com as mãos — Derek disse. — Fiz o teste.

— Ah, sim, mas era uma mulher.

— É verdade. E havia muita linha mesmo. Não posso acreditar que ninguém tenha informado o desaparecimento dela.

Derek sacudiu a cabeça ao se dar conta de que, além de não ter sido identificada até aquele momento, a mulher não teve um funeral nem enterro. Fosse homicídio, fosse acidente, tratava-se de um ser humano que um dia viveu e respirou.

— É melhor eu ir à enseada da Festa — ele disse ao amigo depois de consultar o relógio. — Este é o momento certo de pegar os bêbados.

— Há uns quinhentos ou seiscentos barcos por lá — Larry comentou. — As pessoas estão começando a ir para casa. Depois vão aprontar-se para dar uma passada no bar.

— Essa gente costuma liberar geral nos fins de semana.

Larry deu uma risadinha.

— É como se fosse Sodoma e Gomorra.

Depois de despedir-se do amigo, Derek pensou nas últimas palavras de Larry. Derek ouvira falar que Sodoma e Gomorra eram lugares ruins, mas não sabia por quê. Talvez a história fizesse parte da Bíblia, mas ele crescera num lar onde Deus raramente era mencionado. O conhecimento limitado que tinha da Bíblia foi adquirido nas poucas vezes que seu avô o levou à igreja.

Kim era completamente diferente dele nesse quesito. À noitinha ou nos fins de semana livres, ela não desgrudava os olhos de algum livro religioso. Tentava ler a Bíblia todos os dias, e realçava textos em todos os tipos de guias de estudo, livros de autoajuda e romances cristãos.

No entanto, Kim não era exageradamente religiosa. Derek pensou na esposa enquanto manobrava a lancha em direção ao braço Glaize do lago de Ozarks. A brisa refrescou-lhe a pele, e o zumbido dos motores acalmou-lhe os nervos. Para Derek, Kim estava mais atraente que nunca. Derek sentiu um arrepio nos braços só em pensar no que sentia quando estava ao lado dela. Era difícil imaginar como o primeiro marido de Kim pôde ser tão idiota a ponto de permitir que ela o abandonasse.

Kim era uma grande mulher. Cuidava bem dos filhos, preparava refeições deliciosas, mantinha a casa em ordem e satisfazia todos os desejos do marido. Até mesmo sua tendência religiosa era atraente a Derek. Kim tinha um espírito meigo e gentil graças à fé cristã que professava, e Derek prezava muito isso. Ele a amava muito mais do que imaginava ser possível. O que mais um homem poderia querer? Que grande perdedor foi o homem que teve a coragem de espancar uma mulher tão encantadora! E ela estava grávida na época. De gêmeos!

"Lydia." Ele pronunciou o nome com frustração. Derek sempre fez o possível para ser a figura de um bom pai para Luke e Lydia. E lhes proporcionara uma vida muito melhor que o alcoólatra inútil de quem eles carregavam os genes. Ele amava os dois como se fossem seus filhos. E não havia nada que Derek não fizesse por sua família.

No entanto, recusava-se a permitir que sua enteada de 10 anos se transformasse numa daquelas garotinhas com cara de mulher adulta por causa da influência de uma amiga cuja mãe era tolerante demais. Assim que entrou no canal Anderson, Derek indignou-se ao pensar nos cílios de Lydia, carregados de rímel preto, e nos lábios petulantes com brilho rosa-choque. As meninas que chamavam a atenção de maneira provocante, querendo parecer mais velhas do que realmente eram, podiam meter-se em encrenca mais rápido do que imaginavam, ele pensou enquanto inspecionava os estragos na enseada da Festa.

Aquele fim de semana de verão não era diferente dos outros. Fileiras de barcos ancoravam no leito do lago e estavam amarrados uns aos outros com cordas. O som da música confusa, vinda de centenas de sistemas de alto-falantes, subia formando uma cacofonia de toques de tambor, pedaleiras de guitarras e vozes chorosas de cantores. Latas de cerveja amassadas flutuavam de acordo com o movimento da água. Uma caixa de isopor vazia passou boiando. O cheiro característico de maconha queimada misturava-se com a fumaça de cigarro que pairava no ar noturno. Garotas de biquíni dançavam enquanto os rapazes as agarravam, rindo e provocando-as. Derek sentiu náuseas ao pensar que Lydia, a menina bonita de cabelos escuros, poderia ser uma daquelas moças.

Dois patrulheiros tomavam conta da área, mas o efetivo nunca era suficiente para manter o lugar sob controle total. Apesar da evidente bebedeira, da música alta e da quase nudez, era difícil efetuar prisões. Embora fosse ilegal pilotar um barco sob efeito de álcool, no estado de Missouri não havia leis que proibissem ingerir bebida alcoólica durante passeios de barco. Se alguém estivesse bebericando uma cerveja dentro de um barco e cruzasse com a Patrulha Aquática, não seria multado. Era quase impossível pegar alguém fumando maconha. Ao primeiro sinal das autoridades, o usuário livrava-se facilmente da prova do crime. Os patrulheiros trabalhavam principalmente para evitar que as festas saíssem do controle e pôr fim a algazarras.

— Bem-vindo à enseada, patrulheiro Finley — disse uma voz, comunicando-se pela frequência particular no rádio do barco patrulheiro de Derek. — Gostaria de dar uma chegada em Gauntlet para ver o que está acontecendo?

Derek sinalizou que manobraria a lancha em direção à parte mais famosa da baía. Colocou o dobro de munição no cinto da arma, um hábito de anos atrás. Com a mão no leme, ele sentiu o peso da pesada tira preta em volta da cintura — dois pentes com quinze disparos cada, uma lanterna ultrabrilhante, um cassetete regulável, o rádio, uma lata de *spray* de pimenta, um par de algemas, uma arma calibre .40, um celular do governo e um gravador. Tudo no lugar, e pronto para entrar em ação.

Tão logo seguiu na direção de Gauntlet, Derek avistou uma fila de barcos atracados na costa, como sempre. Do outro lado de uma faixa estreita do lago havia uma segunda fileira de embarcações de frente para as casas flutuantes.

Sacudindo a cabeça mais por resignação que por espanto, Derek avistou um Challenger de 7 metros navegando em direção ao Gauntlet. Assim que adentrou a faixa de água entre as casas flutuantes e as embarcações, os participantes de uma festa saudaram o Challenger com imensos jatos lançados por pistolas de água. Lançadores mecânicos atiraram balões de água. Várias moças de *topless*, em pé no Challenger, começaram a rebolar enquanto se encharcavam de bebida.

"Maravilha", Derek resmungou, concentrando a atenção no caminho de água aberto diante dele enquanto acelerava para interceptar o Challenger na outra extremidade do Gauntlet. Embora fosse encarregado de fazer cumprir a lei do estado a respeito de má conduta sexual, Derek não tinha certeza se conseguiria controlar aquela baderna.

Ele entendia a tentação provocada pelo álcool, mas outras perguntas o atormentavam. Que prazer havia em festejar daquela maneira todos os fins de semana? Por que as pessoas traziam os filhos ao lago e os levavam à enseada? Qual era a graça?

— Recebemos pedido de ambulância no canal Anderson, perto da entrada da enseada. — A voz do controlador de tráfego marítimo no rádio de Derek solicitou auxílio imediato no momento em que ele chegava à extremidade de Gauntlet. — Há uma briga em andamento com várias pessoas envolvidas...

Assim que o controlador na sede-geral da Patrulha Aquática em Jefferson City forneceu mais informações e orientações sobre o caminho a seguir, Derek manobrou a lancha e afastou-se do Challenger. Aquele não era momento para conversas educadas sobre atos públicos indecentes. A presença do patrulheiro Finley era necessária em outro lugar.

"Sodoma e Gomorra", ele pensou ao passar por um grupo de nadadores agitando garrafas de cerveja no ritmo da música que vinha de uma casa flutuante. Uma garota gritou de um barco próximo, e várias pessoas gritaram também ao vê-la tirar a parte superior do biquíni enquanto o barco do patrulheiro passava acelerado. Derek virou a cabeça para o outro lado e seguiu seu caminho. Será que as pessoas da Bíblia eram tão malucas quanto estas?

5

Pete Roberts tirava um tufo de mato de um cortador de grama quando Cody abriu a porta da frente da Rods-N-Ends. Pete sorriu para o rapaz. O balcão de cachorros-quentes atraía Cody à loja de Pete pelo menos uma vez por semana. Agora que tinha renda própria, Cody se regalava com essas coisas de vez em quando.

— Oi, Pete — ele disse ao aproximar-se da grelha onde as salsichas rodavam nos espetos. — Como estão os cachorros-quentes hoje?

— Fresquinhos e chiando em cima da grelha, como sempre. — Pete dirigiu-se à pia que ele instalara perto de sua área de trabalho e começou a lavar as mãos. — Quantos você vai querer desta vez, rapaz? Dois ou três?

Cody passou a língua nos lábios.

— Três, por favor. Não engordei ainda. Pelo menos não estou tão gordo como você. Acho que sou capaz de comer três.

— É, admito que você seja capaz de comer três — Pete riu diante da franqueza do rapaz que todos conheciam muito bem. Apesar de Cody ofender algumas pessoas com sua evidente sinceridade, Pete gostava do rapaz, porque ele dizia exatamente o que pensava. — Você me acha gordo, Cody?

Os olhos azuis fitaram o rosto de Pete.

— Claro que sim. Você não?

— Depois dessa, eu devo estar gordo mesmo.

— Se você olhar no espelho, vai ver que é mais gordo no meio que nos outros lugares. Patsy Pringle acha que você é gordo. Ela diz que você parece um urso velho, grande e peludo.

Pete deu uma risadinha e tirou o arame que fechava um pacote de pãezinhos.

— Você tem certeza de que ela disse que minha barba precisa de uma aparadinha?

— Acho que não. Tenho certeza de que ela estava falando que sua barriga precisava. — Cody tamborilou com os dedos no balcão enquanto Pete espalhava *ketchup* e mostarda nos três cachorros-quentes. — Ei — disse após alguns instantes — você ouviu falar que a pessoa afogada que o patrulheiro Finley encontrou no lago era uma mulher?

— Li no jornal hoje de manhã. Como você ficou sabendo?

— No salão de Patsy aqui ao lado. As mulheres só falam nisso, e eu estava lavando as janelas por dentro. Foi por isso que ouvi. É falta de educação ouvir a conversa dos outros. Brenda me disse isso. Mas, quando as pessoas falam em voz alta, não tem jeito, a gente ouve. E as mulheres falam alto quando os secadores estão ligados.

— Concordo. — Pete colocou os cachorros-quentes nas embalagens de papel, um a um. — Não é comum uma mulher se afogar, eu ouvi dizer. Ela devia estar bêbada e caiu do barco ou coisa parecida.

— Ela estava enrolada em linha de pesca.

— Também soube disso. Que coisa horrorosa! É difícil acreditar que ela se afogou tão perto de nós.

— Ela foi encontrada pelo patrulheiro Finley. As mulheres do salão disseram que ninguém ligou para perguntar sobre uma mulher desaparecida. Não entendo por quê. O meu papai me disse que, se um homem desaparecer, ou até mesmo um homem com um garotinho que ninguém queria, as pessoas não vão se preocupar em procurar por eles. Mas, se uma mulher desaparecer, as pessoas vão atrás dela. Você acha que é verdade?

Pete passou os três cachorros-quentes por cima do balcão e entregou-os a Cody, que havia deixado o dinheiro exato — inclusive os centavos — ao lado da caixa registradora. Pete não entendia por que o rapaz demonstrava tanto interesse pelo caso do afogamento. Para ele, quanto menos pessoas falassem no assunto, melhor. Os afogamentos prejudicavam muito os negócios. Os turistas gostavam de pensar no lago como um lugar onde havia sol, água e muita diversão. "As notícias desagradáveis deviam ser publicadas na última página dos jornais", Pete pensou. "Ou deixadas de fora."

— Pelo jeito, as pessoas ligaram para a polícia ou para a Patrulha Aquática para avisar sobre a mulher — ele disse a Cody. — Ninguém desaparece sem que ninguém perceba.

— Nem mesmo um homem? Um homem e um garotinho que ninguém queria?

Pete franziu as sobrancelhas e voltou para sua área de trabalho na loja onde consertava motores pequenos. Seria fácil consertar o motor do cortador. Bastava eliminar a grama embolorada que se acumulara no motor para que ele funcionasse.

— Cody, quem é o homem e o garotinho de quem você está falando? A pessoa que se afogou era uma mulher. Você conhece alguém que esteja desaparecido?

O rapaz deixou os cachorros-quentes no balcão, algo que não costumava fazer, e começou a andar pelo recinto.

— Aquele homem poderia ser o meu papai — ele disse em voz baixa. — E o garotinho poderia ser eu.

Pete levantou a cabeça, surpreso.

— Você? Por que está dizendo isso? Por que seu pai fugiria com você, Cody?

— Hummm... — Cody colocou as mãos nos bolsos da frente da calça *jeans*. Depois colocou-as nos bolsos traseiros. — Porque ninguém me queria. Nem minha mãe. Porque... Porque eu sou burro.

— Burro? — Pete apontou a chave de fenda para Cody. — Você não é burro, rapaz. Tenho certeza de que não é. Quem lhe disse isso?

— Muita gente. Um dia, alguns homens bateram em mim e me xingaram. Disseram que eu era burro, estúpido, idiota, louco, pirado.

— Por tudo o que é mais sagrado! Você está dizendo que foi espancado por uma gangue?

— Eles eram homens, e bateram em mim porque sou burro.

— E eu estou aqui para lhe dizer que isso não passa de uma mentira deslavada. Você já foi à escola, Cody Goss?

— Não, mas aprendi a ler muito bem os versículos da minha Bíblia. Você quer ouvir o salmo 139? É o meu favorito.

— Não quero ouvir nenhum versículo da Bíblia. Agora não. Quero saber por que o seu papai não mandou você para a escola.

— Porque os outros meninos poderiam caçoar de mim, porque sou burro.

— Quer parar de dizer isso, rapaz? Você não é burro! Não há nenhuma mãe no mundo que não sinta orgulho de ter um filho como você. Ela ficaria louca de saudades de você se seu pai o levasse embora.

— Sério?

Cody arregalou os olhos de tal maneira que Pete começou a pensar que havia falado demais. Confuso, ele voltou a trabalhar na limpeza do motor.

— Os cachorros-quentes estão esfriando. É melhor você comê-los.

Cody abaixou a cabeça e murmurou:

— OK.

Pete dedicou um tempo maior para cuidar do motor; depois, levantou a cabeça e viu o rapaz ainda em pé ali, olhando para ele.

— Você vai ou não vai comer os cachorros-quentes?

— Você acha que eu tenho mãe? — Cody perguntou.

— Bom, você teve mãe um dia, é tudo o que sei. Todos nós temos ou tivemos mãe. Foi assim que você nasceu. Você cresceu nela... dentro dela. Um dia, você saiu de lá, e agora está aqui.

— Eu saí de uma mãe?

— Você tem umbigo, não tem?

Cody levantou a camiseta e verificou.

— Tenho.

— Então você nasceu de uma mulher, da mesma forma que todos nós nascemos.

— Onde ela está? — Cody perguntou. — Onde minha mãe está?

Pete engoliu em seco.

— Ouça, é melhor você ir embora e comer os cachorros-quentes. Precisa terminar de lavar as vidraças de Patsy. Se ela descobrir que ficamos aqui batendo papo, vai fazer picadinho de mim.

— Não, ela não vai — Cody disse. — Patsy não faz essas coisas. Ela é boazinha.

Tentando desligar-se do rapaz, Pete examinou o motor cuidadosamente e por longo tempo. Estava precisando de óleo, com certeza. E de nova fiação. Talvez uma boa limpeza resolvesse. As pessoas não entendiam nada de motores pequenos. Entravam na Rods-N-Ends arrastando um aspirador de pó ou uma motosserra, em perfeito estado, e diziam que não funcionava. Tudo o que ele precisava fazer era trocar a correia ou dar um aperto, e o proprietário voltava a usar o aparelho. Bom dinheiro para pouco trabalho. Era exatamente disso que Pete mais gostava.

— Quero ver minha mãe — Cody disse de repente. — Onde ela está?

— Na porta ao lado. Você conhece Patsy. Ela só vai embora depois de terminar o trabalho e de estar pronta para fechar o salão.

— Não quero Patsy. Quero minha mãe. Quero ver minha mãe. Onde ela está?

— Como eu vou saber? — Pete perguntou, sem saber como lidar com *aquele* sujeito. — Coma os cachorros-quentes, rapaz, e deixe-me trabalhar.

— Quero ver minha mãe! — Cody disse mais alto. À medida que continuou a falar, sua voz foi se transformando em gemido. — Quero minha mãe! Quero saber onde ela está! Por que ela me deixou ir embora? Por que não foi atrás de mim? Onde minha mãe está?

— Epa, rapaz, calma! — Pete pegou o celular do bolso do macacão e digitou rapidamente. Assim que atenderam, ele disse: — Ei, onde está Patsy? Aqui é Pete, vizinho dela. Mande alguém aqui imediatamente, entendeu? Arrumei uma encrenca, e o nome dessa encrenca é Cody Goss.

Ao ver lágrimas rolando pelo rosto de Cody, Pete pegou os cachorros-quentes, levantou-os e balançou-os diante do rapaz.

— Veja isto aqui. Cachorros-quentes! Que tal dar uma mordida, hein? Pare com esta choradeira, rapaz. Falo sério. Coma seu lanche.

— Onde ela está? Por que não foi atrás de mim? — O nariz de Cody começou a escorrer. — Eu não entendo. E se ela morreu afogada? E se ela se enrolou na linha de pesca e caiu do barco? Aquela mulher que o patrulheiro Finley encontrou pode ser a minha mãe! Morta! Na água!

Pete sentiu-se tão mal que teve vontade de sair de fininho da loja e trancar a porta atrás de si. Nesse momento ele avistou Patsy caminhando em direção à Rods-N-Ends com passos firmes, corpo empinado e dentes cerrados. Graças ao bom Deus! Deve existir um Deus, Pete pensou, e naquele momento ele não queria lembrar-se da história que Jesus contou sobre ser pescador de homens. Ele precisava de ajuda, e lá vinha Patsy.

— O que está acontecendo? — ela perguntou com voz autoritária, empurrando a porta e entrando no estabelecimento. — Pete Roberts, o que você fez a Cody?

— Não fiz nada! — ele protestou. — Ele botou esta ideia na cabeça...

— Cody não inventa coisas! — Ela tirou um maço de guardanapos do suporte de alumínio perto da grelha das salsichas. — Pobre Cody. O que aconteceu, meu querido? O que Pete lhe disse?

— Todo mundo tem mãe, até eu — Cody estava soluçando. — Foi Pete quem disse isso.

— Ora, ora, Pete! Por que você teve de falar deste assunto?

— Ei, espere um...

— Assoe o nariz, Cody — Patsy ordenou. — Vamos. Mais uma vez. Ótimo. Agora diga o que aconteceu. Conte a Patsy.

— Eu tenho umbigo — Cody disse, fungando.

Patsy fuzilou Pete com o olhar.

— É verdade, eu também tenho. Qual é o problema com seu umbigo, Cody?

— Todo mundo tem umbigo, e todo mundo saiu de dentro de uma mãe.

— Saiu de dentro? — Patsy voltou a olhar para Pete.

Ele encolheu os ombros, sem saber o que fazer.

— E daí? De que outro jeito você explicaria? — defendeu-se Pete.

— Eu não explicaria! — Patsy retrucou. — Quem tem de fazer isso é Brenda. Você é a última pessoa no mundo que deveria explicar essas coisas a esse rapaz. Onde estava com a cabeça?

— Onde minha mãe está? — Cody perguntou. — Será que ela ficou bêbada e morreu afogada, enrolada na linha de pesca?

— Aquela não é sua mãe. É a mulher que se afogou em Deepwater Cove. Pode ser qualquer pessoa.

— Pode ser a minha mãe.

— Mas não é.

— Então, onde minha mãe está?

Patsy suspirou.

— Cody, você se lembra da carta que Brenda e Steve encontraram em seu bolso? Foi seu pai quem a escreveu, e ele disse que sua mãe morreu. Sinto muito ter de dizer isto, mas sua mãe morreu.

— Não quero que ela esteja morta.

— Ora, por caridade, vamos ligar para Brenda. Pegue os cachorros-quentes, Cody. Vamos pedir a Brenda que venha até aqui para resolver esta situação. E, na próxima vez, não perturbe esse sr. Roberts com perguntas.

Cody pegou os três cachorros-quentes e segurou-os de encontro ao peito enquanto Patsy o conduzia à porta da frente da loja de artigos para pesca. Os olhos dele focaram Pete. Patsy também deu uma olhada para trás. Em seguida, ela abaixou a cabeça, segurou Cody pelo cotovelo e conduziu-o à calçada.

— Ei, Patsy — Pete gritou atrás dela. — Pare de dizer a todo mundo que eu pareço um urso!

Patsy fez uma pausa e olhou para ele através da vidraça. Depois começou a rir enquanto conduzia Cody ao porto seguro do Assim Como Estou.

O telefone tocou no sábado à noite. Kim estava na cozinha embrulhando batatas em papel-alumínio. Ela pegou o fone e, quando o levou ao ouvido, escutou a voz da sogra falando na extensão do quarto de hóspedes.

— Você ligou para a casa da família Finley! — Miranda estava dizendo em voz alta. — Derek, Kim, Miranda, Luke e Lydia, todos em casa e ansiosos por conversar. Em que posso ajudar?

Kim estremeceu diante da inclusão do nome de sua hóspede na lista da família, mas não podia negar que Miranda já fazia parte definitiva da estrutura do lar. Em duas semanas desde sua chegada, ela se instalara firmemente na casa — como uma rainha que chegou para dominar um novo império, acomodada no conforto de seu quarto.

Durante aquele pouco tempo, a mulher conseguiu alterar quase toda a rotina que Kim estabelecera para a casa. Miranda tinha pressão alta, e isso significava menos sal nas refeições. Ela detestava frutos secos, portanto as nozes pecãs foram excluídas dos *brownies* e as demais nozes desapareceram da salada Waldorf. Os sanduíches de manteiga de amendoim passaram a fazer parte da lista dos alimentos proibidos. A lavadora precisava funcionar mais de uma vez por dia por causa das roupas de Miranda. Felizmente a mulher passava a ferro seus *shorts* e calças compridas de linho e lavava à mão suas blusas finas de seda. Insistia em tomar uma xícara de café todas as manhãs e uma xícara de chá de camomila à noite, e deixava bem claro quando não haviam sido preparados da maneira que ela gostava.

O pior para Kim era que Miranda não demonstrava nenhum interesse pela igreja ou por Deus, e quase sempre começava a comer antes da oração. Sua atividade favorita era ir ao *shopping*, e ela forçava os gêmeos a acompanhá-la em seus frequentes e demorados passeios. Lydia não se importava, mas Luke odiava ser arrastado de uma loja a outra. Mas, a partir da segunda semana após a chegada de Miranda, sua mãe voltou a trabalhar fora, e ele não tinha escolha. A verdade era que Miranda se incluía em todas as atividades que os Finleys planejavam.

Nos primeiros dias, Kim adaptou-se à situação. Disse a si mesma que, no fundo, Miranda era uma boa mulher. Nada teria de ser modificado.

Embora tivesse sido capaz de não se importar com a presença dominadora da sogra por um tempo, Kim logo descobriu que sua paciência estava sendo posta à prova. Quando queria gritar de frustração, ela se lembrava de ser educada. Sua frágil boa vontade durou quatro ou cinco dias mais. No fim da segunda semana, a raiva tomou conta dela.

Agora, sem saber se deveria interromper a conversa da sogra ao telefone, Kim ouviu a voz do outro lado da linha.

— Ah, é Miranda Finley? — Kim reconheceu imediatamente a voz meiga de Brenda Hansen. — Por um momento pensei que fosse Lydia.

— Lydia? Que estranho, não? Não somos nem parentes.

Kim encolheu-se. Derek amava os gêmeos como se fosse pai deles, e Kim havia orado para que sua mãe pudesse conhecer os netos. Mas Miranda traçava linhas claras entre ela e os gêmeos.

— Eu queria falar com Kim por um minuto — Brenda disse a Miranda pelo telefone. — Aconteceu um incidente, e eu gostaria de pedir um conselho a ela.

— Ah, querida, estou aqui em cima em meu quarto, e Kim está na cozinha — Miranda disse. — Ela está assando batatas para o jantar, e não pergunte por quê. Eu não sei. Já ingerimos tanto carboidrato hoje que dá para afundar um navio. De manhã, ela serviu torradas de pão francês. Depois, nos empanturrou de sanduíches e batatas fritas no almoço. Agora está assando batatas, e vi que ela tirou uma embalagem de arroz do armário. Dá pra imaginar? Acho que, se continuar assim, não vou mais caber dentro de minhas roupas.

— Sempre pensei que Kim fosse uma ótima cozinheira — Brenda disse.

— Estou aqui — Kim decidiu falar. — Ouvi o telefone tocar. Tudo bem, Miranda, pode deixar que eu atendo daqui.

— É que quero fazer uma pergunta a Brenda, se você não se importar, Kim. Ela é uma decoradora talentosa, e andei observando as cortinas de renda da sua sala de estar. Não quero ser crítica, claro, mas acho que as almofadas de sarja do sofá e as duas cadeiras de couro não combinam com a textura delicada da renda nas janelas. Penso que um tecido simples e transparente ficaria melhor ali. Poderíamos escolher uma das cores do sofá. Aquele tom de amarelo-claro, por exemplo. Ou o verde-claro. O que você acha, Brenda?

Houve uma pausa momentânea.

— Eu... hã... no momento não me lembro bem das cortinas, Miranda.

— O tecido é um tipo de renda grossa com estampa de rosas. Muito feminino. Não quero desaprovar nem um pouco as decisões de Kim sobre esta casa encantadora, mas tenho a sensação de que as cortinas não combinam bem com o couro.

A essa altura, Kim estava andando pela sala de estar, analisando as lindas cortinas de renda que comprara vários anos atrás numa loja de antiguidades. A etiqueta dizia que haviam sido confeccionadas em Bruxelas, e Kim ficou encantada ao descobrir que cabiam perfeitamente em suas janelas. O que havia de errado com o couro, a sarja e a renda? Para ela, a combinação era perfeita.

— Irei até aí qualquer dia para dar uma olhada — Brenda disse a Miranda.

— Por que não agora? — Miranda sugeriu. — As batatas de Kim vão demorar pelo menos uma hora para assar, e não estamos fazendo nada. Venha e veja o que você acha. Depois, você e Kim poderão discutir o assunto.

Kim podia lembrar-se de pelo menos cinquenta tarefas que precisava realizar, mas decidiu reforçar o convite da sogra.

— Miranda está certa — ela disse à amiga. — Eu adoraria vê-la, Brenda, se você tiver alguns minutos disponíveis.

— Bem, Cody está aqui comigo na casa. Mas penso que podemos dar um pulo até aí antes da chegada de Steve. Nós dois vamos levar um cliente ao clube de campo para jantar às 19 horas. Cody vai passar a noite com Esther e Charlie Moore.

Antes que Kim pudesse dizer mais uma palavra, Miranda despediu-se e desligou o telefone. Kim colocou o fone no lugar e viu a sogra caminhando com ar altivo no corredor. Ela trajava calças compridas brancas impecáveis combinando com o cinto de couro e a regata de listras cor-de-rosa.

Miranda bateu palmas ao avistar Kim.

— Espero que não se importe de eu ter convidado Brenda para vir aqui, mas não gostaria que ela trouxesse aquele rapaz. Ele me assusta com seu jeito estranho. Mas ela é tão meiga, e a idade dela é mais próxima da minha que da sua. Gosto muito de Brenda. Aliás, penso que um dia seremos boas amigas. Ela sabe o que significa perder pessoas queridas e viver sozinha dia após dia.

— Brenda tem muito trabalho — Kim emendou. — Houve uma época em que ela não tinha tantos afazeres. Mas agora dá aulas a Cody e ajuda Steve a administrar as locações em Tranquility. Talvez esteja fazendo trabalhos de decoração nas casas que ele vende.

— E isso não é maravilhoso? — Miranda levantou uma das cortinas de renda e começou a examiná-la. — Que flores são estas? Rosas ou peônias? Bom, Brenda saberá exatamente o que fazer com as janelas. A renda é um tecido muito feminino, e você misturou-a com toda esta sarja e couro masculinos, Kim. Sem mencionar o piso de madeira e a mesinha de café. Você não acha que a renda está destoando um pouco?

"Não", Kim desejou retrucar. "Eu adoro minhas cortinas de renda." Mas a campainha estava tocando, e devia ser Brenda. Kim pediu à sogra que recebesse as visitas e retornou à cozinha para terminar as batatas.

Sim, os Finleys comiam carboidratos de vez em quando. E daí? Também comiam frutas, verduras e legumes frescos, carnes e laticínios. Indignada, Kim colocou a forma com as batatas no forno quente ao lado da peça de carne coberta com cebola que já estava assando havia horas. Ela sempre tomava o cuidado de verificar se Luke contava cuidadosamente a quantidade de carboidratos ingerida. Em geral eles faziam essa contagem juntos, para que Luke pudesse comer outras guloseimas consumidas pela família, como sorvete ou uma fatia de bolo. Que direito Miranda Finley tinha de entrar em sua casa e criticar sua maneira de cozinhar? E mais, ter a petulância de desaprovar suas lindas cortinas europeias?

— Ei, Kim! Você tem bolo de chocolate em sua cozinha? — Cody perguntou, em pé na porta, com as mãos nos bolsos da calça *jeans*. — Eu gosto de bolo de chocolate, e Esther não faz por causa do diabetes de Charlie. Vou dormir na casa de Esther e Charlie esta noite, e eles não têm bolo de chocolate. Você tem?

— Não, não tenho, Cody — Kim respondeu. A sinceridade do rapaz levou embora grande parte de sua frustração. — Sinto muito. Mas tenho docinhos de chocolate.

— Não são meus favoritos.

— Que tal você voltar na próxima vez que eu fizer bolo de chocolate?

Cody riu.

— OK.

— Eu esqueci que Charlie tem diabetes — Kim disse, verificando a panela de feijões-verdes no fogo. — O meu Luke também tem.

— Eu conheço Luke. Ele é irmão gêmeo de Lydia. Significa que eles saíram de você ao mesmo tempo.

— Na verdade, primeiro veio Luke. Lydia chegou cerca de cinco minutos depois. Acredite em mim, Cody, nenhum deles "saiu" de mim com tanta facilidade.

— Pete Roberts me disse que os bebês saem das mães, e que todo mundo tem mãe, até eu, porque eu tenho umbigo.

Kim piscou por um momento, tentando processar a informação.

— Creio que Pete esteja certo. Eu sou a mãe de Luke e Lydia, e os dois têm umbigo.

Cody apertou os olhos e enrugou o nariz, como se fosse chorar.

— Não sei o que aconteceu com minha mãe. O meu papai escreveu uma carta dizendo que ela estava morta, mas eu quero saber por quê. O que aconteceu com ela? Será que ela bebeu muito e foi enrolada numa linha de pesca como aquela mulher no lago?

— Ora, Cody — Brenda disse em tom cordial ao entrar na cozinha e passar o braço ao redor do rapaz. — Já discutimos muito este assunto, e você não deve ficar falando sempre a mesma coisa. Faz muito tempo que sua mãe morreu. Não sabemos exatamente o que aconteceu, mas a mulher que se afogou no lago *não* era sua mãe.

— Mas poderia ser — ele disse com voz chorosa — porque ninguém sabe quem era aquela mulher afogada. E eu não sei quem minha mãe era. Pode ser ela.

— Oh, Cody. — Brenda suspirou e olhou para Kim, como se estivesse pedindo ajuda. — Parece que ele não entende a passagem do tempo como nós. Pete Roberts mencionou a Cody que todo mundo tem mãe, e agora temos de lidar com esse grande problema.

Kim colocou os pegadores de panela no balcão.

— Cody, o seu papai nunca lhe contou nada sobre sua mãe? Nada mesmo?

Ele sacudiu a cabeça.

— Ele só disse que, quando um homem desaparece, ninguém vai atrás dele.

— Tenho certeza de que seu pai achou que estivesse contando a verdade a você, mas penso que ele estava errado. Derek sempre procura homens desaparecidos.

— Derek é o patrulheiro Finley — Cody afirmou. — Ele encontrou o corpo da mulher afogada.

— Às vezes as pessoas ficam perdidas, Cody — Kim disse com brandura. — E depois a polícia, a Patrulha Rodoviária, a Patrulha Aquática e muitas outras pessoas começam a procurá-las. Homens e mulheres se perdem. Crianças também. Todo mundo procura pessoas queridas até encontrá-las.

— Mas existem pessoas perdidas que ninguém procura?

— Isso acontece de vez em quando. Ninguém informou que havia uma pessoa desaparecida perto do lago, por exemplo. Foi por isso que esse caso de desaparecimento apareceu tanto no jornal.

— Eu conheço uma mulher que está desaparecida — ele disse com firmeza. — Ela é minha mãe.

— Mas você tem Brenda. Tem Esther e Patsy, não? Essas mulheres cuidam de você e amam você como uma mãe. Você tem a mim também, Cody. Eu me preocupo muito com você. Ashley Hanes, Opal e todas as mulheres do CAC também.

— Mas você não é minha mãe. Nem essas mulheres. Todo mundo tem uma família verdadeira. Todo mundo, menos eu. E se eu tiver uma irmã? Ou um irmão? Ou uma tia ou tio?

— Não sei. Pode ser que um dia alguém o ajude a encontrar um parente, se você tiver.

— Quem? Quando?

— Eu posso fazer isso — Miranda ofereceu-se. Ela estava encostada na porta da cozinha, carregando nos braços uma da cortinas de renda da sala de estar. — Investiguei a genealogia de meu marido até o século 17 na Irlanda. E estou fazendo o mesmo com a de minha família, voltando até a Guerra Civil. É um pouco complicado, mas não vou desistir. Sou relativamente capaz de encontrar parentes das pessoas.

Kim e Brenda viraram-se para Miranda e a fitaram. Pasma e sem saber o que dizer, Kim viu Cody passar os braços ao redor de Miranda.

— Obrigado — ele disse. — Ainda não sei quem você é, mas deve ser cristã, porque só um cristão ajuda alguém a encontrar seus parentes.

Miranda retesou o corpo e afastou Cody com cuidado.

— Não sou cristã. Acredito que há muitos caminhos que levam a Deus: budismo, hinduísmo, islamismo e até paganismo. Sinto orgulho em dizer que conheço quase todas as religiões que existem ou existiram, e estou convencida de que há um grande número de caminhos que conduzem à divindade.

Cody virou-se para Brenda, com o olhar cheio de dúvidas.

— Você ouviu? Ela não é cristã. — Voltando-se à Miranda, perguntou: — Qual é o seu nome?

— Meu nome é Miranda Finley — a mulher respondeu. — Sou mãe do patrulheiro Derek Finley. Nós nos conhecemos no dia que cheguei... Lá perto do lago.

Boquiaberto, Cody olhou para ela em silêncio por alguns instantes.

— Só um cristão dá bolo de chocolate pra gente — ele disse em voz baixa.

— Isso não é verdade, rapaz. Há muita gente boa e carinhosa no mundo, e nem todas são cristãs. Eu lhe daria bolo de chocolate.

— Agora? — ele perguntou, com os olhos brilhando.

— Não. Mas, se eu fizer um bolo, vou reparti-lo com você. Sou uma pessoa muito bondosa, e não sou cristã. Para falar a verdade, não gosto muito dos cristãos. Eles são muito insistentes.

Os olhos de Miranda fitaram Kim por um instante; em seguida, ela voltou a olhar para Cody.

— Agora você precisa ficar calado enquanto Brenda, Kim e eu conversamos.

— Mas e os meus parentes?

— Vou começar a procurá-los na segunda-feira de manhã. Enquanto isso, afaste-se um pouco, Cody — ela se posicionou entre ele e as duas mulheres e levantou a cortina de renda belga. — O que você acha disso, Brenda? O tecido não é florido demais para combinar com couro e sarja?

6

Derek mal acreditou na sorte ao ver que Kim estava acordada na cama quando ele voltou do trabalho após um turno de 24 horas naquele sábado. Os gêmeos deviam ter dormido há pouco tempo e, evidentemente, sua mãe se trancara no quarto de hóspedes para passar a noite. Aquele era definitivamente um sinal positivo, e Derek planejava aproveitá-lo ao máximo. Depois de passar o dia inteiro no lago, lambiscando um saco de *tortillas* de milho com sabor de queijo, ele precisava tomar um banho rápido e escovar os dentes antes de dar à esposa o tipo de beijo que os olhos dela imploravam.

— Você parece uma visão do céu — ele disse a Kim em voz baixa enquanto desabotoava a camisa. Ela usava uma das camisolas preferidas dele: de seda azul, pequena e provocante. — Devo ter visto mais ou menos vinte garotas seminuas no canal Anderson hoje, mas nenhuma chega a seus pés.

— Tenho certeza de que não passou muito tempo comparando, certo?

— Certo — ele disse com um sorriso. — Claro que não.

Da mesma forma que a maioria dos outros patrulheiros em serviço, Derek era cuidadoso quanto ao que seus olhos viam na enseada da Festa. Quando avistava uma garota se expondo, ele virava a cabeça rapidamente, embora fosse necessário adverti-la. Concentrava-se então em manter contato com o controlador e em navegar por entre o formigueiro de banhistas em seu caminho para interceptar o barco da garota, mantendo a atenção no lugar certo.

As horas de um patrulheiro aquático eram longas, o sol quente demais, e a tentação grande. Da turma de formandos de Derek, apenas três patrulheiros permaneceram no serviço. O emprego — como a maioria dos que eram responsáveis por manter a ordem pública — prejudicava os casamentos e outros relacionamentos. Antes de comprometer-se a ter uma esposa e filhos, Derek precisou ter certeza de que saberia lidar com seus deveres e não se envolver em encrencas. Com uma mulher como Kim esperando por ele no fim de cada turno de trabalho, não precisava se preocupar muito.

— Felizmente meu barco tem cobertura — ele disse. — O sol estava escaldante. Espero que você e os gêmeos tenham ficado dentro de casa.

— A maior parte do tempo. Nós três fomos de carro ao Assim Como Estou às 16 horas para tomar chá. Luke e Lydia queriam muito ir lá.

— Vocês três? Minha mãe não foi junto?

— Ela separou o dia para ficar em casa e depilar as pernas com cera. É claro que não encontrou ninguém aqui tão eficiente quanto o pessoal do salão que frequenta em St. Louis.

Derek fez uma careta.

— Depilar as pernas com cera?

— Sim, cera. Aquilo que faz um barco flutuar.

Ele afastou o pensamento e voltou a concentrar-se na esposa.

— Ah, meu bem, não vejo a hora de tê-la nos braços. Você me daria cinco minutos para tomar uma ducha e tirar o suor do dia?

Kim deu de ombros ao fitá-lo. Seus olhos escuros e suaves e os ombros nus atiçavam os sentidos de Derek.

— Fiquei acordada até agora para conversar um pouco com você — ela disse. — Há algumas coisas acontecendo aqui que preciso lhe contar. Quero saber sua opinião.

— Conversar? — Ele esfriou enquanto desatava a fivela do cinto. — Está falando sério?

— Estou. — Ela virou-se de lado na cama. — Ouça, Derek, eu sei em que você está pensando, mas estou exausta esta noite. Passei o dia inteiro em casa, tentando pôr tudo em ordem depois de trabalhar a semana toda. Devo ter ligado a lavadora umas quinze vezes. De manhã, fiz torradas de pão francês para todos. Depois preparei sanduíches de presunto e queijo para o almoço. Mais tarde coloquei uma peça de carne no forno e pensei em assar... assar algumas... batatas...

— Kim? Você está chorando? — Ele não podia acreditar. Entrara no quarto para encontrar a esposa com ar sedutor. Dando tudo para beijar seus doces lábios, Derek descobriu que Kim só queria conversar a respeito de seu dia... Não era possível. Roupas e torradas de pão francês?

— Não estou chorando — ela respondeu, fungando e passando o dedo sob um dos olhos. — Estou bem. Só quero que saiba que faço o possível para demonstrar a você e às crianças que eu os amo. Nunca lhe pedi nada, a não ser tomar conta dos gêmeos quando pode. Faço toda a limpeza da casa, cozinho e lavo roupa, além de trabalhar fora o dia inteiro. Gosto de fazer isso, mas descobri de repente que pendurei as cortinas erradas na sala de estar.

— Cortinas? Espere um pouco... O quê? — Derek teve a sensação de que sua esposa estava aborrecida porque ele não a ajudava mais nos serviços da casa. Ele se preparou para desculpar-se quando subitamente a conversa tomou um rumo diferente, como aquela última e inesperada volta na montanha-russa.

"Cortinas." Derek tentou lembrar-se da decoração da sala de estar. Que diferença as cortinas fariam depois de um dia longo e cansativo? Tudo o que ambos precisavam era abraçar-se e aliviar o estresse com um pouco de amor sempre bem-vindo.

— Não sei de que cortinas você está falando, meu bem — ele disse, aproximando-se dela e segurando-a nos braços. — Só sei que está linda nesta roupinha azul. Sinto vontade de devorá-la.

Normalmente Kim o teria abraçado e começado a passar o dedo em suas costas nuas. Mas dessa vez ela pousou a cabeça no ombro dele e suspirou fundo.

— Das cortinas de renda — ela sussurrou. — Da Bélgica. Para mim, elas são lindas, mas até Brenda disse que ficariam melhor na sala de jantar. Você acredita?

Derek fez um esforço tremendo para concentrar-se nas palavras da esposa, não na figura dócil e aconchegante encostada nele, e cochichou no ouvido dela:

— O que Brenda veio fazer aqui?

— *Sua mãe* a convidou! — Após dizer isso, Kim empurrou-o até ele cair deitado na beira da cama, e começou a andar de um lado para o outro. — Sua mãe disse que nossa casa estava precisando do talento de uma decoradora como Brenda. Brenda é uma boa amiga, mas não sabe tudo sobre decoração. Não tem diploma de decoração de interiores. Acho que nem cursou faculdade. Mas todos aqui a consideram especialista no assunto.

Ao chegar à parede, Kim deu meia-volta.

— Eu gosto daquelas cortinas — ela prosseguiu. — E penso que combinam perfeitamente com as cadeiras de couro e as almofadas de sarja do sofá. Não quero pendurá-las na sala de jantar, porque é de lá que temos a melhor vista do lago. Aquelas janelas devem ficar sem cortinas, do jeito que as deixei.

Outra meia-volta na parede oposta.

— Não quero contratar Cody Goss para trabalhar para nós. Eu faço o serviço. Atos de serviço são minha maneira de demonstrar que amo você. Quero servir refeições gostosas e quentinhas. Quero que ouça a comida sussurrar que sua esposa o ama. Quando você veste a farda, quero que saiba que me preocupo com você, e é por isso que levo um bom tempo para lavá-la, passá-la e dobrá-la com todo o cuidado.

Derek tinha sensação de estar assistindo a uma partida de tênis.

— E comprei aquelas cortinas belgas de renda só porque eram macias e bonitas. Eu as mantenho bem lavadas com alvejante, passo a ferro e penduro nos varões, porque amo minha família. Sua mãe não entende isso. Ela só pensa em mudar a decoração de nossa casa e critica minhas batatas assadas.

Derek fazia o possível para concentrar-se, mas não tinha ideia do que ela estava falando. Tudo o que ele via eram as pernas longas e bronzeadas dela; seu pescoço gracioso; aquela cintura fina; e as curvas sob sua curta camisola azul.

Agora, porém, Kim se transformara de repente, com as mãos no quadril e fuzilando-o com seus olhos castanhos. Como um tatu pego de surpresa no meio de uma rodovia, ele prendeu a respiração e tentou pensar com clareza. A última coisa que se lembrava de Kim ter dito tinha a ver com batatas, mas ele não sabia por quê.

— Adoro suas batatas — ele disse sem jeito.

Ela deu um grito abafado, exasperada.

— Você não entende? Ela está prejudicando meu relacionamento com os gêmeos. Agora eles acham que comemos muito carboidrato! Lydia disse a mesma coisa, repetiu exatamente as palavras dela para mim. Derek, você sabe que faço o possível para servir refeições balanceadas a nossa família. Verifico sempre se Luke está contando a quantidade de carboidrato ingerida.

— Claro que você faz isso — Derek confirmou. Kim estaria preocupada com o diabetes de Luke? Ou pelo fato de Brenda Hansen ter criticado seu modo de cozinhar? Aquilo não fazia parte da personalidade de Brenda.

— E agora ela se ofereceu para ajudar Cody a procurar os parentes dele — Kim prosseguiu. — Você acredita? Só porque sabe montar uma árvore genealógica, ela pensa que pode encontrar pessoas que desapareceram da vida de Cody há quase vinte anos. Pessoas que talvez não existam. Antepassados e famílias desaparecidas não são a mesma coisa! Além disso, ela vai deixar Cody aborrecido, seja qual for o resultado. Mas está sempre metendo o nariz em tudo.

Derek levantou-se e coçou o peito. Fazia muito tempo que não via Kim tão aborrecida, e não podia imaginar o motivo. Se Brenda quisesse procurar os parentes de Cody, que procurasse. A probabilidade de encontrar alguém era mínima.

— Querida, por que essas coisas a deixaram tão esgotada? — ele perguntou. — Você tem sua vida. Deixe o resto acontecer. Venha aqui e deixe-me abraçá-la.

Kim voltou a andar de um lado para o outro.

— E quer saber mais? Você nunca me diz nada.

— O quê? Digo, sim. Digo que a amo. Digo que acho você bonita, que sou louco pelas crianças. Amo nossa casa. Você é uma ótima cozinheira, e acima de tudo é linda. — Ele encolheu os ombros. — E acho que faz as melhores batatas assadas que já comi na vida.

Ela o encarou do outro lado do quarto.

— *Estou dizendo* que você não conversa comigo sobre seu trabalho! As pessoas sempre me perguntam sobre o afogamento, e você nunca me contou que se tratava de uma mulher. Foi outra pessoa que me contou. E então? O que sabe sobre o caso? Que idade tinha a mulher? Qual era a cor do cabelo dela? De que forma ela morreu, e por que o corpo veio parar perto de Deepwater Cove?

— Você sabe que não falo sobre investigações em andamento, Kim.

— Por que não me conta? Não confia em mim? Sou sua esposa, e você deveria confiar em mim.

— Por que você quer saber?

— Por causa de Cody. Ele está todo confuso. Pensa que a mulher morta pode ser a mãe dele, mas não pude dizer esta tarde:

"Não, não é sua mãe. Tenho certeza disso porque foi a informação que Derek me passou". Todo mundo esperava que eu soubesse alguma coisa sobre o corpo na enseada, mas eu não sabia. Você nunca me diz nada sobre o seu dia, a não ser que sou mais bonita que aquelas mulheres seminuas na enseada da Festa.

— E é verdade, você é.

— Derek, isso não passa de frivolidade. Não é uma conversa verdadeira. Quando você conversa comigo, não me conta nada. Só me elogia como se eu fosse um troféu exibido num desfile. Devo achar isso maravilhoso?

Todas as chamas da paixão que Derek sentira estavam esfriando a cada minuto. Por que ela não aceitava as palavras de amor dele? Palavras de afirmação sempre foram a melhor forma de transmitir amor e aprovação. Além de raramente retribuir seu carinho, agora ela agia como se não tivesse gostado de todas as coisas que ele fazia questão de lhe dizer.

Em três anos de casamento, Derek nunca vira sua esposa tão zangada. Ela contorcia as mãos. Ele era capaz de enfrentar um piloto de barco infringindo a lei, perseguir um sujeito dirigindo *jet ski*, algemar um bêbado agressivo. Mas a situação naquele momento era diferente. Tinha de lidar com sua esposa agitada, vestida de camisola, no fim de um longo e cansativo dia de trabalho.

— Está bem — ele disse, dirigindo-se ao banheiro. — Você já apresentou seus argumentos, sejam eles quais forem. Agora vou tomar uma ducha e dormir um pouco. Se quiser continuar a falar do assunto, tentaremos voltar a conversar amanhã cedo.

— Derek!

Ele abriu a porta do banheiro e olhou para trás.

— Estou cansado, Kim.

— Mas e o assunto das cortinas? De sua mãe? De Cody? E por que você não me conta nada sobre seu trabalho?

— Eu não quero brigar, meu bem. Discutir não faz parte de meu estilo. Você sabe disso. Vá para a cama e tente descansar. As coisas sempre ficam mais claras de manhã.

Derek entrou no banheiro, fechou a porta e olhou no espelho. Puxa, ele havia ficado debaixo do sol por muito tempo durante o dia. O nariz estava vermelho como uma beterraba. Seria bom passar uma loção depois da ducha.

Assim que abriu a torneira do chuveiro, ele pensou em Kim aguardando sua chegada só para ficar andando arrogantemente de um lado para o outro no quarto. Fosse qual fosse o motivo para a indignação dela, não valia a pena gastar tanta energia. Cortinas? Que assunto banal! Ele não ligava a mínima para cortinas, com certeza.

E por que todo aquele interesse no caso do afogamento? Kim nunca se intrometera em seu trabalho, e ele não perguntava nada sobre o dela. Trocavam ideias de vez em quando, claro, mas ele não era capaz de fingir interesse em higiene dental, nem ela era capaz de fingir querer saber quantos pilotos ele multara em determinado dia.

Derek entrou debaixo do chuveiro e deixou a água quente escorrer por seu corpo cansado. Por que ela vestira aquela camisola azul se sua intenção era apenas fazer um discurso irado a respeito de Cody Goss e Brenda Hansen? Não, quanto mais avaliava a situação, mais certeza ele tinha de que Kim estaria preparando uma cena de paixão para mais tarde, naquela mesma noite. Talvez aqueles outros assuntos houvessem invadido a mente de Kim enquanto ela aguardava sua chegada. E talvez, talvez, quando ele saísse do chuveiro, ela se lembrasse do objetivo principal para a noite. Derek levantou o rosto para receber um jato de água e sorriu.

Uma mulher teimosa, de cabelo encaracolado castanho-escuro, fez Patsy atrasar-se para a reunião do Clube dos Amantes de Chá naquela tarde de quarta-feira. A cliente, que tinha vindo de Iowa e comprara recentemente uma casa perto de Camdenton, queria fazer luzes no cabelo. Mas ela não queria simplesmente algumas mechas finas e brilhantes. Insistiu tanto em mechas largas, puxando bastante para o dourado, que Patsy teve receio de deixá-la com a aparência de alguém usando um boné de pele de tigre.

Os cachos da mulher pareciam ter vontade própria. Aquele castanho-escuro não queria clarear com o descolorante. Na primeira tentativa, Patsy conseguiu obter um tom acaju, e achou muito bonito. A nova cliente, porém, era recém-divorciada e queria fazer valer sua opinião. Usava uma regata bem curta, com decote em V, e uma minissaia bem "mini", e parecia estar prestes a atirar farpas para todos os lados. Por mais que Patsy tentasse convencê-la a aceitar uma mistura mais leve de cores, a mulher insistia em que queria um cabelo castanho e dourado.

Quando conseguiu sentar-se à mesa para tomar uma xícara de chá e comer um pãozinho amanteigado, Patsy estava aflitíssima. Finalmente, a sra. Tigresa saiu do salão satisfeita, mas Patsy ainda teve de correr para cortar o cabelo de Steve Hansen e fazer os pés de Opal Jones. Queria participar da reunião antes que todas fossem embora. Opal não gostava de ficar aguardando, mas tinha hora marcada e não queria reagendar. Aos 94 anos de idade, ela não conseguia dobrar o corpo para alcançar os pés e precisava da ajuda de Patsy de vez em quando.

— De que cor você pintou minhas unhas? — Opal perguntou em voz alta depois de sentar-se ao lado de Patsy.

— Vermelho! — Patsy gritou perto do ouvido esquerdo dela, que era um pouco melhor que o direito. — Como sempre!

Opal sorriu e tomou um gole de chá. Patsy sabia que quanto mais velha a viúva ficava, mais orgulho tinha de sua aparência. Gostava de usar sapatos de salto alto para ir à igreja e visitava frequentemente o *shopping* em Osage Beach para comprar artigos em promoção. Hoje, Opal usava uma blusa de malha amarela com estampas de borboletas, calças compridas combinando com a blusa e um lindo par de sandálias com poucas tiras.

Respirando fundo e tentando relaxar os músculos das panturrilhas e das costas, Patsy levou a xícara à boca. Como sempre, Esther Moore esforçava-se para tentar impor um plano de ação ao clube. Naquele instante, estava escrevendo "nova tarefa" em seu pequeno caderno. Essa nova tarefa incluía um plano de decoração para as festividades do Dia da Independência, quando todas as casas de Deepwater Cove e todas as lojas e restaurantes de Tranquility seriam transformados pelos membros do CAC.

— A loja de artigos de 1 dólar vende tecidos vermelho, branco e azul para bandeiras — Esther estava dizendo enquanto Patsy dava uma mordida no pãozinho. — Penso que devemos colocar algumas na frente dos carrinhos de golfe da vizinhança. Vocês sabem onde podemos encontrar bandeiras prontas e baratas?

— O gerente do restaurante do clube de campo exagerou no pedido de bandeiras para as mesas — Ashley Hanes disse em voz alta. — São bem pequenas, mas creio que ele pode nos dar as que sobrarem. Poderíamos colocar uma em cada jardim.

Patsy notou o colar de cinco fileiras de contas no pescoço da ruiva, que ela própria montava enquanto conversava. A regata colada ao corpo e o *short* apertado deixavam claro que a jovem não estava grávida, embora Ashley tivesse confidenciado a quase todos que ela e Brad estavam tentando ter um bebê. Ainda encantada com seu belo marido, Ashley fazia questão de mostrar seu anel de casamento com a grande pedra de brilhante. Parecia que ela não acreditava estar casada com o atleta mais popular do colégio.

Fazia tempo que Ashley não cortava o cabelo, Patsy observou. A ruiva nunca se sentava calmamente na cadeira do salão, e Patsy sabia que ela sempre tinha novidades para contar sobre recém-casados.

Talvez Patsy conseguisse marcar um horário para cortar o cabelo de Ashley depois da reunião. As pontas estavam um pouco desiguais.

— Que ideia maravilhosa, Ashley! — Esther disse, com o rosto brilhando. — Se você conseguir essas bandeirinhas para nós, nosso trabalho estará quase terminado. Alguém aqui tem outra ideia sobre o que poderíamos fazer para comemorar a independência de nosso grande país?

— Poderíamos promover um *show* de fogos de artifício nas áreas comuns perto do lago — Ashley sugeriu. — Brad adora fogos de artifício. Ele vai gostar muito de organizar esse *show*, desde que as pessoas contribuam.

Ao ouvir isso, Esther mordeu os lábios. Todos sabiam que era proibido soltar fogos de artifício nas áreas comuns de Deepwater Cove, e ninguém gostava dessas coisas, a não ser Brad Hanes. O jovem virava uma criança em quase todos os feriados, explodindo sabe-se lá quantos dólares naqueles foguetes de garrafa, foguetes coloridos e outras pirotecnias. Patsy não se importava com fogos de artifício, mas tinha certeza de que a sugestão de Ashley não seria aprovada.

— Agradeço a sugestão — Esther disse — mas você sabe que meu cão tem pavor de fogos de artifício, trovões e estrondos. O coitado do Boofer tenta se esconder atrás do sofá, mas está gordo demais. Ele se esforça ao máximo para entrar lá, mas fica entalado, e Charlie e eu temos de puxá-lo.

— Tenho de concordar com Esther a respeito dos fogos de artifício — Brenda Hansen interveio. — Meu gato tem pavor de estrondos, da mesma forma que Boofer. Nunca vou esquecer aquela noite em que um raio atingiu um poste elétrico perto de casa e Ozzie saltou dentro de uma bandeja de tinta cor-de-rosa. Acho que nunca consegui limpá-lo completamente.

Ashley encolheu os ombros, com ar de desânimo no rosto.

— Bem, essa é a opinião de vocês. A maioria das pessoas gosta de ver um *show* de fogos de artifício no Dia da Independência. Faz parte da tradição, vocês sabem.

— Que tal um churrasco de carne de porco nas áreas comuns? — Patsy sugeriu com entusiasmo.

A carne de porco bem que poderia ser acrescentada ao brasão de Missouri. Pelo que Patsy sabia, nunca tinha havido uma reunião naquele estado sem que servissem bistecas de porco.

— O pessoal levaria churrasqueiras portáteis — ela prosseguiu — e nós poderíamos preparar alguns pratos para acompanhar, como carne de panela e saladas variadas.

— Steve vai ficar feliz se pedirmos que ele faça sorvete caseiro — Brenda ofereceu-se. Seu marido lhe dera um beijo no rosto antes de sair do salão, depois de Patsy ter-lhe cortado o cabelo.

— Sei fazer um delicioso bolo salgado de sete camadas,[1] se alguém colaborar e providenciar os sacos de *tortilla* frita. — Kim Finley quase não abrira a boca até aquele instante. Normalmente, ela falava pouco, mas, quando tinha alguma coisa em mente, sabia expressar-se bem. — E levarei também as guarnições para os *sundaes*. Não há nada melhor para acompanhar *sundaes* do que calda quente de chocolate, nozes pecãs, cerejas ao marasquino e chantili.

— Do que vocês estão falando? — Opal perguntou, cutucando Patsy com o cotovelo.

— Estamos falando do Dia da Independência! — Patsy não gostava de gritar, mas não teve escolha, uma vez que Opal deixara em casa os aparelhos de audição. — Planejamos fazer um churrasco de carne de porco nas áreas comuns da região!

— Ah... Acho que posso levar algumas tortas de maçã.

Ninguém podia negar que Opal Jones fazia as melhores tortas de maçã da cidade. Todas aplaudiram. Esther encerrou a reunião, e as mulheres voltaram a conversar umas com as outras. Várias se levantaram para reabastecer a xícara de chá enquanto outras se preparavam para ir embora.

Patsy alegrou-se ao ver o grupo sentado confortavelmente na área reservada ao chá. Desde a fundação do CAC, ela imaginava o local como se fosse um jardim, tranquilo e silencioso, criado para descanso, crescimento espiritual e comunhão. Enquanto ouvia ao fundo o som da música de seu trio predileto, Cor da Misericórdia, Patsy analisava seus canteiros de flores, os pássaros e as borboletas voando ao redor.

Ashley Hanes, ainda no auge da primavera do casamento, parecia ter-se acomodado um pouco, da mesma forma que as flores aprofundam suas raízes no solo preparando-se para o verão. Botões vermelho-alaranjados de uma flor chamada bananeirinha-de--jardim vieram à mente de Patsy quando ela olhou para Ashley. Com seus longos cabelos ruivos e vários colares de contas enfeitando-lhe o pescoço, Ashley parecia exótica e tropical.

Patsy adorava bananeirinhas-de-jardim, e plantava várias delas perto de sua caixa de correio todos os anos. Elas permaneciam altas, imponentes e viçosas durante o verão inteiro, mas não suportavam as primeiras geadas no inverno. E este era o problema das bananeirinhas-de-jardim — no inverno, suas flores franzinas caíam, as folhas verdes tornavam-se marrons. No Missouri, todas as bananeirinhas-de-jardim morriam, a não ser que fossem retiradas do solo e mantidas em estufas até a primavera seguinte.

Enquanto conversava com Esther Moore, Ashley demonstrava a confiança e a força das bananeirinhas-de-jardim com seus talos grossos e folhas largas. Patsy, porém, imaginou o que aconteceria se o inverno se abatesse sobre o casamento dos Hanes da mesma forma que se abatera sobre o de Brenda e Steve.

Felizmente, Brenda agora andava de cabeça erguida. Ela fez Patsy pensar no lírio-da-ressurreição típico do Missouri. Ao contrário das bananeirinhas-de-jardim, esses lírios sobreviviam às nevascas e invernos rigorosos. Tão logo a primavera chegava, suas longas folhas verdes começavam a despontar como sinal de que continuavam vivos. Mas só com a chegada do verão, depois que as folhas haviam desaparecido há muito tempo, é que aqueles bulbos surpreendiam a todos emergindo do solo para mostrar suas mais belas flores cor-de-rosa. Sem as folhas, as flores dançavam na brisa, presas em caules longos, curvando-se como se estivessem saudando tudo o que havia no jardim.

Não era apenas Brenda que mostrava sinais de um verão encantador. Esther Moore também continuava a refletir aquela estação. Calma, tranquila e satisfeita com seu casamento duradouro com Charlie, ela era uma madressilva. A folhagem verde e firme e um doce perfume anunciavam que a madressilva, da mesma forma que Esther, estava perfeitamente feliz, sem demonstrar nenhum sinal de esmorecimento.

— O que você acha de bananas? — Brenda perguntou a Kim Finley.

Por um instante, Patsy pensou que as outras mulheres à mesa tivessem lido o que lhe passava na mente. Em seguida, Brenda concluiu seu pensamento.

— Steve adora banana *split*. Troca um prato de bife por uma taça de banana *split*. Aliás, foi por isso que compramos a máquina de sorvete.

— Vou levar umas pencas de banana — Kim garantiu. — Derek também gosta de banana. Lydia não quer nem experimentá-las, mas Luke parece um macaquinho.

Kim e Brenda estavam sentadas à mesa com Patsy e Opal. Enquanto Opal tomava tranquilamente seu chá e contemplava o movimento da rua, Patsy continuou a pensar em seu jardim. Cody não comparecera à reunião do CAC, o que não era de seu feitio. Algumas mulheres estavam começando a ir embora, e Patsy lamentou o término da reunião entre amigas. Esperava que Kim e Brenda permanecessem mais um pouco, mas sabia que ambas tinham muitos afazeres.

— Ele está melhorando a cada dia — Kim dizia à amiga quando Patsy voltou a prestar atenção na conversa. — Luke é muito mais cuidadoso do que eu esperava. Aprendeu bem a controlar o nível de açúcar no sangue e a calcular as doses de insulina.

— Que maravilha! Meu Justin não seria tão responsável assim. Ele continua na faculdade, mas raramente é aprovado no final do semestre. Muito diferente de Jennifer e Jessica.

Patsy achou que Kim parecia mais exausta do que o normal. No jardim de mulheres do qual Patsy cuidava com carinho, Kim nunca se parecera com uma flor de verão. A vida causara-lhe muito sofrimento, e ela parecia um pouco esmorecida nos últimos dias — bonita mas desgastada, como um ramalhete de crisântemos no fim da estação. Talvez eles tivessem sido dourados ou roxos um dia, mas agora as flores estavam perdendo a cor e as folhas começavam a murchar.

— Kim, podemos falar sobre suas cortinas? — Brenda perguntou em voz alta de repente.

A maneira pela qual ela se inclinou para a frente e pousou a mão no braço de Kim afastou Patsy de seu sonho sobre jardins.

— Não se preocupe — Kim disse, quase sorrindo. — Provavelmente você estava certa quanto à renda. Andei pensando em tirar...

— Não! — Brenda apertou o braço de Kim com mais firmeza. — Por favor, não tire as cortinas. Estou falando sério. Estive pensando no assunto e folheei algumas revistas de decoração em casa. Concluí que a renda combina muito mais com móveis em estilo masculino. Proporciona equilíbrio. Harmonia de textura e sensibilidade. A verdade é que aquelas cortinas são lindíssimas, Kim. Depois de examiná-las mais de perto, vi que são delicadas e raras.

Talvez feitas à mão. Penso que devem ficar exatamente no lugar onde você as pendurou.

— Mas você disse...

— Sei o que eu disse, e deveria ter pensado mais antes de falar alguma coisa. Senti-me pressionada diante do modo como sua sogra começou a descrever as cadeiras de couro e o sofá de sarja. Cheguei a pensar que *você* quisesse trocar as cortinas. Mas, quando estava saindo, vi seu rosto e percebi que gosta muito delas. Acho que estão perfeitas em sua sala de estar, Kim. Falo sério.

— Mas a renda tem textura muito diferente da textura do couro e da sarja.

— Exatamente. Elas se complementam. Ouça, Kim, adoro decoração e estou aprendendo cada vez mais, porém não sou especialista no assunto. Faço o que me parece natural, e isso nem sempre agrada às outras pessoas. Você viu minha casa. A sua é muito diferente, mas não significa que a decoração esteja errada. Aliás, sempre gostei muito de sua casa e sinto-me extremamente confortável lá.

— Se você acha que devo deixar as cortinas como estão, vou deixar. Mas Miranda não vai gostar.

— De quem é a casa, afinal? — Brenda disparou.

Ao ouvir aquelas palavras, Kim silenciou. Dobrou o guardanapo de papel num quadrado perfeito. Depois, colocou-o em cima da mesa e empurrou-o para perto de seu prato.

— Não tenho certeza — ela disse finalmente, olhando de relance para Brenda e depois para Patsy com ar de desculpa no semblante.

— Aquela casa pertence a você e a Derek, claro — Patsy deixou escapar. Ela não tinha ideia do motivo daquele alvoroço em torno de cortinas de renda, mas fazia parte da diretoria da Associação de Deepwater Cove por tempo suficiente para saber que cada coisa tinha seu dono. — Vocês têm uma casa, dois carros, um barco e um espaço para guardá-lo no estaleiro da comunidade.

— Mas penso que... — Kim voltou a pegar o guardanapo e desdobrou-o. — Penso que Miranda quer assumir o controle.

Ela disse essas palavras em voz baixa, e Patsy percebeu que aquela seria uma ótima oportunidade para pegar Opal pelo braço e afastar-se. Evidentemente Kim estava sobrecarregada e queria desabafar com Brenda. Mas Patsy continuou sentada ali e, por tudo o que era mais sagrado, não queria levantar-se depois de ter passado o dia inteiro em pé. Faria o possível para permanecer de boca fechada e concentrar-se na canção que o trio Cor da Misericórdia cantava. Por coincidência, era uma de suas favoritas, e ela poderia cantarolar junto. Opal, claro, não ouviria nada.

— A família consiste em você, Derek e os gêmeos — Brenda estava dizendo enquanto Patsy tentava não prestar atenção. — Miranda não faz parte da sua casa. Não pode assumir o controle dela.

— Derek não quer discutir o assunto comigo. Tentei uma noite dessas. Estava aborrecida por causa das cortinas...

— Ah, Kim. Sinto muito!

— A culpa não foi sua, Brenda. Miranda provocou todo aquele assunto sobre as cortinas, e depois teve o atrevimento de tirar uma delas da janela. Quando Derek chegou em casa naquela noite, fiz o possível para contar a ele tudo o que se passava em minha mente. Expliquei que tento servir-lhe para que ele saiba que eu o amo e que gostaria muito que ele me contasse o que se passa em seu trabalho. Ele se fecha e não me conta nada. Ficou muito aborrecido comigo naquele dia. Sei que ele estava zangado, apesar de não ter dito nada. Sabe o que ele fez? Afastou-se de mim e foi tomar uma ducha, sei lá por quê.

— Chá de bebê? — Opal perguntou, piscando para Patsy. — Não sou velha demais para esse tipo de comemoração, e desta vez não quero ficar de fora. Inclua meu nome na lista, Patsy. Adoro comprar roupinhas de bebê.

7

Por mais que gostasse de Patsy Pringle, Kim agradeceu quando a proprietária do salão pegou Opal Jones pelo braço e afastou-se dali com a viúva para receber o pagamento do serviço como pedicura. Kim não se importava de Patsy tomar conhecimento de seus problemas com as cortinas de renda. Patsy era uma pessoa confiável; sabia guardar segredo.

Naquele momento, porém, Kim sentiu que Brenda era a pessoa certa para entender seus problemas. Da mesma forma que Kim, Brenda lutara contra depressão, problemas conjugais e o desafio de educar filhos. Talvez até houvesse uma sogra intrometida na vida de Brenda.

— Os homens são confusos — Brenda comentou ao retornar à mesa com outras duas xícaras de chá e alguns biscoitos amanteigados. — E pensam que *nós somos* temperamentais! Pelo menos sabemos que temos sentimentos, e estamos absolutamente certas disso. Parece que Derek está acumulando uma série de problemas. Isso é típico, não? Steve ficava olhando firme para mim enquanto eu falava, e finalmente entendi que ele não ouvia nada. Quando eu demonstrava um mínimo de aborrecimento, ele se afastava.

— Derek disse que discutir não faz parte do estilo dele — Kim confessou.

— Claro. Ele trabalha para a Patrulha Aquática. O patrulheiro Derek Finley discute com outras pessoas todos os dias, e simplesmente não quer discutir com *você*.

— Mas eu preciso contar-lhe algumas coisas que ele não vai querer ouvir.

— Primeiro você tem de forçar Derek a ouvir o que você tem a dizer. Só agora Steve está entendendo isso. Você precisa passar um tempo a sós com seu marido, longe da mãe dele e das crianças. Mas ele não pode estar muito cansado nem com muita fome neste momento. Quando Steve está com fome, não adianta conversar com ele. Parece um urso mal-humorado, e não ouve uma palavra sequer. Conte tudo a Derek depois que ele estiver de estômago cheio.

Kim gostaria que a ideia de Brenda funcionasse.

— Derek não quer ouvir nada que seja negativo. Ele se concentra no positivo. Mas, quanto a mim, a vida nem sempre é ensolarada. Derek cobre-me de elogios e incentivo o dia inteiro. Foi por isso que me apaixonei por ele. Mas, quando a situação não vai bem, ele quer correr e esconder-se. Já sofri muito, Brenda, e tive poucas alegrias. Minha vida é muito melhor agora do que antes, mas estou muito... muito assustada. Tenho medo de perder Derek, se eu não achar que tudo é maravilhoso, como ele faz.

— É bom que você e Derek sejam diferentes, não é verdade? Não é necessário que os dois vejam a vida através de lentes coloridas. Deixe esse papel para Derek. Alguém precisa enfrentar o fato de que Luke tem um problema sério de saúde. E alguém tem de cuidar da casa, cozinhar para a família e lavar roupa. Se Derek gosta de andar por aí brilhando de felicidade e enchendo-a de elogios, tudo bem. Deixe que ele seja quem ele é. E quanto a você, seja você. Derek a ama, Kim, e não vai abandoná-la só porque a vida se torna difícil de vez em quando.

— Tomara que você esteja certa.

— Veja, Steve ainda me ama depois de tudo o que fiz a ele. E eu também o amo. Vou lhe dizer uma coisa: foi um milagre. Com base em tudo o que passei com Steve, posso garantir-lhe que Derek também vai aguentar firme. Nenhum casamento é um conto de fadas nem nos dá a garantia de que seremos felizes para sempre. É uma caminhada difícil.

Kim suspirou.

— Ninguém sabe disso melhor que eu.

— Você está se saindo muito bem — Brenda disse, apertando a mão de Kim. — E falo sério.

— Gostaria que ele me falasse mais de seu trabalho — Kim contou à amiga. — Gostaria muito de saber...

— Nós perdemos a reunião do CAC? — Cody Goss interrompeu a conversa ao parar diante da mesa onde as duas mulheres conversavam. — Eu queria vir, mas *ela* disse que a gente tinha de ir à biblioteca, e aquele lugar está abarrotado de livros.

— Cody, por que nos interrompeu? — Brenda perguntou gentilmente. — Kim e eu estávamos conversando.

— É verdade, eu interrompi, mas não quero perder a reunião.

— Sinto muito, mas já terminou. E isso não é desculpa para maus modos.

Cody abaixou a cabeça.

— OK, sinto muito.

— Ah, você está aqui! — Miranda surgiu do nada, ao lado de Cody, enquanto Luke e Lydia corriam até o balcão de doces. — Kim, liguei para casa e para seu celular e não a encontrei. Não podia imaginar onde você estava. Cody ficou falando o tempo todo de uma tal reunião, e eu não tinha ideia de onde era, do dia ou coisa parecida. Você sabe como ele é. Claro, se eu soubesse desse Pequeno Comitê de Chá...

— Clube dos Amantes de Chá — Cody interrompeu. Em seguida, tapou a boca com a mão.

— Estávamos na biblioteca, e ficamos tão entretidos na pesquisa que... — Miranda olhou por cima do ombro. — Aonde essas crianças foram agora? Juro que gostaria de torcer o pescoço delas. Sabe o que fizeram? Deixaram Cody e eu na biblioteca e desceram a rua em direção à casa da amiga de Lydia. Quase entrei em pânico quando não consegui encontrá-los.

— Que amiga? — Kim perguntou, levantando-se. — E Luke? Quando foi a última vez que você verificou o nível de açúcar no sangue dele?

— Eles foram à casa de Tiffany — Miranda disse. — Aquela pirralhinha com quilos de maquiagem nos olhos. Vou ter de ensinar as duas a usar maquiagem.

— Nada de maquiagem, Miranda — a voz de Kim era firme. — Eu já lhe disse. Luke, o que você está comendo? Já fez os cálculos de carboidratos para comer isso?

— Lydia vai completar 11 anos e já tem idade suficiente para aprender a usar cosméticos corretamente. É fácil fazer uma maquiagem parecer natural se souber aplicá-la. Mas como posso controlar os dois se eles não ficam no lugar onde os ponho? Deixei-os na seção de livros infantis enquanto Cody e eu fomos pesquisar o sobrenome *Goss*. Não é comum, o que facilita a tarefa em situações como esta.

Kim mal ouviu as palavras da sogra e correu em direção ao balcão de doces para verificar o que os filhos haviam escolhido para comer. E aquela história de ambos saírem da biblioteca sem avisar Miranda? E para culminar, foram à casa de Tiffany!

Um toque no braço de Kim assustou-a enquanto ela tentava tirar o *brownie* da mão de Luke. Ao virar-se, viu Brenda sorrindo para ela.

— Vai dar tudo certo — Brenda sussurrou-lhe no ouvido. — Eu garanto.

Quando sua esposa o convidou para almoçar com ela no novo restaurante em Tranquility, Derek não quis perder a oportunidade. Acima de tudo, ele gostava das refeições servidas no Pop-In. Os outros patrulheiros diziam que aquilo era comida de mulher. Reclamavam que uma omelete ou um sanduíche embrulhado em papel manteiga não era suficiente para encher o estômago de um homem, mas Derek não concordava. Não gostava de comer muito quando estava trabalhando e, além disso, sempre levava lanches no barco, caso a fome chegasse.

Derek também gostava muito de Bitty Sondheim, a proprietária do pequeno restaurante. Derek havia sido criado em St. Louis e achava que a californiana tinha uma qualidade especial que ele entendia. Bitty enxergava a vida por um ângulo bem amplo. Já havia visitado muitos lugares e feito muitas coisas. E não tinha receio de usar o que lhe agradava, mesmo que não combinasse com o contexto. Suas saias compridas, tranças grossas, brincos pendentes e sandálias acrescentavam um ar de insolência a sua atitude.

— Vamos lá, decida-se, patrulheiro Finley — Bitty ordenou de trás do balcão naquela tarde de sexta-feira quando Derek e Kim se encontraram no Pop-In. — Não temos o dia inteiro para decidir, você sabe. A fila precisa andar.

Após dizer isso, Bitty jogou a cabeça para trás e caiu na gargalhada porque, na verdade, Kim e Derek eram os únicos clientes. Infelizmente, nem todas as pessoas sabiam o que fazer com ovos embrulhados em papel ou *tortillas* recheadas com brotos de alfafa e fatias de abacate ou berinjela. Na opinião de Derek, Bitty deveria mudar um pouco o cardápio e adaptá-lo ao estilo de "cozinha caseira" do Missouri, ou seja, incluir alimentos como presunto, carne assada, tiras de frango e vegetais cozidos. Ah, e pão branco, adocicado e fofo para acompanhar.

— Vou querer uma *fajita*[1] integral, Bitty — Derek disse finalmente. As *fajitas* eram sempre um ótimo pedido em razão de seu delicioso paladar.

— O mesmo para mim — Kim acrescentou.

Derek sorriu para a esposa.

— Você está linda esta tarde, sra. Finley. — E era verdade. Os olhos castanhos de Kim brilharam quando ela o fitou.

— E você também, patrulheiro Finley. — Ela cutucou-o para provocá-lo. — Ei, sabe da última? Hoje cedo coloquei a última trouxa de roupas na secadora. Significa que estou livre da lavadora no fim de semana inteiro.

— Você é uma garota especial! — Derek encostou-se no balcão, olhou para ela e deu uma risadinha. Às vezes Kim o deixava completamente confuso. Terminar de lavar a roupa seria motivo para comemoração? A tarefa de lavar roupa era interminável. Mas essas pequenas vitórias significavam muito para ela, e Derek queria cooperar, principalmente depois do problema que enfrentaram na outra noite. Ele não queria nem pensar no grande aborrecimento que aquilo lhes causara.

Derek podia dizer sinceramente que ele e a esposa formavam o casal perfeito. Não encontrava um defeito sequer na esposa. Raramente ofendiam um ao outro com palavras. Aliás, ele podia contar nos dedos as vezes em que entraram em conflito.

Antes do casamento, o maior medo dele tinha sido o de cuidar dos gêmeos como pai. Aquela tarefa também se tornou fácil. Luke gostava de pescar e nadar com Derek, e até recentemente Lydia sempre havia sido um doce de menina.

— Estou surpreso por você não ter trazido os gêmeos — ele disse a Kim. — Gostaria de saber o que eles aprontaram hoje.

— Eu deveria buscá-los de carro em casa... Ou pedir a sua mãe que os trouxesse aqui. Mas pensei que seria melhor nós dois almoçarmos sozinhos. Há algumas coisas sobre as quais eu gostaria de conversar com você.

"Ora, ora." Derek tentou manter o sorriso no rosto. Não queria conversar sobre *coisas*. Isso só provocaria tensão. Esse encontro no restaurante, longe de todos, sinalizava problemas sérios pela frente.

— Aqui estão — Bitty disse ao retornar ao balcão trazendo os pedidos dentro de duas embalagens. — *Fajitas*, refrigerantes e lascas fritas de *tortillas*. Peguem os guardanapos ali, perto da porta, e tenham uma ótima tarde.

Derek olhou para a mulher atrás do balcão. Os olhos azuis cheios de vida, realçados pela pele naturalmente bronzeada, comprovavam as muitas horas passadas nas praias do sul da Califórnia. Derek gostaria de saber se Bitty já se adaptara àquela cidadezinha do Missouri. Será que se acostumara aos modos interioranos do pessoal de Tranquility? Acima de tudo, Derek gostaria de convidar Bitty para almoçar com eles a fim de evitar que Kim falasse daquelas *coisas* que queria discutir com ele.

Tarde demais. Kim passou o braço ao redor do braço de Derek e conduziu-o à porta.

— Vamos comer naquele gramadinho ali na frente. Eu trouxe uma toalha para estender no chão.

Enquanto ambos passavam pelas outras lojas ao longo do caminho, Derek não tinha certeza se deveria aproveitar o ar fresco que se transformara repentinamente, trazendo promessa de chuva. Não fosse o desejo de Kim de conversar, ele estaria rindo e feliz como um passarinho livre da gaiola. Eram raros os momentos passados a sós com a esposa, e isso só ocorria de vez em quando à noite, quando um deles ou ambos estavam à beira da exaustão. O trabalho dele no barco, o emprego dela e o cuidado com os gêmeos eram responsáveis por mantê-los afastados um do outro, e Derek não gostava disso. Ele esperava que, com a chegada da mãe, a situação se tornasse mais fácil, mas, diante do conflito da outra noite, Derek começava a desconfiar que a presença de Miranda

Finley em sua casa poderia ser um dos motivos da conversa que Kim queria ter com ele.

— Chegamos — ela disse, sacudindo a toalha que trouxera. — Na sombra e longe do trânsito. Deveriam colocar uma mesa e alguns bancos aqui. Talvez ajudasse a incrementar o comércio de Bitty.

— A falta de mesas e cadeiras talvez seja parte do problema dela — Derek disse agachando-se sobre a toalha. — Mas penso que ela precisa servir uma comida mais substanciosa. O trabalho dos operários é pesado, e eles precisam comer bem.

— Talvez você esteja certo.

Derek estava levando a *fajita* à boca quando percebeu que Kim tinha a intenção de orar naquele momento, ao ar livre. Ele curvou a cabeça rapidamente, torcendo para que nenhum patrulheiro tivesse decidido almoçar no Pop-In.

Derek não se importava com a tendência religiosa da esposa. Aliás, gostava disso. Mas religião parecia ser um assunto mais apropriado para mulheres. Seus pais nunca frequentaram qualquer tipo de igreja. Quando Derek era criança, sua mãe lia para ele muitos livros de autoajuda e levava-o a sessões de terapia todas as semanas. Ela dizia que aquilo trazia mais resultados em termos pessoais que qualquer doutrina ou ritual sagrado. A atitude do pai — passada a Derek antes do acidente que lhe tirou a vida — deixava claro que as pessoas religiosas eram fracas, supersticiosas e ingênuas.

Kim não se encaixava de forma alguma nesse perfil. Ao mesmo tempo, ela confiava muito em Deus. Atravessara rios de águas turbulentas na vida, e sua fé parecia ajudá-la a lidar com o passado.

— Está delicioso — ela disse em voz baixa depois da primeira mordida. — Vou divulgar no consultório do dr. Groene que Bitty é excelente cozinheira.

— Ela não chega a seus pés — Derek disse, piscando para a esposa. — Concordo, está bom, mas prefiro a comida caseira do dia a dia.

Kim tomou um gole de refrigerante. Ficou calada por alguns instantes, comendo e observando o entra e sai das pessoas nas lojas da rua principal de Tranquility.

— Existe alguma coisa que você não goste em mim? — ela perguntou no exato momento em que ele devaneava, mergulhado em serenidade.

— Nenhuma — ele garantiu. — Você é linda. E cuida muito bem dos gêmeos e de mim. As pessoas a admiram, e você tem muitas amigas. Cozinha divinamente... Será que eu já disse isso?

Ela sorriu.

— Já, já disse. Mas e quanto a nossa casa? Você gosta da decoração?

Derek pressentiu a chegada da tormenta. Ela sempre começa pequena, como o rastro de um barco navegando em alta velocidade. E de repente, sem que você perceba, tudo passa a balançar e a ficar instável. As ondas o atiram ao chão, e o barco, que parecia tão seguro, sacode como se quisesse jogá-lo na água.

— Não entendo nada de decoração. — Derek respondeu, com todo o cuidado. — Mas me sinto completamente confortável em nossa casa. Se não fosse assim, eu teria dito. E, a propósito, adoro as cortinas da sala de estar. Renda... Não há nada melhor que renda numa sala de estar.

Kim assentiu com a cabeça e deu outra mordida no lanche. Derek soltou a respiração, confiante de que o pior já passara.

— Sua mãe não gosta delas — Kim disse finalmente.

— Minha mãe tem ideias próprias sobre quase tudo. Faz parte do estilo dela.

— É verdade. Ela acha que uma menina de 10 anos deve aprender a se maquiar. Que eu devo deixar uma criança com diabetes tipo 1 sozinha, sem nenhuma vigilância, para que ela leve uma menina de 10 anos para se divertir no *shopping*. Ela não aprova comer batatas assadas no dia em que eu sirvo torradas de pão francês no café da manhã e sanduíches no almoço. E tem absoluta certeza de que as cortinas de renda entram em choque com couro e sarja.

Derek sentiu, de repente, como se estivesse agarrado a um barco virado na água. De onde viera aquela onda? O que ele poderia dizer? Como afastar tudo aquilo?

— Não sei até quando sua mãe planeja ficar conosco — Kim estava dizendo antes de ele pensar numa resposta. — A princípio, seriam duas semanas. Depois, ela me disse que ficaria até o início das aulas, no outono. Mas nos últimos dias não mencionou mais nada sobre voltar para St. Louis. Tenho quase certeza de que ela vai morar conosco permanentemente.

Derek respirou fundo, tentando encontrar uma corda em que se agarrar. Ele pouco conversava com a mãe durante o dia, e muito menos chegou a perguntar quando ela pretendia ir embora. Para ele, a mãe já fazia parte do lar dos Finleys. Participava de tudo como se fosse membro da família.

— Isso é problema? — ele conseguiu dizer.

— O que você acha? — Kim devolveu a pergunta imediatamente.

— Bem... Não acho que minha mãe seja realmente um problema, ou é? — ele olhou para o rosto da esposa. Sem receber resposta, prosseguiu. — Kim, você cresceu no meio de pessoas indo e vindo o tempo todo. As pessoas entravam em sua vida e saíam sem mais nem menos. Até depois de adulta, a situação continuou igual. Você conheceu Joe. Depois os gêmeos chegaram e Joe desapareceu. E então eu entrei em cena. Agora minha mãe está aqui. E daí? Qual é o grande problema?

— Não quero que minha vida seja um espelho do que vi na infância. Eu detestava todo aquele movimento e transição. Minha mãe, a bebida e todos aqueles homens... Era horrível. Estou tentando criar um lar estável para mim e meus filhos. Já estraguei tudo com Joe. E, Derek... Ah, não sei.

Ele começava a se afogar. Sentia isso. Os tentáculos da confusão queriam arrastá-lo para o fundo.

— Nós temos um lar estável, meu bem — ele tentou explicar. — Somos bons pais. Amamos as crianças. Nós nos amamos.

— Será? Nós nos conhecemos bem, Derek? Por exemplo, o que você faz o dia inteiro? Por que não me conta nada sobre seu trabalho?

— O que você quer saber? Não há nada de interessante sobre multar alguém por ter carregado gente demais num barco. Quando há uma grande novidade, eu lhe conto.

— É o que você diz, mas houve um afogamento e não me contou nada. Você sabia que sua mãe está tentando ajudar Cody a encontrar a família dele? Um dia desses, os dois passaram a maior parte da tarde na biblioteca. Perderam a reunião do CAC, apesar de Cody ter insistido em que queria ir embora. Ela não ouve ninguém. *Não* ouve. Diz apenas o que pensa. E sabe o que ela pensa? Pensa que todas as religiões levam a Deus. É isso o que ela diz a nossos filhos, Derek. Sua mãe disse que estudou todos os tipos de crenças, inclusive o paganismo! E teve a coragem de dizer que uma religião não tem mais valor que todas as outras. Disse essas palavras na frente de Luke e Lydia! Não é isso o que quero que eles ouçam. É nisso que você acredita, Derek? O que você acredita a respeito de Deus, e por que eu não sei?

Derek estava profundamente arrasado. Não havia dúvida quanto a isso. As cortinas de renda, sua mãe, Cody, a maquiagem, a religião e o diabetes tipo 1 — tudo havia conspirado para afundá-lo. Ele não sabia como sair daquele emaranhado.

— Religião — Derek disse. Agora ele começava a entrar em pânico. Seu coração batia um pouco acelerado. — Há... Não sei muita coisa. A religião nunca fez parte de minha vida antes de eu conhecer você, e continua a não fazer. Essa é a verdade, Kim. Faço meu trabalho, amo você e os gêmeos, e ponto final. Gostaria de dizer que sou mais profundo e complexo, mas é assim que eu sou.

— Você orou no outro dia à mesa.

— Orei, mas... — Ele amassou o papel no qual a *fajita* havia sido embrulhada. — Bem, acredito que exista uma espécie de Criador. Tenho dificuldade em pensar que uma garça azul ou uma flor roxa possa ter evoluído de uma ameba. Estou certo de que alguém criou o mundo e o pôs em movimento. Um ser superior. Não sei o que mais lhe dizer sobre religião, meu bem. Você ouviu minha mãe. Não fui criado na religião.

— Nem eu, mas religião é importante para mim.

— E precisa ser importante para mim também?

Ao ouvir aquilo, Kim prendeu a respiração.

— Brenda disse que é bom que nós dois sejamos diferentes um do outro. Você é você. Eu sou eu. — Ela fez uma pausa. — Mas não podemos ser diferentes quando se trata de Deus. Penso que devemos ser unidos. Você iria à igreja com as crianças e comigo, Derek?

Além da sensação de estar se afogando, agora ele sentia um nó amarrado em volta do pescoço, apertando-o a cada segundo.

— Igreja? — ele conseguiu dizer com a voz trêmula de um adolescente. — Eu trabalho aos domingos.

— Você poderia pedir mudança de turno.

— Isso provocaria confusão no esquema de todo o pessoal.

— Por favor, Derek. Grande parte de minha vida gira em torno de minha fé. Eu preciso que você entenda isso. E vai me contar sobre o afogamento?

Ele passou o dedo ao redor do pescoço.

— Não sei muita coisa. Acho que vão pedir ajuda ao Departamento de Investigações Criminais para desvendar o caso.

— Então foi um crime?

— Não tenho permissão para falar sobre o assunto, Kim.

— Sou sua esposa!

— Eu sei, mas... — Ele coçou os olhos. — Está bem. Sabemos que era uma mulher, mas não sabemos por que se afogou. A linha de pesca pode ter desviado nossa atenção. Talvez tenha sido um acidente, mas pode ter sido homicídio.

— Quem cometeria um ato tão horrível?

— Não temos ideia. Você sabe que esta região é muito calma a maior parte do tempo. Se houve um crime, foi porque andaram bebendo. Pilotos embriagados, brigas familiares, contravenções. O consumo de drogas na região do lago tem aumentado, mas o álcool continua a ser o principal problema. Não estou lhe contando nenhuma novidade, não é mesmo, Kim?

Ela sacudiu a cabeça negativamente.

— Não.

— Eu não escondo coisas de você. Faço o possível para não esconder. — Ele dobrou e desdobrou a ponta da toalha. — Não há muito que lhe contar. Esta manhã, multei um rapaz que estava dirigindo uma embarcação pessoal sem o colete salva-vidas. No último fim de semana, perseguimos um casal de bêbados e intimamos algumas mulheres à delegacia por atentado ao pudor. No fim do mês vamos instalar uma barricada para verificar se o piloto tem habilitação para dirigir barcos, se está embriagado e coisas do gênero. Meu trabalho é interessante para mim, porque um dia é sempre diferente do outro. Mas, Kim, você não está perdendo nenhum acontecimento importante. Se me acompanhasse, ficaria entediada em boa parte do tempo.

— Mas eu gostaria que você me contasse tudo — ela disse. — Quero saber mais a respeito do seu dia a dia.

— Talvez eu deva fazer um relatório para você no fim do dia, mas isso levaria apenas alguns minutos. — Derek esticou o braço para segurar a mão dela. Derek não se importava de compartilhar sua vida com Kim, mas havia coisas que seria melhor ela não saber.

— Kim, é isso que realmente a perturba? O fato de eu não fazer um relatório sobre o meu dia? De não ir à igreja com você e as crianças? Esses assuntos nunca a incomodaram. O que há de errado?

— Eu não disse nada antes, mas não significa que não sejam importantes para mim. — Ela suspirou, e Derek pensou que o assunto estivesse encerrado. Mas ela olhou para ele novamente e continuou a falar num tom mais suave. — Você se lembra da assistente social, aquela que, quando eu estava no abrigo, me ajudou a pôr meus sentimentos em ordem depois que deixei Joe? Ela me disse que, para um relacionamento dar certo, os dois precisam verbalizar suas necessidades. Derek, você não entende que morro de medo de ver nosso barco balançar? Quero que você seja feliz, e tenho receio de aborrecê-lo. Mas preciso que você converse comigo.

— O que mais você quer saber?

— Por que você sente tanta dificuldade em conversar abertamente? Por que se esquiva de mim? Por que atende o celular em outro cômodo quando ligam para você? E, por falar nisso, quem liga sempre para você?

— Kim, você sabe que os telefonemas fazem parte de meu trabalho. Já lhe contei tudo o que posso. O que mais você quer?

— Quero muito que vá à igreja.

Nesse ponto ele deu um suspiro que soou como um soluço. Derek imaginou estar perto da terra seca, mas a voz trêmula de Kim o tragou novamente. Será que ela ignorava que estava fazendo mais que balançar o barco? Ela estava afogando o marido.

Derek cruzou os braços e concentrou o olhar na placa acima do salão de beleza de Patsy Pringle, um pouco adiante. Assim Como Estou. Era tudo o que ele queria da esposa — que ela o aceitasse, com todos os seus defeitos.

Ele não se importava de contar a Kim como foi o seu dia. Talvez até se aventurasse a ir a igreja de vez em quando para ver o que se passava lá dentro. Larry, um dos patrulheiros, falava de Deus o tempo todo. Alguns colegas faziam brincadeiras com Larry a respeito disso e tentavam irritá-lo, mas Derek respeitava o amigo. Se Larry e Kim eram bons exemplos de como os cristãos viviam, até que a religião poderia não ser tão má assim.

Derek olhou de relance para o relógio. Precisava voltar para o trabalho, mas não queria que Kim irrompesse em lágrimas no final do almoço. Mesmo assim, ele tinha o mau pressentimento de que Kim navegava em direção a um banco de areia e, inevitavelmente, o barquinho deles estava destinado a encalhar.

— É sua mãe — ela deixou escapar de repente. Depois, cobriu os olhos com a mão e fez um movimento negativo com a cabeça. — Ah, Derek, as últimas semanas foram muito difíceis para mim. Quanto tempo ela vai ficar conosco? Não sei se vou suportar mais críticas e interferências da parte dela.

Ele cerrou os dentes. Sua mãe poderia ser chamada de esbanjadora, mexeriqueira ou até de intrometida, mas tinha boas intenções. Foi ela que sugeriu deixar sua casa e sua vida agitada em St. Louis para descer até o lago e ajudar Kim a cuidar de Luke. Qual o direito de Kim em ser tão rígida com ela?

— Quando não está criticando minhas cortinas ou minha comida — Kim dizia — ela está carregando os gêmeos para sei lá onde. Para o *shopping*, para a biblioteca. E não toma conta deles!

— Deveríamos ser gratos a ela por nos ajudar — Derek disse com firmeza à esposa, na esperança de pôr fim à discussão. — Minha mãe não é a melhor mãe do mundo, mas faz o que pode, Kim. A experiência dela como mãe baseia-se apenas num filho, e esse filho sou eu. Ela tomou conta dos gêmeos quando eles tinham quase 8 anos de idade. Você sabe que ela nunca prejudicou Luke nem Lydia. E o incidente na biblioteca foi por culpa deles. Os dois saíram de perto dela sem dizer nada e foram à casa de Tiffany.

— Isso nunca teria acontecido se sua mãe não os tivesse levado à biblioteca e depois se esquecido deles para procurar a família desaparecida de Cody! Sua mãe não faz ideia do que significa ser uma avó verdadeira!

— Talvez ela fizesse, se você pensar na possibilidade de ter outro bebê, como eu já lhe pedi milhares de vezes.

Derek tirou os óculos de sol do bolso e colocou-os no rosto. Não conseguia imaginar de onde viera aquele comentário, mas era verdade. Desde que se casaram, ele vivia pedindo a Kim que lhe desse mais filhos. Ele amava os gêmeos, mas queria uma família maior. Queria ter bebês com seus genes, suas feições, seu sangue. Quando ele perguntava, Kim sempre dizia que pensaria no assunto, mas depois não dizia mais nada. Quantas vezes ele tocara no assunto de ter mais filhos, só para ser descartado com um sorriso ou um aceno de mão? Se quisesse que sua mãe fosse uma avó melhor, Kim deveria estar disposta a ter um bebê ou dois para ela aprender.

— Tenho de voltar ao trabalho — ele disse a Kim. — Já estou atrasado.

Kim torceu o nariz quando Derek se levantou. Mais que tudo, ele gostaria de apagar tudo o que havia dito. Queria agradar a esposa. Ele a amava de todo o coração. Mas por que ela decidira despejar tudo aquilo em cima dele? Até que ponto um homem poderia suportar antes de revidar?

Depois de levantar-se, ele tentou pensar em alguma coisa para dizer a Kim com o intuito de melhorar a situação. Finalmente, ele soltou a respiração, deu de ombros e dirigiu-se a seu caminhão.

8

Pete Roberts já havia desobedecido a quase todos os dez mandamentos muitas vezes, além de cometer vários outros pecados. Desde que parou de beber, voltou a estudar, abriu a Rods-N-Ends e passou a frequentar a igreja, ele conseguiu se livrar de quase todos os vícios. Mas havia um que não conseguia evitar.

Todas as vezes que via Patsy Pringle, Pete sentia como se estivesse caminhando direto à oficina do diabo. Queria segurar aquela mulher nos braços. Queria beijar aqueles lábios tão doces. E queria...

— Pete? Você vem ou vai ficar aí olhando como um bobalhão cabeludo? — Patsy virou-se e olhou para ele, balançando o quadril enquanto caminhava em direção à mesa de doces do piquenique do Dia da Independência.[1]

Pete parou na beira do gramado perto do lago e ficou olhando. Ele nunca vira na vida algo parecido com a comemoração daquele feriado. Era melhor que as procissões de Natal que sua mãe o levava para ver quando ele era criança. Era melhor que o dia em que seu pai saiu da prisão e a família inteira foi almoçar numa lanchonete famosa. E era mil vezes melhor que os dois casamentos de Pete, que aconteceram mais ou menos por acidente, por ser difícil tomar uma decisão acertada quando se está mais bêbado que um gambá.

Naquele lindo dia de verão, todos os habitantes de Deepwater Cove compareceram à festividade. Pete contou onze churrasqueiras abarrotadas de carne de porco que desprendia um aroma delicioso, capaz de aguçar o apetite de qualquer um. Todos os quinze carrinhos de golfe da vizinhança estavam enfeitados com bandeirinhas vermelhas, brancas e azuis. Uma bandeira gigante foi pendurada num dos postes ao lado do ancoradouro. Além disso, havia uma fileira de mesas repletas de salada, batatas fritas, patê, refrigerante e sobremesa de todos os sabores e cores — tudo de dar água na boca.

— O que você está esperando, Pete? — Patsy esperou ele se aproximar e bateu seu quadril no dele. — Ajude-me a carregar esta melancia antes que eu leve um tombo.

No momento em que Pete pousou os olhos em Patsy naquela tarde, sua pressão sanguínea, que já era normalmente alta, disparou como se fosse um foguete. Ela havia clareado o cabelo até deixá-lo quase branco, colocado aplique de cachos loiros e arrematara seu penteado com brilhantes estrelinhas vermelhas, brancas e azuis. A blusa vermelha e o *short* azul pareciam comuns, mas suas pernas caminhavam firmes sobre um par de sandálias de salto alto, bonitas o suficiente para fazer o coração de um homem parar.

Antes que Pete caísse morto no chão, Patsy jogou a melancia no colo dele e seguiu seu caminho apressada. Tropeçando atrás dela, Pete equilibrou a melancia em cima de outra coisa substancialmente arredondada. Ele gostaria de não ter aquela barriga de cerveja, e fazia de tudo para negar sua existência. Mas a verdade era que, quando um homem criava barriga, era terrivelmente difícil livrar-se dela.

— Aonde devo levar esta melancia, Patsy? — Pete perguntou quando conseguiu aproximar-se daquela profusão de perfume e *spray* de cabelo que o atraíam como uma abelha em direção ao mel.

— O que você acha? — ela fuzilou-o com aqueles grandes olhos azuis e apontou com o dedo indicador, cuja unha comprida estava pintada de vermelho. — Ali debaixo daquela árvore, ao lado das outras melancias. Eu não entendo, Pete Roberts. Você é cego?

Não, ele não era, Pete pensou enquanto caminhava em direção do carrinho de melancias. Ele enxergava aquelas pernas torneadas e os tornozelos equilibrando-se sobre as sandálias de salto alto. Enxergava aqueles lábios vermelhos que combinavam com as unhas compridas. Na verdade, todas as vezes que avistava Patsy, Pete não era capaz de enxergar mais nada.

Pete gostava de importuná-la a respeito do cabelo dela, mas a verdade era uma só. Tanto fazia se ela o pintasse de laranja, preto, cor-de-rosa ou com bolinhas. O cabelo de Patsy simplesmente o fascinava. Perto de Patsy, o coração de Pete parecia ter sido atingido diretamente pela flecha do cupido — uma sensação que ele nunca percebera. E não tinha certeza do que fazer a esse respeito.

— Ei, Pete, como vão indo os negócios na Rods-N-Ends nos últimos dias? — Steve Hansen chamou-o com um aceno para que ele se reunisse ao grupo de homens, sentados em cadeiras sobre o gramado, tomando conta da carne nas churrasqueiras. Eles usavam bonés de beisebol e aventais com dizeres tais como *Sargento dos Grelhados* ou *Chef do Churrasco* na frente. Cada homem tinha uma pinça de cabo comprido, uma tigela com um molho secreto que ele próprio criara, e um mata-moscas.

— Eu não lhe disse que as coisas iam melhorar no verão? — Steve perguntou. — Que você ficaria tão ocupado que não saberia se estava indo ou vindo?

— Você tinha razão — Pete respondeu, acomodando-se numa cadeira dobrável de praia, com o forro de plástico trançado, que começava a desfiar. Ele não tinha certeza se a cadeira suportaria seu peso, mas aceitou que, se afundasse nela, teria de sair dali de um jeito ou de outro.

— Aposto que o aumento no preço da gasolina não lhe fez nenhum mal — Steve complementou. — O problema é manter nossos carros rodando com gasolina. Isso vai prejudicar o ramo imobiliário.

Peter concordou com um movimento de cabeça.

— Você foi esperto quando comprou aquele carro híbrido. Mas não sou culpado pelo preço de minha gasolina. Ela vem lá dos poços de petróleo do Alasca, de Oklahoma ou de qualquer outro lugar do mundo que esteja vendendo para nós nestes tempos. Não, cavalheiros, para ser franco, saibam que as iscas vivas me dão mais lucro.

Os outros homens riram.

— Pelo menos as iscas vivas são criadas aqui. — Charlie Moore era um pescador contumaz. Passava pela loja de Pete quase todos os dias para comprar iscas vivas. Agitando o mata-moscas ao redor da cabeça, ele continuou: — Se fosse por mim, Esther e eu compraríamos aqui em Ozarks tudo de que precisamos. Não há nada melhor que um tomate fresco colhido em nossa horta ou o sabor de uma geleia de morango feita por minha mulher.

— Quem tem tempo de cuidar de uma horta, a não ser um aposentado? — Brad Hanes juntava-se ao grupo de homens mais velhos. Ele era um rapaz boa-pinta que trabalhava no ramo de construção havia tanto tempo que sua pele adquirira a cor de um carvalho. Pete não conhecia Brad muito bem, embora o rapaz sempre abastecesse seu caminhão grande e novo na Rods-N-Ends. A piada favorita de Brad era perguntar quando Pete começaria a vender cervejas e bilhetes de loteria, e a brincadeira já estava ficando um pouco sem graça.

— Ashley compra tudo na loja de descontos em Camdenton — Brad estava contando. — Ela tenta cozinhar para nós quando não consegue me convencer de comer fora. Mas, com a velocidade que ela está aprendendo a cozinhar, vamos ter de vender os rins à Bitty Sondheim um dia desses. Acho que a conta de Ashley lá já deve ter uns dois quilômetros.

— Kim e eu almoçamos no Pop-In outro dia — agora foi a vez de Derek Finley falar. Pete gostava do patrulheiro tanto quanto gostava de qualquer outro homem que conhecia. Derek era sincero, firme e amistoso. Estava cuidando das salsichas na churrasqueira a fim de preparar cachorro-quente para os filhos.

— Bitty serve *sushi* como entrada — Derek informou aos homens, apontando para a californiana de vestido colorido, um pouco mais adiante. — Não sou muito favorável a comer peixe cru em dias de verão, mas gosto das omeletes que Bitty serve no restaurante. E as *fajitas* são suficientes para saciar a fome de um sujeito.

— Não se ele trabalhou a manhã inteira assentando telhas numa casa — Brad observou. — Não sei quantas vezes já pedi a Bitty que comece a servir pratos com presunto, ovos, bolinhos de batata, torradas e manteiga, se ela quiser que meu pessoal almoce no Pop-In. Não fazemos questão de mesas e cadeiras. Estamos acostumados a comer sanduíches na carroceria da picape. Levamos também uma garrafa térmica para tomar água gelada. Mas posso comprar quatro ou cinco cachorros-quentes de Pete pelo preço de um enrolado de vegetais de Bitty. Além do mais, quem gosta de comer berinjela e brotos de alfafa no almoço?

— É muito bom comer ao ar livre — Charlie concordou. — Na minha época, colhíamos nabo e algumas verduras no quintal. Às vezes um pouco de espinafre, se estivéssemos com sorte. Minha mãe fazia uma fritada de verduras e legumes para nós, acompanhada de pernil de porco ou outra coisa que houvesse em casa. Não pagávamos nada pela comida. Bons tempos aqueles, e falo sério.

Enquanto os homens conversavam, Pete começou a olhar furtivamente para o lugar onde as mulheres estavam. Depois que deixou Patsy perto do carrinho de melancias, não a viu mais. Ela devia estar bem visível com seus cachos loiros e aquelas estrelinhas vermelhas, brancas e azuis, mas todo o pessoal à beira do lago usava roupas com as cores da bandeira norte-americana, nem que fosse uma simples camiseta vermelha ou uma camisa com o logotipo vermelho do time de beisebol St. Louis Cardinals. Em Ozarks, torcer pelo Cardinals era considerado saudação patriótica à bandeira dos Estados Unidos. Até as crianças entraram no clima da comemoração. Elas corriam de um lado para o outro atrás dos amiguinhos, segurando velas que soltavam faíscas à beira da piscina, um pouco afastada do lago.

Pete avistou Luke e Lydia, os gêmeos de Derek Finley. Crianças bonitas. Pena que o menino sofresse de diabetes, embora, aparentemente, a doença não o impedisse de brincar. Ele estava correndo atrás de Lydia com um balão de água vermelho, e ela não conseguia ser mais rápida que o irmão.

Sentadas num banco debaixo de uma árvore, as duas filhas lindas dos Hansens observavam as crianças brincar. Brenda as levara consigo à loja de Pete quando foi abastecer o carro. As moças eram loiras, aprumadas e doces como mel. Era difícil acreditar que uma delas planejasse ser missionária.

"Afinal, o que significa ser missionária?", Pete pensou enquanto tentava localizar Patsy. Era uma espécie de trabalho religioso, Brenda lhe dissera. A filha estudaria num centro de treinamento perto de casa e depois partiria para viver numa tribo na selva. Na opinião de Pete, o trabalho missionário parecia ser mais apropriado para um homem do que para uma moça bonita. Jennifer Hansen explicou que queria falar de Jesus Cristo à tribo. Esperava levar a mensagem de salvação para que eles nascessem de novo.

"Nascer de novo." Aquela frase.

Pete pegou o mata-moscas de Charlie e acertou uma em especial, que o estava amolando desde que ele chegara perto das churrasqueiras. Enquanto devolvia o mata-moscas a Charlie, Pete teve de admitir que aquilo de nascer de novo não lhe saiu da cabeça desde que Patsy tocou no assunto. A verdade era que ele havia estragado sua vida de tal forma que talvez não tivesse coragem de começar tudo de novo. Ah, claro, agora ele fazia o possível para não repetir os erros anteriores. No entanto, não havia muita esperança para alguém com um passado daquele.

— Uau! — A exclamação escapou da boca de Pete no momento em que ele avistou Patsy em pé perto da mesa de saladas. Céus, a mulher estava linda naquele *short* e sandálias de salto alto.

— Alguma coisa errada? — Steve perguntou, cutucando Pete com o cotovelo. — Ou você notou a presença de Patsy Pringle?

Os outros homens caíram na gargalhada como se fosse a piada mais engraçada que tinham ouvido.

Pete recostou-se na cadeira e riu.

— Pra dizer a verdade, acho que estou de olho na garota mais bonita de Deepwater Cove.

— Ei, calma aí! — Steve disse em voz alta. — Patsy é bonita, tudo bem, mas voto em minha linda Brenda como a mais bela do local.

Todos os homens voltaram o olhar para a encantadora loira, cujo sorriso brilhava como o sol de verão. Evidentemente, Brenda estava conversando com as outras mulheres sobre suas filhas, pois apontava para as duas moças tão belas quanto a mãe.

Pete concordou que Brenda Hansen era muito atraente, e gostou de ouvir o marido falar bem dela. Mas Patsy Pringle...

— Ah, qual é, Steve? — Brad Hanes interveio. — Minha Ashley é a mais bela de todas as belas aqui. Veja as longas pernas de minha mulher.

Os homens sentiram-se um pouco desconcertados com o comentário e esforçaram-se para *não* olhar para as pernas da jovem ruiva. Pete desejava que o assunto de mulheres não tivesse sido levantado. E Brad não deveria ter chamado a atenção dos companheiros para as pernas da esposa. Pete não era ignorante como pensavam, e decidiu que era hora de mudar o rumo da conversa para um assunto mais seguro que comparar os atributos físicos de uma mulher com os de outra.

— Uma mulher bonita conta com minha aprovação em qualquer lugar, a qualquer hora — ele disse. — Aliás, acho que este cantinho do mundo produziu a melhor safra. Vejam aquelas mulheres. Esther, Brenda, Ashley e Patsy. São as flores mais bonitas do pedaço.

— Por falar em mulheres bonitas, onde está sua mãe, Derek? — Charlie Moore perguntou. — Também não tenho visto Kim.

Pete olhou de relance para Derek, que se movimentou desconfortavelmente em sua cadeira de praia.

— Elas... hã... tiveram um pequeno problema na cozinha. Kim está trazendo um daqueles bolos de sete camadas.

— Brigaram para saber qual devia ser a primeira camada? — Brad perguntou, rindo.

A expressão no rosto de Derek deixou claro a Pete que foi exatamente o que aconteceu. Charlie pigarreou desajeitadamente e fingiu estar à procura da esposa. Steve pegou uma das pinças para virar a carne de porco na grelha. Quem diria que um bando de homens descontraídos como aqueles, reunidos para comemorar o Dia da Independência, pudessem deixar alguém do grupo tão desconcertado?

Pete sabia que as mulheres falam sem parar e todas se sentem bem depois que se despedem. Antes de construir uma parede antirruído entre sua loja e o salão de Patsy, Pete ouvia as mulheres tagarelando dia após dia. Aliás, essa tagarelice constante foi, em parte, responsável por ele ligar a motosserra de vez em quando. Pete queria fazer qualquer coisa para abafar aquele vozerio.

Mas e os homens? Homens não sabem conversar entre si. Não podem elogiar os penteados uns dos outros nem trocar receitas de sopa. Aquela turma precisava que uma mulher se sentasse ao lado deles para gerar uma conversa cordial. Mas, como sempre, os homens continuaram abanando-se com os mata-moscas ou verificando as churrasqueiras até que, finalmente, Pete levantou o assunto em que todos estavam pensando.

— O que vocês acharam dos Cardinals?

— Mal pude acreditar no que o lançador fez no jogo de ontem — Brad Hanes resmungou.

— Vocês viram aquela jogada na linha direita do campo? — Charlie Moore perguntou.

E a conversa pegou fogo. Eles passaram a discutir todos os detalhes do jogo, analisar o talento dos jogadores, mencionar estatísticas do passado e conversar sem conseguir esgotar o assunto.

Pete ficou feliz com aquilo. Concentrou o olhar em Patsy Pringle, que se equilibrava nas sandálias de salto alto para atravessar o gramado em direção a algum lugar que Pete não conseguiu ver. Ajeitando os cachos dourados, ela sorriu como se tivesse tido uma visão do céu. Um pouco perturbado por algo ter atraído a atenção de Patsy além dele próprio, Pete inclinou o corpo para a frente. O plástico trançado do assento da cadeira estalou um pouco quando ele tentou visualizar a cena. Finalmente avistou o boboca do Cody meio que pulando, meio que saltando em direção a Patsy.

— Ei, Patsy — Cody gritou, batendo palmas para cumprimentá-la. — Você tem estrelas no cabelo!

— É por causa do Dia da Independência, querido! — ela exclamou e sorriu.

— Viva a América! — ele disse, dançando ao redor dela. — Viva a Independência! Viva o Quatro de Julho!

Patsy riu e abraçou Cody como se ele fosse um amigo desaparecido há muito tempo. Depois, virou-se e apontou para o carrinho de melancias, a praia onde todas as crianças brincavam, as mesas cheias de saladas e doces e, finalmente, as churrasqueiras. Quando ela pousou os olhos em Pete, este decidiu que já havia conversado o suficiente sobre beisebol, e acenou para Patsy e Cody.

— Veja, lá está Pete Roberts! — Cody gritou. — Ele faz cachorro-quente na Rods-N-Ends. Oi, Pete!

— Oi, Cody, meu velho amigo. Como vai? — Pete levantou-se da cadeira e caminhou em direção a eles. — Vejo que você está usando uma camiseta com as cores da bandeira.

— É uma camiseta com a bandeira dos Estados Unidos — Cody explicou, colocando a mão no peito para mostrar a bandeira impressa. — Ganhei de presente de Brenda e Steve. A bandeira tem estrelas como as do cabelo de Patsy. Eu gosto destas estrelas. E você?

— Claro que gosto — Pete respondeu. — Patsy você está sempre linda, como uma pintura.

— Uma pintura? Patsy é mais bonita que uma pintura, porque ela é de verdade.

— Ora, Cody — Patsy murmurou, corando como uma adolescente tímida. — Você é muito gentil. E bonito também! Veja só este queixo sem nenhuma barba. Que coisa, meu jovem, quem diria!

— Pete não deveria fazer a barba também, Patsy? — Cody perguntou. — Você me disse que ele parece um urso peludo.

Cody desviou o olhar de Patsy para Pete, analisou a expressão de ambos e cobriu a boca com a mão.

— Opa! Acho que não tenho bons modos.

— Não tem importância — Patsy disse a Cody, batendo de leve no braço dele. — Pete sabe o que penso desta barba horrorosa.

Um pouco aborrecido, Pete passou os dedos na barba escura e espessa que o acompanhava desde... Ele não sabia desde quando. Pete bufou e enfiou as mãos nos bolsos da calça *jeans*.

— As pessoas deveriam enxergar além de um punhado de pelos no rosto, é o que tenho a dizer. Quem vê cara não vê coração.

— Ah, sério? — Patsy retrucou. — Porque parece que seus olhos estavam bem concentrados na minha cara hoje, sr. Roberts. Se quer que eu olhe para a sua, é melhor raspar essa coisa velha e embolorada pendurada em seu queixo.

Cody caiu na gargalhada e bateu com as mãos nas coxas.

— Coisa velha e embolorada! Pelo menos você não tem piolhos no cabelo como eu tinha quando vim parar aqui em Deepwater Cove, Pete. Ei, vejam quem está chegando! A sra. Finley com a outra sra. Finley.

De fato, lá vinham Kim e sua sogra, Miranda, atravessando o gramado para reunir-se ao grupo, cada uma carregando uma tigela de vidro transparente com o bolo de sete camadas. Pete não quis comentar, mas notou que nenhuma delas parecia feliz por ter vindo à comemoração do Dia da Independência em Deepwater Cove. Tão logo Kim e Miranda colocaram as tigelas na mesa, Pete afastou-se de Patsy e foi se servir das iguarias. Não fazia sentido ficar andando de um lado para o outro quando havia tanta coisa boa para comer.

— Boa-tarde, sra. Finley — ele cumprimentou a mãe de Derek.

As duas mulheres levantaram a cabeça ao mesmo tempo e sorriram de maneira forçada.

— Oi, Pete. — Kim Finley respondeu primeiro. — Que bom você ter vindo à comemoração.

— Experimente meu bolo de sete camadas — Miranda Finley sugeriu. Ela colocou uma colherada num prato de papel e entregou-o a Pete. Depois, tirou um punhado de lascas fritas de *tortillas* de dentro da embalagem, passou uma no molho e levou-a à boca de Pete. — Eu sempre coloco o creme azedo por cima, porque esse é o primeiro sabor que as pessoas experimentam. Anima qualquer um, você não acha? Com o *guacamole*, o queijo e o tutu de feijão, tudo na perfeita ordem embaixo do creme azedo, temos a sensação de estar numa praia do Caribe.

Pete tentou falar, mas não conseguia em razão do pedaço de *tortilla* misturado no molho que Miranda lhe colocara na boca. Queria dizer que, para ele, a ordem das camadas não fazia nenhuma diferença, porque, no final, todos os sabores se misturavam. Mas, quando foi falar, engasgou com um pedaço de *tortilla*.

Assim que começou a tossir, Pete notou o que Kim estava fazendo. Em pé ao lado da sogra, ela cerrou os lábios e colocou, com a ajuda de uma espátula, uma porção grande de seu bolo de sete camadas numa tigela. Ele tomou um gole de refrigerante para limpar a garganta e viu que Kim havia colocado o queijo cortado em tiras por cima do tutu de feijão, do *guacamole*, das azeitonas e do creme azedo, este forrando a vasilha.

Kim pôs um saco de *tortillas* fritas debaixo do braço, e levou seu prato aos homens reunidos em torno das churrasqueiras. Pete viu a batalha começar diante de seus olhos. Se dissessem que o prato de Kim estava delicioso, Miranda não teria chance de exibir o seu. E, sem dúvida, aqueles cavalheiros usando avental de churrasco se deliciariam com o prato de Kim.

Ao perceber o artifício na nora, Miranda deu um gemido de desânimo. Pegou seu bolo de sete camadas, passou a mão em outro saco de *tortillas* fritas e marchou em direção aos homens.

Pete olhou para o rosto de Derek Finley e pressentiu que aquele conflito iminente poria o pobre homem em maus lençóis, de um jeito ou de outro.

— Ei, Patsy! — ele gritou. — Aqui, Patsy!

Se ele conseguisse levar a loira com suas sandálias de salto e estrelinhas no cabelo até as churrasqueiras, ela poderia distrair o pessoal. O comportamento meigo de Patsy e suas doces palavras talvez fossem capazes de dissipar o confronto que se aproximava. Determinado a manter a paz, Pete correu ao lugar onde a proprietária do salão ajudava Bitty Sondheim e Opal Jones a colocar cenoura e picles adocicados numa travessa de vidro.

— Patsy — ele disse, aproximando-se e cochichando no ouvido dela. — Você precisa vir comigo imediatamente. É sério. Não há tempo a perder, garota. Temos problemas pela frente.

Antes que ela pudesse reagir, Pete segurou-a pelo braço e conduziu-a ao campo de batalha.

— O que é isso agora, Pete Roberts? — Patsy perguntou zangada. — Bitty e eu estávamos ajudando Opal a montar o prato dela! Você sabe que Opal tem problema grave de artrite, e ela nos pediu que...

— Patsy, vá até lá e experimente aquela comida — Pete instruiu enquanto atravessava o gramado, conduzindo a mulher. — Experimente os dois pratos e depois converse sobre qualquer coisa, como penteados ou o que lhe vier à mente.

— Pete, solte já o meu braço! Você deveria...

Patsy prendeu a respiração enquanto Pete a empurrava para a cadeira onde ele se sentara recentemente.

— Vejam quem está aqui — ele disse. — É Patsy.

Pete estava retirando uma colherada de cada prato das duas rivais quando um som inconfundível de plástico rasgado chegou a seus ouvidos. Ele olhou para trás a tempo de ver o plástico trançado cedendo com o peso de Patsy e ela ser atirada ao chão através do buraco que se abriu na cadeira.

Patsy deu um grito estridente quando seus pés apontaram para cima e as sandálias de salto alto voaram por cima da cabeça de Pete.

— Cuidado! — gritaram.

Pete jamais teria imaginado que isso fosse acontecer, mas a mulher estava dobrada dentro da cadeira de plástico como se fosse um hinário no fim do culto. As pernas apontadas para cima, os braços movimentando-se para trás e para a frente sobre a cabeça, e aquelas estrelinhas brilhantes caindo dos cabelos dela.

— Socorro! — ela gritou, chutando o ar com os pés descalços. — Alguém me ajude! Pete Roberts, vou matar você!

Horrorizado, Pete ficou paralisado por um segundo. Na verdade, parecia que Deepwater Cove inteira mergulhara em silêncio para ver a mulher entalada na cadeira dobrável de alumínio. De repente — antes que Pete pudesse tomar uma providência para corrigir a situação — o patrulheiro Derek Finley curvou-se e libertou a vítima desesperada das garras da morte.

— Você está bem, Patsy? — Derek perguntou quando conseguiu pôr Patsy em pé.

Os olhos azuis dela fuzilaram Pete.

— Não, não estou bem, graças a ele! Estou furiosa! Pete Roberts, que confusão foi esta? Tenho vontade de enforcá-lo!

— Ó céus! — Charlie Moore exclamou. — Por alguns instantes imaginei ter sido atingido por um morteiro!

Brad Hanes caiu na gargalhada.

— Foi uma granada loira, com certeza!

— Vocês viram as sandálias voando pelos ares? — alguém comentou.

— Vi estrelinhas passando diante de meus olhos!

A essa altura, todos os homens estavam rindo enquanto pegavam as embalagens de *tortillas* fritas e experimentavam os pratos idênticos. Esquecidas do problema familiar, Kim e Miranda Finley rodearam Patsy para ajudá-la a arrumar o cabelo e calçar as sandálias. Sem mais nem menos, um aplique de cachos que se soltou do cabelo de Patsy foi parar na mão de Pete.

— Acho que você perdeu isto — ele disse, segurando a peça na frente dela como se quisesse oferecer paz.

Patsy arrancou-a da mão dele.

— É melhor você se explicar, e já, Pete Roberts. O que você queria, me puxando quando eu ajudava Opal a arrumar a travessa dela e me arrastando para esta cadeira quebrada?

— Bom, eu estava... — Pete engoliu em seco. — Achei que talvez...

— Você me transformou em motivo de piada de todo este pessoal! Passei por idiota na frente de todo mundo.

Pete se assustou quando viu os olhos azuis da mulher zangada se encherem de lágrimas. Ele tentou tocá-la.

— Ora, Patsy...

— Não se atreva a tocar em mim, Pete Roberts! — ela disse, empurrando a mão dele. — Você é insistente, mesquinho e atrevido. Não passa de um brutamontes! Desde que se mudou para o lago, tem feito tudo o que pode para desgraçar minha vida. Mas esta é a última vez. Se queria me fazer de palhaça, você conseguiu... E nunca mais vai ouvir a minha voz até o fim de sua vida!

— Ouça, Patsy — ele tentou explicar-se novamente.

No entanto, o grito de uma criança abafou-lhe as palavras. Ao olhar na direção do grito, Pete viu a filha de Kim e Derek Finley correndo na direção deles.

— Mamãe, mamãe! — ela gritava enquanto corria. — Venha rápido! Luke caiu no chão e não está se mexendo!

9

Kim ajoelhou-se na areia úmida e compacta ao lado do filho. Os olhos castanhos de Luke tremiam quando ela discou o número de emergência no celular. Derek estava ao lado dela, verificando a pulsação e as vias áreas do garoto.

— Preciso de uma toalha limpa. A cabeça dele está sangrando. Acho que ele a feriu naquela pedra grande. — Derek olhou para Lydia. — O que vocês estavam fazendo?

— Brincando apenas, juro! — Lydia não parava de pular. Agitando as mãos, ela chorava e recusava qualquer tentativa de ser consolada. — Luke disse que estava com tontura e achou que ia vomitar. De repente, ele começou a cambalear pela praia, mas não conseguiu ir muito longe. Caiu e bateu a cabeça naquela pedra. Faça alguma coisa, Derek! Salve meu irmão! Salve meu irmão!

— Náusea, tontura, passos cambaleantes. Sintomas de intoxicação. Preste atenção, Lydia, preciso saber se Luke ingeriu bebida alcoólica — Derek gritou para a menina enquanto lhe entregavam uma toalha. — É melhor você dizer a verdade. O que vocês beberam? Cerveja?

— Luke não bebeu — Kim interrompeu. — É o diabetes! O nível de açúcar no sangue deve ter zerado. Não sei o que fazer! Não consigo pensar! Onde está o *kit* dele?

Kim olhou para Lydia, e a menina respondeu gritando.

— Não está comigo! Por que deveria? O *kit* é de Luke, e...

Lydia prendeu a respiração quando, de repente, seu irmão começou a entrar em convulsão. Kim deu um gemido involuntário e tentou segurar o filho nos braços. Apertando a toalha de encontro ao corte no lado da cabeça de Luke, Derek insistia em que todos se acalmassem. De repente,o *kit* de insulina apareceu na mão de Miranda.

— Encontrei no quarto dele — ela disse ofegante, quase sem ar. — Com toda a agitação do dia, ele deve ter se esquecido de tomar a insulina.

— Lukey está sangrando demais! Ele vai morrer! — Lydia gritou. — Ele vai morrer!

— Controlem esta garota! — Derek berrou para o grupo de pessoas ao redor enquanto pegava o *kit* e o entregava a Kim. — Mãe, leve Lydia para casa.

— Não vou sair de perto do meu irmão! — Lydia disse, chorando. — Faça alguma coisa para ele parar de tremer! Você precisa ajudar meu irmão!

Kim tentou controlar a histeria da filha enquanto revirava o *kit* de insulina. O povo fez um círculo ao redor deles e aproximava-se cada vez mais, bloqueando a claridade do sol da tarde. Ela empurrou os braços magros de Lydia quando a menina tentou segurar o irmão.

— Não deixe meu irmão morrer! — Lydia soluçava. — Ele é tudo o que tenho. É meu único irmão. Meu melhor amigo.

— Saia já daqui! — Kim ordenou. A convulsão de Luke havia cessado, mas ele estava zonzo e com a visão desfocada. — Preciso testar o sangue dele.

— Ele não almoçou, mãe! — Lydia estava debruçada sobre o irmão, com os braços ao redor dele. — Esquecemos dos lanches que você fez. Por que a cabeça dele não para de sangrar, Derek? O que você está fazendo com ele? Acorde, Luke! Por favor, não morra!

— Por favor, Deus, por favor — Kim sussurrou enquanto testava o sangue do filho e lia os números. — O nível de glicose está baixo, mas ele não deveria ter tido esta convulsão. Por que ele não desperta completamente?

— Deve ser por causa do ferimento na cabeça — Derek respondeu. — Estou cuidando.

Kim encheu uma seringa de insulina e ouviu o som de uma sirene a distância. — Por favor, ajude meu filho, Senhor. Por favor, ajude-nos.

— Ele vai ficar bem — Derek disse. — Conseguimos mantê-lo sob controle, querida. Ele vai ficar bem.

Enquanto Kim injetava a insulina, Derek voltou a verificar a pulsação de Luke.

— Precisamos injetar soro na veia. Talvez venha a necessitar de potássio também. Aguente firme, Luke. Você é um menino corajoso. Lydia, por caridade, saia de perto para que seu irmão possa receber um pouco de ar.

— Cale a boca! — Lydia gritou repentinamente para Derek. — Você não sabe nada! Como patrulheiro, deveria ser mais esperto e ajudar as pessoas, mas fica aí limpando o sangue de Lukey e deixa minha mãe fazer todo o trabalho. Você não pode me...

— Ponham uma mordaça nesta garota, ou não respondo por mim!

Quando o pessoal do resgate fez um círculo ao redor de Luke, Kim notou que Derek saíra do lado dela e estava empurrando o povo para trás, afastando Lydia para longe. O chefe da equipe de resgate começou a fazer perguntas. Verificou os sinais vitais de Luke e aplicou soro intravenoso. Kim contou a ele tudo o que sabia. Olhou desalentada quando colocaram seu filho dentro da ambulância. De repente, sem saber como, ela se viu dentro do veículo que corria em alta velocidade rumo ao Hospital Regional do Lago, em Osage Beach.

Enquanto o resgate cuidava de Luke, Kim enxugou as lágrimas com a mão, tentando entender o que eles diziam. Ouviu palavras que lhe passaram pela mente milhares de vezes desde o diagnóstico de diabetes — *cetoacidose diabética, hormônios contrarreguladores, eletrólitos, cetonas.*

Kim esforçava-se para responder às perguntas da equipe de resgate. Qual foi a última vez que o sangue de Luke foi testado? Perto da praia, ela informou, dez minutos atrás — ou cinco?

Ele teve alguma infecção recente — inflamação na garganta, pneumonia, um vírus intestinal ou infecção no trato urinário? Tosse e coriza, ela respondeu. Ah, por que não prestara mais atenção no filho?

Ele sofreu algum trauma além do ferimento na cabeça nas últimas 24 horas? Não. Nada que ela conseguisse lembrar, mas Luke esteve fora de casa com Lydia desde o café da manhã.

Kim contou à equipe tudo o que sabia, mas parecia insuficiente. Naquela manhã, ela e a sogra discutiram sobre o modo correto de montar o bolo de sete camadas. Ao ouvir o bate-boca, Luke e Lydia saíram escondidos de casa e foram nadar na enseada e brincar com as outras crianças. A refeição atrasou porque todo o pessoal reunido na área em comum do lago teve de esperar a carne de porco ficar pronta. O que Luke havia comido naquele dia? Quando aplicou a insulina pela última vez? O que fez enquanto ela estava atarefada na cozinha?

— Não consigo acreditar — Kim murmurou quando a ambulância parou na frente do pronto-socorro do hospital, e a equipe de resgate transferiu Luke aos cuidados da equipe médica. — Não consigo acreditar. Não tomei conta dele. E Lydia! Onde está... Ah, graças a Deus!

Kim soltou a respiração quando Derek e Lydia atravessaram apressados a porta do pronto-socorro e correram na direção dela.

Miranda vinha logo atrás, com os saltos das sandálias batendo no piso de ladrilho e o cabelo espetado em todas as direções.

Ainda usando o traje de banho molhado, Lydia agarrou-se à mãe e voltou a chorar.

— Onde está Luke? — perguntou, soluçando. — Para onde levaram meu irmão? Eu odeio Derek! Ele me obrigou a vir de carro, não na ambulância, e nem sabe o que é cetona!

Kim olhou de relance para o marido. Derek estava encostado na parede do corredor e tentava recuperar o fôlego. Lutando claramente para manter o controle, ele cruzou os braços ao redor do peito e olhou para Kim. O médico caminhou apressado na direção deles. Mais perguntas. Lydia chorava e Miranda torcia as mãos, batendo o salto das sandálias no chão enquanto andava de um lado para o outro. Derek, com os dentes cerrados, olhava a cena.

O médico desapareceu, e alguém os conduziu à sala de espera do pronto-socorro. Assim que Kim se sentou, Lydia enrolou-se no colo dela.

— A culpa é de Derek — a garota disse, choramingando. — Ele deveria saber o que fazer para ajudar pessoas com problemas, mas não fez nada.

— Pare com isso, Lydia — Miranda disse com firmeza. — Você não pode responsabilizar seu padrasto. Cada um fez sua parte. Lembrei-me de manhã de que Luke poderia ter se esquecido de verificar o nível de açúcar no sangue, e depois me distraí com o bolo de sete camadas. Sua mãe insistiu tanto em montar o bolo à moda dela...

— Espere! Você está *me* culpando pelo problema na cozinha? — Kim não acreditou no que acabara de ouvir. — Foi você quem criou toda aquela confusão, Miranda. Aliás, você critica tudo o que faço. Eu teria montado aquele prato em cinco minutos, mas passei a manhã inteira tentando convencê-la de que eu sabia o que estava fazendo! E você... você... — Ao ouvir a própria cantilena, Kim irrompeu em lágrimas e escondeu o rosto no ombro da filha.

Lydia abraçou a mãe.

— Você deveria voltar para St. Louis, vovó. E leve Derek junto. Não precisamos de vocês. Pelo que me lembro, Luke, mamãe e eu sempre vivemos sozinhos, e tudo ia bem até vocês aparecerem.

— Lydia, não fale assim — Kim disse, chorando.

— *Você*, mocinha, deveria ter tomado conta de seu irmão — Miranda apontou um dedo acusador para ela. — Se eu não soubesse do diabetes, não teria nenhum problema em acreditar que vocês andaram tomando bebida alcoólica! Os dois vivem procurando encrenca, não é verdade? Como no dia em que fugiram de mim na biblioteca. Será que esperavam que eu os encontrasse na casa de sua amiga, duas ruas adiante? A verdade é que os dois foram criados para fazer estripulias. Se meu filho não tivesse casado com sua mãe, se não tivesse posto um pouco de ordem e controle na vida de vocês, a esta hora talvez estivessem a caminho da delinquência juvenil!

— Chega, mãe! — Derek disse com raiva. — Vamos ficar calados por dois segundos.

— Como você pode esperar que eu seja tão desligada e sem emoções como você, Derek? — Kim interpelou. — Não sabemos sequer o que está acontecendo com Luke! Estamos trancados aqui nesta sala de espera, e o mínimo que você poderia fazer é dizer a eles que faz parte da Patrulha Aquática.

— Por que eu deveria fazer isso?

— Para poder entrar lá e ver o que está acontecendo com Luke! Você é patrulheiro. Foi treinado para emergências.

— Não para emergência com diabéticos — Lydia disse bruscamente. — Derek não entende nada de diabetes, e sabe por quê?

Porque ele não se importa. Aposto que nunca leu o texto que eu imprimi. Ele só se importa com o trabalho dele. Não é nosso pai verdadeiro. Se Luke morrer, Derek vai ficar feliz, mãe, porque haverá uma pessoa a menos no caminho dele. É isso que ele quer. Só você e aquele emprego idiota.

— Lydia — Kim tentou afastar a filha de seu colo, mas a menina agarrou-se a ela como um carrapato. — Lydia, pare de ofender Derek. Ele ama você e Luke, e toma conta de nós...

— Não, ele não toma! Não sabe o que são cetonas! Ele só sabe andar por aí naquela droga de barco olhando para as garotas na enseada da Festa. Grande coisa! Patrulheiro Finley, patrulheiro Finley, ha, ha! E daí?

— É assim que você ensinou seus filhos a tratarem os mais velhos, Kim? — Miranda gritou. — Você deveria tirar esta menina daqui e...

— Vou lidar com minha filha depois que esse problema terminar — Kim revidou. — No momento, só estou preocupada com a saúde de meu filho! Derek, não fique aí parado como um poste. Entre lá e exija que lhe contem o que está acontecendo!

Assim que Derek se desencostou da parede, a porta do pronto-socorro foi aberta com força para permitir a entrada de metade dos habitantes de Deepwater Cove. Patsy Pringle e Cody Goss lideravam o grupo, seguidos de Steve e Brenda Hansen, Charlie e Esther Moore, Brad e Ashley Hanes, Opal Jones, Bitty Sondheim e outras pessoas. A sala de espera ficou lotada. Pete Roberts apareceu por último, carregando uma melancia em seus braços musculosos.

A multidão se aproximava de Kim quando a porta do outro lado foi aberta e uma enfermeira chamou a família com um aceno. Lydia desvencilhou-se dos braços da mãe e começou a correr. Kim lançou um olhar em direção a Derek. Ao ver que ele conversava com Miranda, seguiu atrás da filha.

— Cetonas — Derek contou a Steve Hansen, ambos em pé na porta do quarto do hospital. Dois dias haviam se passado desde o fiasco do Dia da Independência, e Derek conseguira finalmente levar sua esposa para casa a fim de descansar. Luke estava reagindo. A crise do diabetes ficara para trás, e o médico planejava dar alta ao garoto na manhã seguinte. Os pontos na cabeça de Luke continuariam a doer um pouco, mas a pancada não deixaria sequelas. Derek estava trabalhando no último turno, e isso lhe deu a oportunidade de liberar Kim, que não saíra do lado do filho desde a chegada ao pronto-socorro.

— O que são cetonas? — Steve perguntou. O corretor imobiliário chegou ao hospital depois de jantar com um cliente no clube de campo. Fecharam um negócio lucrativo de um terreno, e Steve estava de bom humor, apesar da hora avançada.

— Cetonas são subprodutos químicos — Derek explicou. Lembrando-se das acusações de Lydia, ele havia perguntado ao médico todos os detalhes do estado de Luke.

— Isso é bom ou mau?

Derek coçou as têmporas com o polegar e o indicador.

— É mau. As cetonas afetam os rins. Luke esqueceu-se de tomar insulina naquela manhã do feriado. Contou à mãe que foi diversas vezes ao banheiro do porão naquele dia, mas achou que não fosse nada demais. Quando ficou desidratado, sentiu tontura e caiu, batendo a cabeça.

— Não imaginei que o caso fosse piorar tão rápido — Steve olhou para o menino adormecido. — Charlie Moore contou-nos que sofre de diabetes, mas acho que não é do mesmo tipo da diabetes de Luke.

— A de Charlie é tipo 2. Pode ser sério também, mas é diferente. Steve apertou o ombro de Derek.

— Brenda contou-me o que Lydia disse a você naquele dia. Às vezes é difícil lidar com crianças, e você assumiu a responsabilidade pelos gêmeos no meio do caminho.

Derek deu de ombros.

— Ser padrasto é mais difícil do que eu pensava. Kim diz que vivo fechado em meu mundinho.

— E que homem não vive assim? Vemos nossa função como um emprego, e fazemos o melhor que podemos. Pensei, durante anos, que fosse um bom marido e pai. Fazia minha parte, exercia meu papel. De repente, Brenda acusou-me de tê-la abandonado.

Surpreso diante da franqueza da revelação, Derek olhou de relance para Steve. Derek gostava de Steve Hansen e respeitava a dedicação dele à esposa e aos filhos. Steve desfrutava de boa reputação como empresário em sua imobiliária. Sempre pareceu uma pessoa animada e com uma família bem-sucedida.

— Você, abandonando Brenda? — Derek perguntou. — Parece que não estamos falando dos Hansens de Deepwater Cove.

— Bom, eu ficava fora de casa por muito tempo, principalmente quando a imobiliária começou a engrenar. Brenda sentia saudades das crianças e teve de enfrentar algumas situações, e eu nunca estava por perto. Foi um tempo difícil, e eu não gostaria de reviver algo parecido com aquilo. Mas aprendemos muito. Brenda e eu estamos nos esforçando para colocar nosso casamento nos trilhos. Eu não gostaria nem um pouco de ver você e Kim caírem no mesmo tipo de problema.

Derek franziu as sobrancelhas.

— Acho que não temos grandes problemas. Kim e eu somos loucamente apaixonados um pelo outro. É esse tal de diabetes... E minha mãe por perto o tempo todo. E eu preciso trabalhar muitas horas, principalmente no verão. Mas eu tento.

Os homens ficaram em silêncio, olhando as luzes piscando nos monitores de Luke. Derek pensou na discussão e nos gritos que encheram a casa nas últimas semanas. Lydia se transformara num osso duro de roer, e o diabetes de Luke estava deixando todos estressados. Kim deixara claro que não queria a mãe de Derek em casa, mas ele não entendia por quê. Miranda assumiu a tarefa de cuidar dos gêmeos para que Kim pudesse voltar a trabalhar. Kim gostava do emprego, e a família não podia abrir mão daquele dinheiro.

— Talvez o problema verdadeiro não seja você — Steve sugeriu. — Brenda concentrou sua vida inteira em torno de nossos filhos antes de saírem de casa. Aposto que Kim está frustrada por não poder ficar mais com os filhos, acima de tudo porque um deles está doente. Mas eu sei que o dr. Groene conta com a ajuda de Kim. Então, o que fazer?

— Ele também é diabético. Tipo 1, como Luke. E está ótimo.

— E se Kim ficasse em casa permanentemente com os gêmeos? Assim, sua mãe poderia voltar para St. Louis, e a situação se normalizaria.

Derek sacudiu a cabeça. A situação financeira era bem pior do que se poderia imaginar.

— Você e Kim já pensaram em conversar com o pastor Andrew? Eu deveria ter prestado mais atenção ao conselho dele quando Brenda e eu tivemos problemas. Talvez ele tenha algumas ideias para ajudar vocês a atravessarem esse caminho acidentado.

— Ele vem aqui todos os dias para visitar Luke e Kim, mas, para ser sincero, não me sinto à vontade perto dele. Não sou frequentador de igreja. Não me importo que Kim e as crianças frequentem, mas não sinto necessidade disso.

Steve arregalou os olhos.

— Talvez ainda não.

Derek olhou de relance para ele.

— Sempre fiz tudo a minha moda, companheiro.

— Bem, nós estamos orando por você, quer queira quer não. — Steve fez um movimento afirmativo com a cabeça para Derek. — É melhor eu ir para casa. Brenda e Cody fizeram um bolo de chocolate esta tarde, e estão me esperando.

Ao pensar nos grandes olhos azuis de Cody, Derek sorriu e descontraiu os ombros.

— Coma uma fatia por mim. Nos tempos atuais, há pouco doce em casa.

— Você é um vencedor.

— Obrigado por ter vindo — Derek disse. — Vou contar a Kim que você esteve aqui para ver Luke.

— Na verdade, vim para ver você. Liguei para Kim antes de sair do clube, e ela me disse que você estava aqui no hospital. Eu queria lhe fazer um pouco de companhia.

— Obrigado.

Steve apertou a mão de Derek e seguiu pelo corredor.

Lydia sentou-se na cadeira macia de vinil preto reservada aos clientes de Patsy no Assim Como Estou. Fechou os olhos, respirou fundo e disse:

— Corte bem curto.

— Bem curto? — Patsy levantou uma mecha do cabelo grosso e castanho da garota. — Você tem certeza, querida?

— Claro! Luke e eu vamos fazer 11 anos daqui a três semanas, e estamos cansados de ser tratados como criancinhas. Vamos cursar o sexto ano no semestre que vem. Já saímos da primeira fase do ensino fundamental, caso você não saiba.

— Sei o que significa ter 11 anos, e sei também que você tem um dos cabelos mais bonitos do condado de Camdenton.

Eu votaria em você para ser a sucessora de Jessica Hansen e usar a coroa da ex-aluna mais bonita da cidade. Você tem os olhos grandes e castanhos de sua mãe e um sorriso peculiar. E não vai querer cortar o cabelo tão perto do início das aulas, vai?

— Vou — Lydia disse com firmeza. — Na altura das orelhas. Quero um cabelo curto e chamativo, como o de Tiffany.

Lydia abriu a bolsa e pegou uma fotografia, tirada na escola, de uma garota que não tinha a metade da beleza dela. O que se passava na cabecinha daquela menina sorridente que sempre segurava a mão do irmão gêmeo enquanto escolhiam doces com a mãe no salão de chá?

Quando Lydia ligou para o salão para marcar hora, uma das cabeleireiras anotou o recado. Patsy estava começando a se perguntar se Kim Finley sabia o que a filha tinha em mente.

— O cabelo de Tiffany é crespo por natureza, você está vendo? — Patsy disse, apontando para a foto. — Seu cabelo não vai ficar assim, mesmo que eu faça o mesmo tipo de corte. Será que sua mãe quer que eu corte seu cabelo tão curto assim, querida? Ou ela permitiu que você viesse aqui só para aparar as pontas?

Quando Lydia apertou firme os belos lábios, Patsy notou que estavam pintados com uma grossa camada de brilho cor-de-rosa. Notou também uma sombra em pó nas pálpebras e muito rímel nos cílios. Hummm. Aquilo parecia prenúncio de um problema com *P* maiúsculo.

— Tive uma ideia — Patsy disse. — Você fica sentada aqui enquanto eu ligo para sua mãe no consultório do dr. Groene. Assim, vou ficar sabendo exatamente o que vocês combinaram.

— Não, espere! — Lydia segurou Patsy pelo braço. — Vim de bicicleta até aqui sozinha, e estou gastando *meu* dinheiro para cortar o cabelo. Minha mãe não tem nada a ver com isso.

— Sério? Você ainda mora com ela, não? — Patsy empurrou a cadeira para perto do espelho e prendeu uma capa de plástico ao redor do pescoço de Lydia. — Meus pais sempre diziam que eu seria dona de meu nariz quando tivesse minha casa, pagasse minhas contas e comesse minha comida. Até lá, teria de ficar debaixo das ordens deles.

— Não estou debaixo das ordens de ninguém. Meu pai verdadeiro não mora conosco, por isso Luke e eu não temos pais iguais aos seus. Moramos com Derek e com nossa avó de mentirinha, que não gosta de nós. Ela disse que não passamos de uma dor de cabeça gigantesca.

— Verdade? Miranda disse isso? — Patsy começou a pentear os longos cabelos de Lydia. — Ah, talvez Miranda tenha dito essas palavras no dia em que você e Luke fugiram dela e de Cody na biblioteca, e ela não conseguiu encontrá-los. Acho que ela ficou muito preocupada. Às vezes, quando estão zangadas, as pessoas dizem e fazem coisas que não querem. Você sabe o que fiz um dia em que fiquei furiosa?

Lydia afastou os olhos castanhos do espelho e fitou Patsy.

— Sei. Você não quis comer nem sequer uma fatia de melancia que Pete Roberts levou ao hospital na noite em que Luke foi parar no pronto-socorro. Disse a Pete que ele deveria pendurar a melancia na orelha.

Sentindo um calor súbito, Patsy abanou-se com a mão.

— Eu disse isso?

— Disse. Pete pegou sua melancia no carrinho embaixo da árvore e fatiou para que todos comessem enquanto aguardavam notícias de Luke. Mamãe e eu comemos, e até a vovó Finley disse que estava boa, e saiba que ela não gosta de nada que tenha sido feito ou servido por outra pessoa. Mas você não tocou em nada. Disse que nunca mais voltaria a falar com Pete.

— Ah, querida!

Mais de uma semana se passara desde o incidente com a cadeira no Dia da Independência, e Patsy cumpriu sua palavra. Um dia, ela e Pete cruzaram-se no corredor do hospital. Patsy virou a cabeça e fingiu estar conversando com Opal Jones, surda como uma porta sem seu aparelho de audição. E Patsy recusou-se a conversar com Pete na igreja no último domingo. Eles não se sentaram juntos nem foram jantar no restaurante Boa Comida da Tia Mamie, em Camdenton, após o culto. Ela não lhe agradeceu a bela xícara de chá antiga que ele deixou em sua porta na manhã anterior. Na verdade, nem sequer leu o bilhete que ele escreveu.

— Não é todo dia que um homem faz uma mulher de palhaça na frente dos amigos — Patsy disse a Lydia. — *Fiquei* furiosa com Pete, e ainda estou. Mas a história que eu queria lhe contar se passou no dia em que fiquei furiosa com meu pai quando ele me disse que eu era gorda. Da mesma forma que você, decidi cortar o cabelo bem curto, para ser diferente de todas as outras pessoas. Eu não era muito mais velha que você. Entrei no quarto, peguei uma tesoura e retalhei todo o meu cabelo.

— Mas você muda seu cabelo o tempo todo, Patsy. — Lydia pegou o pente e começou a repartir o cabelo em diferentes lugares. — Qual é o grande problema? Você inventa penteados diferentes, muda a cor do cabelo e usa apliques quando quer. É isso que faz quando está furiosa e quando não está.

— Você não entendeu o que eu quis dizer, querida. Se cortar seu lindo cabelo, nada vai mudar. Só vai ficar de cabelo curto. Não vai resolver o problema do diabetes de seu irmão, não vai trazer seu pai verdadeiro para casa nem tornar sua avó mais boazinha.

— Eu não disse que isso ia acontecer — Lydia levantou a voz. — Estou quase na sexta série e quero parecer mais velha. Quero que todo mundo pare de me tratar como uma garotinha. Tenho quase 11 anos!

— Onze anos. — Patsy meneou a cabeça. — Vou lhe dizer uma coisa que digo a todas as minhas clientes. Nunca faça uma grande mudança em sua vida quando estiver no meio de um problema. E você não deveria cortar o cabelo só porque está com raiva.

— Não estou com raiva.

— Está, sim.

— E você também. Veja o que fez. Livrou-se daqueles cachos dourados que usou no piquenique do Dia da Independência e agora seu cabelo está liso e castanho. Por isso, corte meu cabelo — ela pegou a tesoura — ou eu corto.

— Dê-me esta tesoura. — Patsy arrancou a tesoura da mão de Lydia e cruzou os braços. Quando, porém, olhou no espelho, viu que ela e Lydia tinham a mesma expressão no rosto.

— Todo mundo me diz que nada vai resolver o problema de Luke. — Os olhos da garota encheram-se de lágrimas. — Eu só queria que as coisas fossem diferentes, Patsy. Começando comigo.

— As mudanças verdadeiras começam dentro da pessoa. Você sabe disso, não, Lydia? — Patsy perguntou carinhosamente. — Deus vê o coração, porque é o que mais interessa a ele. E... bom, você me ajudou a enxergar que meu coração é duro e frio em relação a meu vizinho. Pete deixou-me numa situação constrangedora, e não sei como perdoá-lo. Mas tenho de mudar meu modo de pensar. E você também. Precisa aceitar o diabetes de seu irmão. Precisa entender que Derek é um bom pai para você e Luke, mesmo não sendo seu pai biológico. Precisa também aceitar a vovó Finley. Ela está tentando ajudar. Todos estão fazendo o melhor que podem.

Enquanto falava, Patsy começou a cortar o cabelo de Lydia, mas teve dificuldade de enxergar por entre as lágrimas. Quando Pete Roberts forçou-a a se sentar na cadeira de praia aquele dia, ela se sentiu tão humilhada que teve vontade de morrer ali mesmo. Foi como se toda a sensibilidade e humilhação que sentira na adolescência tivesse vindo à tona. Naquela época, seu peso aumentava e diminuía enquanto ela tentava um regime após outro. No dia em que o pai a criticou, ela se vingou agredindo a si mesma. Retalhou todo o cabelo antes de entender de penteados e tinturas. Havia uma voz que ainda a atormentava a esse respeito. No churrasco, todos riram dela, e ela achou que, se Luke não tivesse caído na praia, Deepwater inteira ainda estaria falando do mico que ela pagou.

Patsy culpou Pete, mas foi o Senhor que lhe dera seios e quadril avantajados. Deus a fez como ela era, corpo e alma. Patsy estaria zangada com ele? Com ela própria? Ou com Pete?

— Você está chorando? — agora a voz de Lydia era forte e profunda. — Não tive a intenção de magoar você, Patsy.

— Você não me magoou, doçura. Ajudou-me a enxergar meus defeitos, e são muitos. A recusa em perdoar Pete é apenas um, mas preciso lidar com isso.

Lydia fungou.

— O que vai fazer?

— Acho que vou ter de ir à loja de meu vizinho e conversar com ele, não? — ela suspirou. — Tenho de perdoá-lo, embora ele me deixe mais furiosa que um cão raivoso. E você? Que tal uma franja de uns 5 centímetros e um corte repicado em camadas? Você não vai ficar parecida com Tiffany, mas por que deveria? Você é Lydia, e estou orgulhosa de conhecê-la.

O rosto da garota iluminou-se, e ela assentiu com a cabeça.

— Concordo. Franja e corte em camadas. Vai ser um bom começo, Patsy.

— Claro que sim.

10

Kim calçou um par de sandálias e pegou a Bíblia na mesinha de cabeceira. Se não conseguisse tirar os gêmeos de casa nos próximos cinco minutos, eles chegariam atrasados à igreja mais uma vez. A cena era comum — confusão na última hora, todos à procura de bolsas, Bíblias, dinheiro para o dízimo, sapatos para combinar com a roupa, jaquetas e assim por diante. Em geral, a agitação continuava no percurso até a igreja, mas, após o culto e no momento em que a família se reunia para o almoço, todos estavam razoavelmente animados.

Depois de pentear-se rapidamente, Kim aplicou um pouco de *spray* no cabelo, deu uma última olhada na caixa de joias na tentativa de encontrar seus brincos de ouro favoritos, mas desistiu. Não havia tempo para procurar. Ela devia tê-los deixado em algum lugar no andar de baixo.

— Luke! Lydia! — ela gritou na porta dos quartos dos gêmeos enquanto seguia pelo corredor para descer a escada. — Vocês estão prontos?

Ao chegar ao *hall*, Kim surpreendeu-se ao ver Derek em pé ali, usando calça cáqui e camisa polo. A última cena que vira antes de dirigir-se ao banheiro para tomar uma ducha foi Derek e a mãe comendo bolinhos de mirtilo e tomando café no deque.

— Eu não sabia que você ia jogar golfe esta manhã — ela disse. Derek raramente ia ao campo de golfe, a não ser que alguns patrulheiros o convidassem. Quando não trabalhava no domingo, o que era raro, ele normalmente descansava a maior parte do dia.

Ela chamou os gêmeos novamente.

— Lydia, Luke, desçam e entrem no carro agora mesmo. — Em seguida, dirigiu-se ao marido. — Espero que você não jogue mais de nove buracos, querido. Preparei um frango assado e espero que possamos ter um belo almoço juntos. Acrescentei cebolas, batatas, cenouras... Tudo o que você gosta. E sua mãe prometeu colocar meu pão no forno antes de voltarmos. Espero que ela não se esqueça como fez da última vez. Você faria o favor de lembrá-la?

Luke chegou correndo ao *hall*, com a camisa fora da calça e um resíduo de creme dental no queixo.

— Não encontrei meu *kit* de insulina! — ele reclamou.

— Está dentro de minha bolsa. Eu lhe disse no café da manhã. — Kim resmungou enquanto limpava o queixo do filho. — Ajeite a camisa dentro da calça, Luke. Você já tem quase 11 anos; deveria saber se vestir. Onde está sua irmã?

— Ela está com medo de descer.

— Medo? De quê?

— Ela pegou seus brincos favoritos sem pedir, e está com medo de que você veja e a obrigue a tirá-los.

— Lydia pegou meus... — Kim sacudiu a cabeça e empurrou o filho em direção à porta. — Ó céus! Lydia, venha. Você pode usar meus brincos hoje, mas da outra vez peça permissão, por favor, para usar minhas coisas.

Ao ver Derek de calça cáqui e camisa polo, Luke deixou escapar um grunhido de irritação.

— Você prometeu me levar na próxima vez que fosse jogar golfe. Mãe, não quero ir à igreja. Quero ir com...

— *Todos nós* vamos à igreja — Derek anunciou. — Todos, menos a vovó Finley. Ela está no quarto acendendo incenso para sua "divindade interior".

Kim percebeu que estava imóvel, boquiaberta, sem conseguir sair do lugar. Derek disse que ia à igreja? Com a família?

— Posso usar sua malha azul, mãe? Combina com meus acessórios.

Lydia apareceu no *hall* usando um delicado cardigã de caxemira que Derek comprara para Kim no primeiro Natal após o casamento. Ela havia visto o cardigã numa das lojas de Osage Beach, mas era muito caro. Mesmo assim, lá estava ele — embrulhado numa caixa dourada, amarrada com uma fita vermelha — sob a árvore de Natal, enquanto a neve caía naquela manhã perfeita.

Ao ver que Kim não respondeu à pergunta da filha, Derek tomou a iniciativa.

— Peça *antes* — ele ordenou, esticando o braço para pegar o cardigã. — Você ouviu o que sua mãe disse.

— Mas ele combina! — Lydia bateu o pé. — Você não pode me dizer o que...

— Entre no carro! — Derek gritou. Ao passar pela porta, ele avisou bem alto: — Estamos indo à igreja, mãe. Não infeste a casa com esse cheiro de incenso. — Guiando Kim com uma das mãos no ombro dela, ele resmungou: — Droga, detesto essa coisa que ela queima. Tem cheiro de banheiro de posto de gasolina.

Kim permaneceu calada enquanto o carro rodava em direção à entrada do loteamento de Deepwater Cove. Não sabia o que pensar e certamente não tinha ideia do que dizer.

Derek estava indo à igreja! Mas por quê? O que acontecera? Seria a resposta de Deus às suas orações com um sonoro *sim*? Ou apenas um capricho de Derek? Ou havia uma segunda intenção?

— Você me dedou, não? — sentada no banco traseiro, Lydia acusava o irmão. — Eu sabia que você ia dizer a ela que eu estava usando os brincos. Você não sabe guardar segredos, seu boca-mole.

— Você pensa que ela é cega? — Luke perguntou. — Primeiro, saiu de fininho para cortar o cabelo. Depois, pegou a malha da mamãe. Achou que ela não ia notar os brincos? Você é idiota.

— Não toque em mim. Mãe, Luke deu um soco no meu ombro.

— Linguaruda! — Luke exclamou.

— Luke, não se atreva a contar o que eu disse sobre Tiffany. Você prometeu.

— Ah, que ela tem um namorado de 16 anos?

Ao ouvir aquilo, o cérebro de Kim voltou a funcionar. Ela virou-se para trás a tempo de ver Lydia dar um tapa no rosto do irmão. Zangado, Luke preparou-se para revidar com um soco.

Kim segurou o braço do filho a tempo.

— Parem, vocês dois — ela gritou. — Luke, não se atreva a bater em sua irmã. E, Lydia, você está de castigo. Dê-me os brincos.

— Bem feito! — Luke zombou da irmã.

— Você não pode me pôr de castigo mais do que já estou — Lydia disse. — Já completei três semanas de castigo, e as aulas vão começar logo.

Luke intrometeu-se no diálogo.

— E tem mais. A vovó deixa Lydia fazer tudo o que quer quando você está trabalhando, mãe. O castigo não adianta nada.

Kim colocou os brincos de ouro nas orelhas e olhou de relance para Derek. O pequeno músculo em sua mandíbula tremia enquanto ele guiava o carro, com os olhos fixos na rua. Ela engoliu em seco. Eles *não* poderiam começar a discutir naquele instante. Derek estava indo à igreja. Aquilo era um milagre, uma resposta evidente à oração, e se os gêmeos fizessem qualquer coisa que prejudicasse...

— Se vocês não pararem de discutir no carro — Kim disse — não vão comer sobremesa hoje. Fiz torta de chocolate *diet*, por isso este aviso é também para você, Luke.

Por alguns momentos abençoados, as duas crianças irrequietas, sentadas no banco traseiro, mergulharam em silêncio. Kim pegou a bolsa, tentando pensar no que dizer para quebrar o silêncio. A família estava passando pela fileira de lojas em Tranquility, e ela avistou a torre da igreja a distância.

Como proceder de maneira natural diante de tanto entusiasmo que ela sentia por Derek ter acompanhado a família à igreja? Aquele não era um passeio comum. Era o grande ponto de partida para uma vida inteira. Se ela e Derek se unissem na fé, nada seria capaz de interferir na vida deles. Poderiam orar juntos, buscar a vontade de Deus para resolver seus problemas, talvez ler a Bíblia juntos. Seriam como Brenda e Steve ou Charlie e Esther. Uma família ideal.

— Você acha que eu deveria ter colocado uma gravata? — Derek perguntou. — Eu não tinha certeza.

— Você está ótimo.

Ele sorriu.

— Você está deslumbrante. Por falar nisso, adoro esses brincos.

Kim não pôde ocultar o riso.

— Estou muito feliz por você vir conosco.

— Achei melhor esperar para ver como seria a confusão de todas as manhãs de domingo. Convidei minha mãe, mas... — ele encolheu os ombros.

Kim retesou o corpo ao ouvir o nome de Miranda.

— Ela ainda tem um altar no quarto? Pedi que se desfizesse daquilo. Sei que faz parte da religião dela, mas não me sinto bem com essas coisas.

— Esqueça minha mãe! — Derek disse. — Ela tem boas intenções. Que mal aquelas pequenas estátuas e incenso podem fazer a alguém?

— Todos os caminhos levam a Deus — Lydia cantarolou no banco traseiro. — É o que a vovó Finley diz. Toda religião contém alguma verdade. E é bom conhecer cada uma e usar as partes que ajudam a gente a encontrar nossa santidade interior.

— Tanto faz — Derek disse. — O principal, crianças, é que sua mãe optou pelo cristianismo, e essa é a religião de vocês até o dia em que saírem de casa. Aí poderão decidir que religião vão ter. Se der na telha, vão queimar incenso com a vovó Finley.

Luke riu.

— Eu sou cristão, e não vou mudar de ideia.

— Você não tem escolha — Lydia disse. — Temos de fazer tudo o que a mamãe e Derek dizem, lembra-se?

— Ah, tudo bem, mas por que você ligou pro papai no outro dia, Lydia? Você sabe que só podemos falar com ele nos fins de semana.

— Você voltou a ligar para seu pai? — Kim perguntou, olhando para a filha. *Maravilha.* Era só o que faltava no meio de tanto atrito... Lydia trazer à baila o assunto de Joe mais uma vez.

— Eu queria contar a ele que Luke estava no hospital. O papai precisa saber. Ele é o nosso pai verdadeiro.

— Eu contei a ele — Derek disse. — Liguei naquela tarde.

Kim olhou para Derek a tempo de ver suas mãos apertarem firme o volante.

— O papai não estava em casa quando Lydia ligou — Luke disse em voz baixa. — Ela deixou um recado, mas ele não telefonou de volta. Vocês dois contaram ao papai que eu estava doente, e ele não foi me ver no hospital.

— Ele pode ter ido — Lydia disse. — Você ficou dormindo a maior parte do tempo. Pode ser que ele tenha ido à noite, depois do trabalho.

— Ele não trabalha à noite. Vai ao bar — retrucou Luke.

— Pare de contar mentiras sobre nosso pai — Lydia revidou. — Nós o conhecemos muito pouco, porque a mamãe e Derek não deixam que ele chegue perto de nós sem criar a maior confusão.

— As regras são essas, Lydia. E Derek não tem nada a ver com elas. Quem decidiu isso foi o tribunal. Eu já lhe expliquei a situação de todas as maneiras possíveis, mas volta e meia você fala no assunto. O juiz analisou a ficha de seu pai e deixou vocês sob minha custódia. Não proíbo que ele tenha acesso a vocês. Só estou protegendo os dois.

"Por que Lydia ficou, de repente, tão sentimental a respeito do pai?", Kim pensou no momento em que o carro se aproximava do templo. Seu ex-marido pouco se esforçava para ter contato com os filhos, e todas as vezes que as crianças voltavam de uma das raras visitas a Joe ficavam aborrecidas e amuadas durante dias. Mas, de repente, Lydia caiu de amores pelo pai e estava determinada a esfregar o relacionamento entre eles no nariz de Derek.

— E por que Derek é melhor que nosso pai verdadeiro? — Lydia perguntou. — Agora, por causa de Derek, temos de viver com a vovó Finley também. Luke e eu só temos um ao outro, mãe, porque você está sempre ocupada demais com as outras pessoas. Quando éramos só nós três, a gente vivia feliz.

— É verdade — Luke intrometeu-se. — Gosto de Derek, mas ele é muito mandão. Não deixa a gente fazer nada.

— Derek está sentado aqui — Kim disse. — Se quiserem discutir algum assunto com ele, podem falar. Ele está ouvindo. E, se querem saber, Derek é um homem maravilhoso. É sempre educado. Se dá ordens a vocês, é para o seu bem.

— Mas o que fizemos para merecer a vovó Finley? — Luke perguntou. — Para nós, ela é uma bruxa!

Os gêmeos caíram na gargalhada. Desolada, Kim começou a procurar um motivo para defender a sogra. Miranda complicara a vida da família Finley. Além de criticar Kim, insistia em mudar o cardápio, trocar os móveis de lugar, reorganizar os armários da cozinha e, pior de tudo, queimar incenso diante das estátuas em seu quarto. Miranda teve a coragem de dizer às crianças que acreditava que o paganismo levava a Deus. E se aquilo não a qualificava para fazer parte do mundo das bruxas, o que mais a qualificaria?

— Derek, por que você não responde? — Kim disse finalmente. — Conte às crianças por que pediu a sua mãe que viesse morar em Deepwater Cove.

Derek parou o carro numa das vagas do estacionamento perto da Capela do Ministério Bíblico da Região do Lago.

—Minha mãe está aqui para nos ajudar. Vocês sabem disso. Mas os três vivem reclamando dela. Ela tem feito por nós muito mais do que vocês imaginam, e não gosto dessa marcação. Nem ela. E podem acreditar, minha mãe sabe o que vocês sentem em relação a ela. E quanto ao pai *verdadeiro* de vocês, Luke e Lydia, ele foi multado na semana passada por um dos patrulheiros por estar embriagado e pilotando um barco na enseada. Se é esse o cara que vocês tanto admiram, ótimo. E não esperem que eu mova um só dedo para tirar vocês dois da cadeia, caso decidam ir atrás dele, porque acredito que cada um é responsável pela própria vida. Vocês controlam seu destino, não sua mãe ou eu, muito menos seu pai. Já fiz minhas escolhas, e vou segui-las até o fim. Agora, saiam do carro, todos. Volto para buscá-los ao meio-dia.

Kim gelou ao ver a fisionomia rígida do marido. Sentados no banco traseiro, os gêmeos não moviam um músculo sequer. Derek raramente expressava sentimentos negativos, mas, quando os expressava, causava impacto.

Fazia tempo que Kim e os filhos viviam envoltos no carinho e nas palavras de apoio daquele homem. Quantas vezes por dia Derek dizia a Kim que ela era linda e sussurrava em seu ouvido que a amava? Quantas vezes ele abriu mão de seus planos para brincar com as crianças, dizer que se orgulhava delas, elogiar seus trabalhos na escola ou projetos de arte? Com toda a calma, ele cercara a família de proteção, carinho e encorajamento. E era assim que a família lhe retribuíra.

Os olhos de Kim encheram-se de lágrimas, e ela tocou o braço do marido com a mão.

— Sinto muito, meu bem. Por favor, venha à igreja conosco. Por favor, não deixe que...

— Para ser sincero — ele a interrompeu, afastando a mão dela — decidi que gosto muito mais do tipo de religião de minha mãe do que da de vocês. Se o cristianismo leva as pessoas a agirem desta maneira, não quero ser cristão. Talvez eu deva dar um voto de louvor a Buda.

Derek esticou o braço e abriu a porta do lado do passageiro. Nervosa, Kim passou a mão no rosto, mas as lágrimas não paravam. Como a situação chegara a tal ponto?

— Vocês dois, entrem na igreja — Kim ordenou, olhando para trás e apressando-os para que saíssem do carro. — Venham nos encontrar no estacionamento depois do estudo bíblico.

— E você, Derek? — Luke perguntou. — Achei que fosse nos acompanhar.

— Hoje não — Derek respondeu. Enquanto os gêmeos corriam em direção à igreja, ele olhou para a esposa. — Gostaria que você fosse com eles, Kim. Preciso de tempo para pensar.

— Derek, precisamos conversar — ela disse, fechando a porta do carro. — As crianças, sua mãe, a religião. Você mencionou que queria um bebê, e precisamos discutir esse assunto. Há essa questão de Joe e do relacionamento dele com os gêmeos. E agora descobrimos que a melhor amiga de Lydia está namorando um adolescente! Por favor... vamos tomar um café no restaurante de Bitty.

— Já tomei café e não estou com vontade de conversar. Tudo está claro demais para mim. E para você também, tenho certeza.

— Talvez nossos problemas sejam evidentes, mas precisamos encontrar uma forma de resolvê-los.

— Sabe como eu resolvo problemas, Kim? Deixando-os trancados. É assim que lido com as coisas.

— Claro. Você é um patrulheiro e lida com um... — Uma batida no vidro do carro interrompeu as palavras de Kim. Ela virou-se e viu Luke com expressão de pesar no rosto. Kim abaixou o vidro. — O que foi, Luke? Derek e eu estamos conversando.

— Meu *kit* de insulina. Está na sua bolsa, lembra? — Os grandes olhos castanhos do garoto encheram-se subitamente de lágrimas quando ele olhou para o banco do motorista. — Desculpe, Derek. Eu não queria dizer aquilo sobre você. Quando crescer, espero ser como você, não como meu outro pai. Não quero ir para a cadeia nem ser alcoólatra. E gosto da vovó Finley. Lydia também. É que a gente acha que ela não gosta de nós. Está sempre dizendo que não tem nada a ver conosco, que só é nossa avó porque você se casou com minha mãe. E, quando vimos aquelas coisas esquisitas sobre religião no quarto dela, começamos a achar que ela fosse feiticeira, mas sabemos que não é. Se ela for feiticeira, tudo bem, porque não temos medo dela. Por favor, não vá embora, tá? Lydia pensa da mesma forma que eu. Prometo.

Derek soltou a respiração e encostou a cabeça no espaldar do banco do carro.

— Entre na igreja, Luke. Está tudo bem.

— Você vai se divorciar de nós?

— Não, não vou me divorciar de ninguém. Apresse-se. Você vai chegar atrasado.

Luke lançou um último olhar de apelo à mãe; em seguida pôs o *kit* no bolso e correu em direção à igreja. Kim abriu a bolsa e pegou um lenço de papel. Aquilo era um pesadelo. Por alguns momentos preciosos, ela acalentara um pouco de esperança. Uma frágil esperança, mas verdadeira. Agora, a esperança desaparecera como pétalas de rosa levadas pelo vento forte do inverno. E Kim nem sequer sabia por quê.

Derek engatou a marcha a ré e saiu do estacionamento. Kim assoou o nariz e tentou tirar as manchas de lágrimas nas têmporas, mas a expressão no rosto do filho lhe partira o coração.

Luke estava certo por temer o futuro — veja a situação em que ela havia colocado os filhos. Embora fossem muito pequenos na época, Kim sabia que eles lembravam as cenas de violência que ocorriam entre seus pais, causadas pelo álcool e pelo medo. Quando abandonaram aquela vida, Kim e os gêmeos foram morar por uns tempos num abrigo para mulheres. A situação era difícil demais, e ela precisou lutar para vestir e alimentar os pequenos. Depois, ao se casar com Derek, ela expôs as crianças a mais uma mudança. Até o momento, Kim acreditava que sua vida finalmente havia melhorado. Mas, ao ouvir as palavras iradas de Derek, um frio percorreu-lhe a espinha a ponto de congelar seus ossos.

Ela não conseguia parar de tremer enquanto limpava as lágrimas que desciam pelo rosto. Derek dissera a Luke que não se divorciaria de Kim, mas o que ele estaria pensando a respeito dela naquele instante? Derek tinha uma vida pacífica, independente, com a única preocupação de manter a ordem em seu território. Mas ela lhe trouxera confusões e problemas de todos os tipos. As palavras dele sempre eram bondosas, mas seriam sinceras?

— Por favor, Kim, pare de chorar — Derek disse secamente. Eles já haviam chegado a Tranquility, e Derek estava estacionando o carro diante das bombas de combustível do lado de fora da Rods-N-Ends. — Estamos com pouca gasolina. Vou encher o tanque. Tente melhorar.

Melhorar? Impossível. Ela concordou com um movimento de cabeça e segurou um lenço de papel sob o nariz enquanto Derek descia do carro. Pete Roberts havia contratado ajudantes para as manhãs de domingo e também à noite durante a semana, mas Kim notou que ele estava dentro da loja. E, para desalento dela,

Pete saiu da loja com passos lentos enquanto Derek começava a abastecer o carro.

— Tudo joia, patrulheiro? — ele cumprimentou Derek. — Vai jogar golfe esta manhã?

Kim ouviu a voz firme de Derek.

— Vou dar apenas um passeio.

— Eu lavo os vidros para você. Dia bonito, não? Não muito quente. O povo está seguindo para o lago como abelhas atraídas pelo mel. Que surpresa você não estar trabalhando esta manhã.

— Meu turno começa mais tarde.

— Quando a festa pega fogo. — O rosto barbado de Pete e seus olhos azuis apareceram no vidro ao lado do banco do passageiro. — Oi, aqui, Kim. Como vão as crianças?

— Bem — ela conseguiu responder. Em seguida tirou a agenda da bolsa e começou a lê-la, na esperança de que ele não notasse seus olhos inchados e as faces úmidas.

— Pensei que vocês estivessem na igreja.

— Deixamos os gêmeos lá.

— Tirando uma folga da religião, hein? Acho bom. Também estou dando um tempo. Eu e Patsy nos encontrávamos na igreja e íamos almoçar depois do culto, mas ela não olha mais para mim desde o incidente no Dia da Independência.

Kim franziu a testa.

— Mas tudo acabou bem. Luke está se sentindo muito melhor agora.

— Ah, não estou falando de Luke. Patsy me culpa porque eu a forcei a se sentar naquela cadeira velha. Quero dizer... *foi* muito engraçado quando ela caiu, mas Patsy não achou graça nenhuma. Ficou mais zangada comigo do que quando fazia todo aquele barulho com a motosserra e o cortador de grama ao lado do salão dela.

— Ela vai esquecer — Derek interveio. — Precisa apenas de um tempo.

— Tomara que você esteja certo. Eu não aguento mais ficar sentado naquele banco duro vendo Patsy sentada no banco da frente. Acho que se a gente disser que é religioso e puro e andar por aí com cara de santo, deveria também perdoar um amigo por ter colocado a gente para sentar numa cadeira meio bamba.

— Concordo plenamente — Derek disse com um riso seco enquanto pagava o combustível. Depois sentou-se no banco do motorista e olhou para Kim. Assim que engatou a marcha e pôs o carro em movimento, ele falou com carinho, mas também com firmeza. — Estou indo para casa. Tenho de cuidar de uma papelada que deixei de lado por muito tempo. Que tal você voltar à igreja e pegar as crianças? Poderemos almoçar antes de eu ir para o trabalho.

— Mas e aquela atitude horrorosa de Lydia?... E toda aquela tensão entre nós?... E sua mãe?

Assim que ela disse estas últimas palavras, a neblina dissipou-se momentaneamente e Kim percebeu de repente qual era o ponto principal de seus problemas. Miranda. Ela aborrecera os gêmeos. Destruíra o equilíbrio de amor e apoio mútuo entre Kim e Derek. Quanto mais Miranda permanecesse na casa, pior a situação ficaria. Kim só se deu conta disso quando teve dúvida se seu casamento sobreviveria. Havia uma única solução: Miranda tinha de ir embora. E Kim precisava convencer Derek a fazer isso acontecer.

— Derek, precisamos conversar sobre sua mãe.

— Kim, pense no que eu disse a Pete. Deixe a água rolar. Dê um tempo. Vai passar.

— Não vai. Sei que surgiram muitas coisas diferentes neste verão, mas há um problema mexendo com todos nós. Sua mãe precisa ir embora de nossa casa. Temos de fazer a situação voltar ao normal, e, para isso, ela tem de ir. Quero que você lhe diga isso.

Derek deu um gemido.

— Falo sério, Derek. Não há outra solução.

— Você está vendo a situação por um ângulo só seu. Não exagere. Podemos acertar tudo.

— Podemos? Se você acredita realmente nisso, então é melhor começarmos a conversar. Precisamos descobrir uma forma de melhorar a situação.

— Você gosta de conversar. Eu não. Somos diferentes, concorda?

— Não, não concordo — ela disse. — Não somos diferentes. Não em relação a este assunto. Temos de nos unir. Você quer trancar seus problemas como tranca seus prisioneiros, mas o que acontece quando os prisioneiros são libertados ou fogem? Eles sempre fazem isso.

— Eles saem, criam um pequeno problema, nós os cercamos e os colocamos de volta atrás das grades.

Kim pegou outro lenço.

— Se não quer conversar, pode pelo menos me ouvir?

— Já ouvi. Você e as crianças.

— Ouviu-me dizer que quero que sua mãe vá embora? Ouviu o que Luke disse quanto voltou para pegar o *kit*? É assim que eles se sentem *realmente*, meu bem. Eles amam você. Esqueça o que Lydia disse.

— Kim, sou treinado para ouvir as pessoas. Carrego um gravador quando estou em serviço para não perder uma só palavra. Faz parte do meu trabalho ouvir cada palavra, exatamente como foi proferida.

— Mas você não pode ouvir apenas as palavras! Precisa ouvir o que está por detrás delas. Precisa prestar atenção aos sentimentos, ao comportamento e às atitudes das pessoas.

Ele fitou-a longamente.

— Não sou igual a você, Kim. Ouço o que as pessoas dizem, e ajo de acordo com as palavras delas.

— E depois tranca tudo atrás das grades do silêncio.

A hostilidade silenciosa continuou até a volta para casa. Miranda estava do lado de fora, de camisola e chinelos, colhendo botões de rosa das roseiras que Kim cultivava com tanta paciência e esforço.

Ao avistar o carro, Miranda levantou a mão e acenou.

— Vocês voltaram! — ela disse enquanto Derek desligava e abria a porta. — Que bom! Estou montando um arranjo para a mesa de jantar. A sala de jantar está tão sem graça e triste com aquelas janelas sem cortinas! Achei que precisávamos colocar um belo vaso de flores no centro da mesa para atrair a atenção de todos e nos deixar animados. Ah, Derek, você pegaria um daqueles vasos na garagem? Kim colocou-os numa prateleira alta demais. Não consigo alcançá-los.

Kim teve a sensação de que a última esperança havia sido cortada como uma rosa que começara a florescer. Desceu do carro, segurou a Bíblia com firmeza e lutou mais uma vez para conter as lágrimas.

— Kim, você vai ficar feliz com a novidade! — Miranda aproximou-se dela com passos lentos e um buquê enorme de botões de rosa no cesto, deixando para trás a roseira completamente sem flores. — Depois de ouvir aqueles comentários horríveis que Derek fez a respeito do incenso, decidi fazer algumas mudanças. Vou montar meu altar no deque. Assim, terei bastante espaço para fazer meus movimentos de ioga e *tai chi*. Vou poder meditar ao som do canto das aves nas árvores, e não vou perturbar ninguém com o aroma de patchuli de meu incenso, muito melhor que a mistura de cheiros que você põe naqueles cestinhos por toda a casa. Está vendo? Há um jeito para tudo, você não acha?

Ao dizer isso, ela afastou-se e caminhou apressada em direção ao canteiro de lírios amarelos que Kim acabara de plantar.

11

Patsy estava aplicando as últimas pinceladas de brilho nas unhas de Ashley Hanes quando notou Cody varrendo o local de trabalho de outra cabeleireira. O rapaz de cabelos encaracolados estava concentrado em sua tarefa como se fosse um neurocirurgião. Desde que ele começara a trabalhar no Assim Como Estou, o salão parecia mais arejado, mais limpo e mais arrumado.

— Ouvi dizer que Cody está se transformando num artista — Ashley comentou.

— Ele me surpreendeu — Patsy replicou. — Percebi, desde o início, que ele tem talento para organizar os apetrechos dos cabeleireiros. Enrola os fios dos secadores e coloca o gel, o *spray*, a musse e o xampu em fileiras bem ordenadas.

— Ele também cuida das cortinas, não?

— Cuida. Brenda Hansen ensinou-lhe a usar a máquina de lavar roupa e, quando vi, ele já havia lavado todas as cortinas do salão e recolocado no lugar. Encontrou uma peça grande de cetim, cortou-a e fez um puxador de cortinas com ela.

— Ele mal conseguia amarrar os sapatos — Ashley disse — e agora está fazendo laços lindos.

— Não é só isso. Está vendo aquelas flores em cima do balcão? Nunca encontrei uma maneira de arrumá-las. Mas Cody deu um jeito, e agora elas recebem tantos elogios que comprei mais flores para ele fazer guirlandas e buquês.

— Eu não sabia que foi Cody quem fez tudo aquilo! Vi que estavam à venda, por isso comprei uma e dependurei acima de nossa cama. Brad não notou, mas acho que são lindas. — Ashley pensou por um instante. — Por que ele decidiu fazer aquelas pinturas nas paredes?

— Notei que ele estava sempre folheando revistas de modelos com penteados. Disse-me que, se pudesse, gostaria de pintar aquelas belas mulheres. Comprei uma aquarela para ele, alguns pincéis e algumas folhas de papel. E aí estão! Cody agradou imensamente a todos com suas pinturas. Por isso decidi ceder-lhe a parede inteira. Ele trabalha nela sempre quando tem um momento livre, seja de dia, seja de noite.

As duas mulheres fixaram o olhar no grande mural. Ashley disse então:

— Há alguma coisa estranha nisso. Sabe de quem me lembro quando olho para essas mulheres?

— Jennifer Hansen? — Patsy perguntou.

— É verdade. Por que será? Cody sente atração por ela ou coisa parecida?

— Ah, penso que ele a vê quando vai à casa dos pais dela para aprender com Brenda a ler e se comportar em público.

— Espero que ele não fique muito ligado a Jennifer. Disseram que ela vai ser missionária.

Patsy assentiu com a cabeça. A filha mais velha de Steve e Brenda voltara a Deepwater Cove após uma viagem missionária à África. Jennifer tinha o coração dedicado a viver na selva e falar de Deus ao povo daquele lugar. Ela era bonita, alegre como um passarinho e mais doce que mel. Não havia, porém, notado os olhos compridos do rapaz que a acompanhavam todas as vezes que ela vinha ao salão para cortar o cabelo. Um dia, a moça reconheceria sua figura na parede do Assim Como Estou, e Patsy temia que a reação dela magoasse o pobre Cody.

— Já deixei tudo limpo — Cody anunciou naquele exato momento, com a vassoura na mão enquanto caminhava em direção a Patsy. — Vou lavar o chão hoje à noite. Posso pintar um pouco?

— Já está quase na hora do início da reunião do CAC — Patsy lhe disse. — Você não quer participar?

— Não, obrigado. Agradeço.

Patsy sorriu.

— Ashley, vou dar uma olhada na agenda. Fique com as unhas sob o secador por alguns instantes; depois, estará pronta.

Cody acompanhou Patsy pelo salão.

— Como sempre, você fez um ótimo trabalho hoje, Cody. Este lugar está tão agradável que mal o reconheço.

— É verdade. Este é o Assim Como Estou. É seu salão de beleza.

— Claro. — Ela esticou o braço e mexeu nos cachos dele. — Você precisa dar uma aparada no cabelo qualquer dia desses, querido. Não queremos ver seu cabelo todo embaraçado novamente.

Cody olhou para o chão, como se estivesse à procura de palavras. Em seguida, levantou a cabeça.

— Quero lhe dizer uma coisa, Patsy Pringle. E vou dizer agora. Quero agradecer a você por ter cortado meu cabelo há muito tempo quando cheguei a Deepwater Cove. E obrigado por ter me dado um emprego. E por me pagar com dinheiro de verdade. E por comprar aquarelas e papéis para mim. E por me deixar fazer pinturas em suas paredes. E por...

— Ora, ora, chega! — ela riu e deu-lhe um abraço caloroso. — Ver esse seu sorriso é todo o agradecimento de que preciso.

— Mas há uma última coisa que quero dizer. Você nunca me deu bolo de chocolate, mas penso que é uma cristã verdadeira.

O meu papai me ensinou muitos versículos da Bíblia, e, quando repito esses versículos só para mim, penso em você, porque você é igual às pessoas bondosas da Bíblia. E isso me diz que você é cristã.

Patsy engoliu em seco.

— Que palavras simpáticas!

Como fazia pelo menos cem vezes por dia, Patsy olhou, com ar de culpa, para a parede que separava seu salão da Rods-N-Ends de Pete. Ela sabia que deveria ir até lá e fazer as pazes com ele. Lydia já lhe pedira que fizesse isso, e cada versículo da Bíblia que Patsy lia sussurrava em seu coração que ela deveria perdoar Pete.

— Pete diz que você é uma maçã — Cody assentia com a cabeça enquanto falava. — Foi o que ele me disse ontem. Disse que você está furiosa com ele, porque caiu da cadeira e todo mundo riu, até eu. Nós rimos de seus pés descalços apontados para cima. Foi muito engraçado. Eu ainda dou risada quando me lembro da cena, Patsy. Mas Pete disse que você está aborrecida porque pensa que riram porque você é gorda. Você *não* é gorda. É uma maçã. Só isso. Uma maçã.

Patsy fitou aqueles olhos azuis sinceros. E visualizou uma maçã vermelha, grande e redonda. Se era aquilo que Pete pensava a seu respeito, bem, ela deveria torcer o pescoço dele. Mas Cody continuou parado ali, olhando e observando qual seria a reação dela.

Patsy colocou as mãos no quadril.

— Você veio aqui para dizer que sou cristã porque sabe que estou zangada com Pete.

— E você não *está* furiosa com ele?

Cody seria tão inocente quanto aparentava? Ou tudo aquilo não passava de uma armação para ela fazer o que vinha adiando há dias?

— Eu gostaria que você e Pete voltassem a ser amigos.

— Tudo bem. Basta! — Patsy sacudiu a cabeça. — Tem certeza de que Pete Roberts me chamou de *maçã*?

— Tenho. É a minha fruta favorita. Mas gosto também de laranja. De melancia. E também de pêssego.

Patsy suspirou fundo e dirigiu-se à sala de chá, onde as mulheres já estavam preparadas para o início da reunião. Ela pegou uma das duas xícaras antigas que Pete lhe dera para repor as que ele quebrou assim que se instalou na loja ao lado. Depois de encher a xícara com chá e leite e acrescentar açúcar, ela escolheu dois docinhos de chocolate e colocou-os no pires. Cody acompanhou-a de perto o tempo todo, quase pisando no calcanhar dela.

Patsy virou-se de repente e cutucou o peito dele com sua unha comprida, pintada com esmalte cor-de-rosa.

— Fique aqui — ela disse com o cenho franzido para enfatizar que se tratava de uma ordem. — Cuidarei disso sozinha.

— Já estava na hora.

Patsy revirou os olhos, atravessou o salão com a xícara na mão e saiu pela porta da frente, sentindo-se pressionada por Cody a fazer algo que não queria. Poderia ser uma atitude cristã, mas era difícil demais perdoar uma pessoa que a ofendera de maneira tão profunda.

E pior, Pete não lhe pedira perdão, e isso tornava a situação duplamente difícil. Quando uma pessoa se ajoelha a nossos pés e diz que se sente arrependida da atitude que tomou, perdoar torna-se muito mais fácil. Mas aquele velho urso peludo não lhe pediu perdão. Não, ele apenas disse a Cody, e a quem quisesse ouvir, que estava ofendido pela forma com que Patsy o tratara, e parou de ir à igreja só para complicar ainda mais a situação. E agora andava por aí comparando-a com uma maçã — vejam só, uma maçã.

Bem, ela era mulher o suficiente para lidar com um homem do tipo de Pete Roberts. Quanto a isso, não havia dúvida.

Patsy empurrou a porta da Rods-N-Ends para abri-la e suspirou fundo ao ver que a loja estava vazia. Poderia deixar a xícara de chá e os docinhos no balcão e sair de fininho. Seria bem mais fácil. Mas naquele exato momento percebeu que não tinha escolha, a não ser conversar com Pete, principalmente porque ele vinha em sua direção.

— Oi, Pete — ela disse, tentando não demonstrar arrogância. — Vim lhe oferecer o cachimbo da paz.

Ele olhou-a de alto a baixo e sorriu timidamente.

— Esta é a xícara de chá que deixei do lado de fora de seu salão. Acho que você leu meu bilhete.

— A bem da verdade, não li. Estava muito aborrecida. Mas agora que tive tempo de me acalmar e refletir na situação, mudei de ideia e resolvi fazer o que a Bíblia ensina. Estou aqui para conversar com toda a franqueza sobre o nosso problema e passar uma borracha em cima. Agora, se me lembro bem da cena daquele feriado, eu estava ajudando Opal Jones a montar o prato dela quando você apareceu, agarrou-me pelo braço, arrastou-me pelo gramado até onde os homens estavam assando carne e me fez afundar naquela cadeira bamba. Foi uma humilhação. Fiquei arrasada e até um pouco machucada, mas sou grata a Derek Finley, que agiu como cavalheiro e me ajudou a sair dali. Não sei por que você me tratou daquela maneira, Pete Roberts, mas decidi perdoar-lhe. É o que estou fazendo. Eu lhe perdoo. Pronto.

Pete fitou-a por um instante, com os olhos arregalados.

— Isso também está na Bíblia? Essa história de perdoar?

— Claro que sim. Está na Bíblia toda.

— Ah... — Pete coçou o queixo, e seus dedos desapareceram dentro daquela barba horrível.

Patsy entendeu que havia feito sua parte e deveria acabar com aquela lenga-lenga.

— Vou voltar ao salão para a reunião do CAC. Até mais tarde.

— Espere um pouco, mulher. Só entendi metade da história. Você precisa dar um tempo a este sujeito aqui.

Patsy continuou ao lado do balcão, tamborilando com as unhas no vidro e olhando para os produtos expostos, que Pete arrumara com muita ordem: uma coleção de botas, redes e varas para pescar, molinetes e esquis aquáticos. Ele não era idiota; então qual o motivo de tanta confusão? Se ele quisesse dizer algo, que dissesse, e a deixasse ir embora para assistir à reunião.

Até aquele momento Pete não havia tomado nem um gole de chá, e os docinhos de chocolate estavam derretendo em razão do calor da xícara. Talvez fosse melhor ela pegar um docinho e comê-lo enquanto ele completava seu raciocínio.

No momento em que ela ia levar o docinho à boca, Pete esticou o braço para pegar a xícara de chá. As mãos deles esbarraram uma na outra por um segundo, e Patsy retirou a dela bruscamente como se tivesse recebido um choque. De fato, a sensação foi semelhante à de um choque. Pete Roberts era genioso, cabeça-dura, tinha olhar severo e um tanto cruel. Então, por que ela sentia aquele arrepio todas as vezes que se aproximava dele? Morria de medo só de pensar na maneira como ele mexia com ela.

— O chá está bom — Pete disse, colocando a xícara de volta ao pires depois de tomar um gole. — Chá inglês. Meu favorito à tarde. De manhã, prefiro café irlandês.

Patsy sorriu levemente com o canto dos lábios.

— Acho que os homens são capazes de aprender algumas coisas.

— É verdade, e veja o que aprendi hoje. Primeiro, as coisas nem sempre são como parecem. Aquela hora, no feriado, eu estava tentando evitar uma explosão entre as duas mulheres da família Finley, Kim e Miranda. Achei que você, a mulher mais bonita e mais bondosa de Deepwater Cove, fosse a melhor pessoa para intervir. Quando vi que o pavio daquelas duas mulheres era curto demais, quis levar você o mais rápido possível até onde as duas se enfrentavam, discutindo por causa dos bolos de sete camadas. Corri até o lugar em que você ajudava Opal a montar o prato dela, peguei você pelo braço e a arrastei até as churrasqueiras, onde as duas mulheres duelavam, e forcei você a sentar-se na cadeira de praia. Eu havia me levantado dali pouco antes, e percebi que o plástico trançado do assento era muito fraco e começou a estalar com meu peso. Quando você se sentou, a cadeira se quebrou de vez e tentou engolir você. Aí, não houve mais necessidade de acabar com a discussão entre as Finleys.

Pasma e piscando sem parar, Patsy não deu sequer uma mordida nos docinhos enquanto ouvia Pete.

— Você está dizendo... que não me forçou a sentar naquela cadeira para se divertir a minha custa?

— Ora, por que eu faria isso?

— Sei lá, você não ligava a motosserra de propósito ao lado de minha sala de chá?

— Patsy, sei que vivo perturbando você e pegando no seu pé, mas jamais, jamais faria qualquer coisa para constrangê-la na frente dos outros. Juro pela minha honra de cavalheiro, se bem que isso não deve valer grande coisa.

— Bom... — ela avaliou a situação e pensou por um momento — não foi o que pensei.

— E aprendi uma segunda coisa hoje. Os cristãos são diferentes do que eu pensava deles quando me mudei para a cidade e comecei a ir à igreja.

Sentindo-se a mais vil das criaturas, Patsy recolocou o doce intacto no pires.

— Não sei o que você pensou, mas chegou a minha vez de me desculpar. Sinto muito pelo tratamento que lhe dei nos últimos dias, Pete. Eu não devia ter parado de falar com você, e gostaria que voltasse à igreja para almoçarmos juntos no restaurante da Tia Mamie aos domingos.

— Tem certeza de que não vai falar daquela história de ser pescador de homens e me fazer nascer de novo?

— Não nego que ficaria muito feliz se você nascesse de novo, Pete. Mas senti falta de conversar com você e de sentar ao seu lado na igreja. Estou arrasada por ter destruído sua boa opinião sobre os cristãos.

— Bem, isso é verdade. Eu achava que os cristãos eram perfeitos... como você. Está sempre bem-arrumada e trata todo mundo com simpatia. Até mesmo quando se irritava com minhas motosserras, sempre agia como uma verdadeira dama.

— Mas não sou perfeita. Nunca fui.

— Eu sei. E agora entendo que os cristãos são iguais às outras pessoas.

Patsy sentiu vontade de chorar. Caminhara em direção à Rods-N-Ends com a postura altiva e arrogante de uma rainha, determinada a absolver um humilde camponês por ter cometido um ato desonroso. No final, quem estava errada era ela, e aquilo a fez sentir-se um monstro. Pior que um monstro.

— Os cristãos têm defeitos como todas as outras pessoas — Pete disse. — Mas há uma diferença. E essa foi a terceira coisa que aprendi hoje. Os cristãos são diferentes porque se esforçam muito mais que a maioria das pessoas. Leem a Bíblia, vão à igreja, oram e fazem o possível para ser perfeitos como Deus quer que eles sejam. E, quando fazem alguma coisa errada, tratam de corrigir o erro.

— Nós tentamos, mas falhamos muito. Se quiser um bom exemplo, é melhor olhar para Jesus, não para os cristãos. Eu amo Jesus, mas há algumas pessoas que não consigo tolerar.

Pete deu uma risadinha.

— Você tem razão nesse ponto.

— Nesse caso, você se comportou melhor que eu, Pete. Deu-me uma xícara e um pires de porcelana.

— Que você encheu de chá e trouxe até aqui.

Patsy sorriu.

— É melhor você tomar o chá antes que esfrie.

— Você vai comigo à igreja neste domingo?

— Só se você prometer me levar ao restaurante Tia Mamie depois, para comermos filé de frango.

— Prometido. Você me convenceu — ele disse, estendendo a mão.

Patsy apertou a mão de Pete com força, mas, antes que ela tivesse tempo de recolher o braço, ele beijou o dorso da mão dela. Barba, bigode e lábios quentes roçaram-lhe a pele macia. A vibração correu pelo braço de Patsy até chegar à ponta dos dedos dos pés. Ela suspirou fundo quando Pete levantou a cabeça e sorriu.

— Até mais tarde, Patsy Pringle, a garota mais doce deste mundo.

Incapaz de dizer uma só palavra, Patsy virou-se e correu de volta ao salão. Mal conseguindo respirar, ela abriu a porta com força, entrou e afundou-se numa cadeira na sala de espera. Aquela era uma situação bastante desconfortável para uma mulher que deixava transparecer tudo o que se passava em sua mente. Pela primeira vez na vida, Patsy sentiu-se completamente confusa.

— Você falou com Pete? — Cody perguntou, sentando-se ao lado dela. Ele tinha uma mancha de tinta preta no rosto e um pincel na mão. — Espero que tenha pedido desculpa por ter ficado tão zangada por causa da cadeira, mas Pete diz que você é bonita como uma maçã.

— Eu perdoei Pete, e ele me perdoou — ela disse. — Agora está tudo bem, Cody.

— Que bom! Pete nunca ia fazer nada para magoar você, porque ele ama você, Patsy. Todo mundo ama você. Acho que você é a melhor pessoa do mundo... Da mesma forma que Brenda e Steve. Que Esther e Charlie. E Kim e Derek. E algumas outras pessoas.

Patsy olhou de relance para o lugar onde o rapaz esteve trabalhando na versão mais recente de Jennifer Hansen.

— E aquela garota bonita que você anda pintando na parede? Ela deve ser muito especial para você.

Cody examinou seu trabalho.

— Aquilo é uma pintura, Patsy. As pinturas não são especiais. São feitas de tinta, só isso.

Um pouco mais descontraída e capaz de respirar novamente, Patsy decidiu que era hora de comparecer à reunião do CAC. Levantou-se e atravessou a recepção, para verificar mais uma vez se sua agenda continuava livre.

— Sei que aquilo que está na parede é somente uma pintura — ela disse a Cody, que a seguiu arrastando os pés. — Mas quem é a pessoa que você pinta? Ela deve ser alguém importante demais para você, porque já a pintou pelo menos quatro vezes. Aliás, sou capaz de reconhecê-la. É aquela moça que vem aqui para cortar o cabelo.

Cody debruçou-se sobre o balcão.

— Não conte a ninguém — ele cochichou.

— Não vou contar — ela cochichou de volta. — Mas você é um pintor tão talentoso que qualquer dia alguém mais vai descobrir quem ela é.

— OK — Cody disse. — Nesse dia vou dizer que amo aquela mulher e que quero me casar com ela.

Patsy aproximou-se dele e cochichou-lhe no ouvido.

— Ela vai ser missionária na África. Mesmo que goste muito de você, não vai querer morar em Deepwater Cove.

— Eu não ligo para isso — Cody disse. — Deus é quem sabe.

Patsy suspirou e fechou a agenda. Por que sua fé não era tão simples como a de Cody? As coisas sempre se complicavam, e ela se enrolava nos problemas. Quanto tempo e energia ela gastou por estar furiosa com Pete Roberts! E aquela fúria abalara a opinião dele a respeito do cristianismo.

Decepcionada consigo mesma, Patsy pôs em ordem os panfletos colocados ao lado da caixa registradora. Todos aqueles folhetos, todas as músicas cristãs e todos os versículos bíblicos escritos nas paredes do salão de nada valeriam se a pessoa responsável por tudo aquilo tivesse um coração tão duro e insensível quanto havia sido o coração de Patsy.

Ao seguir em direção à sala de chá, ela avistou o envelope que Pete deixara com a xícara que lhe dera de presente enquanto estiveram brigados. Na ocasião, ela estava tão indignada que não o leu. Havia atirado o cartão numa prateleira sob a escrivaninha, junto com alguns bobes perdidos e uma embalagem de *spray* para cabelo. Agora, porém, Patsy sabia que não tinha escolha, a não ser descobrir o que Pete lhe escrevera. Certamente o bilhete aumentaria sua humilhação e vergonha.

Patsy abriu o envelope e tirou um cartão de felicitações que vira num aramado da loja de Pete, com a fotografia de um pescador segurando uma perca do tamanho dele — uma daquelas fotografias "montadas" com o objetivo de parecer verdadeiras, mas visivelmente falsas. Ela abriu o cartão e leu os dizeres impressos: "Que bom se pudéssemos pescar juntos! SAUDADES DE VOCÊ!".

Na parte inferior, Pete rabiscou esta mensagem: "Querida Patsy, eu não quis humilhar você de propósito no churrasco do Dia da Independência. Peço desculpas. Não sabia que a cadeira poderia quebrar, e espero que não pense que o pessoal estava rindo de você. Você sabe que é admirada por todos, inclusive por mim, acima de tudo. Aliás, acho que você é doce e bondosa, e quero dizer que admiro muito sua..."

Neste ponto Patsy teve de virar o cartão para continuar a leitura no verso.

— "... figura meiga e macia. Procurei a palavra "macia" no dicionário e ela também significa "agradável, branda e suave". Para lhe dizer a verdade, você é macia em todos os sentidos. Com carinho, Pete Roberts."

Patsy ergueu a cabeça e fitou os olhos azuis de Cody.

— *Macia* — ela disse.

Cody assentiu com a cabeça.

— Foi o que eu lhe disse. Foi assim que Pete chamou você.

— Você disse *maçã*.

— Eu disse. E agora decidi mudar de ideia sobre o chá. Vamos tomar um.

Segurando a mão de Patsy de maneira solene, Cody atravessou o salão. Patsy riu. Quando se viu num dos espelhos, ela parou por alguns instantes, analisou sua figura e decidiu que Pete tinha razão. Ela era macia. Ou maçã. Ou as duas coisas.

Depois que ela e Cody encheram suas xícaras de chá, Patsy começou a rir enquanto se acomodava na cadeira vazia entre Kim Finley e a sogra.

— Parece que você está com um humor excelente — Miranda Finley observou. — Talvez por ter perdido a cantilena de Esther sobre aquele "assunto antigo", que incluiu o incidente com a cadeira de praia no churrasco do Dia da Independência.

Kim pousou a mão na de Patsy.

— Esther confessou que Charlie pegou aquela cadeira e algumas outras no sótão da casa deles. Disse que elas deviam estar lá há mais de vinte anos.

Patsy sorriu.

— Foi uma oportunidade para todos rirem, e precisamos disso de vez em quando. Pete e eu já nos acertamos. Não há mais ressentimentos entre nós.

— Eu jamais perdoaria um homem que tentasse me fazer de boba na frente dos outros — Miranda disse. — Por sorte, a crise de diabetes de Luke ocorreu logo depois de toda a vergonha que você passou.

Patsy respirou fundo para adquirir força. Era evidente que Kim não concordava com a sogra. Uma língua como a de Miranda tinha a capacidade de cuspir farpas. Foi por isso que Pete se sentiu impelido a intervir quando as duas mulheres começaram a discutir.

— Eu não chamaria a crise de meu filho de *sorte* — Kim estava dizendo, com voz formal. — O estado de Luke era muito grave. Aquilo não foi *sorte*. Não entendo como você pode pensar desta maneira, Miranda.

— Ah, eu não acredito em sorte — Patsy interferiu, inclinando-se entre as duas para tomar um gole de chá. — Penso que o bom Deus permite tudo o que acontece conosco... Até as coisas más podem dar certo se forem usadas para a glória dele. Luke superou seu problema, e todos nós aprendemos a lição sobre como ser mais cautelosos. E, quanto a Pete Roberts e a mim, bem, eu chamaria nossa amizade de... macia.

12

— Aqui está o molho de tomate — Luke disse, empurrando o vidro sobre o balcão na direção da avó. — O sr. Moore planta estragão no jardim dele e nos dá um pouco todo verão. Nós sempre colocamos um pouco a mais no nosso molho de *pizza*.

— E não compramos o molho com pedaços de tomate. — Lydia desembrulhava uma embalagem de *pepperoni*. Detesto tomate em pedaços.

— Nós *sabemos* — Luke retorquiu.

— Vocês não têm com que se preocupar esta noite — Miranda disse aos gêmeos. — Minha *pizza* não leva molho de tomate.

Kim afastou-se da geladeira com ar de surpresa no rosto. Enquanto procurava o queijo mozarela, ela viu que Miranda tinha um saco de supermercado nas mãos e estava adicionando os ingredientes que devia ter comprado naquele mesmo dia.

Todas as sextas-feiras à noite, Kim e os gêmeos assavam *pizza* em casa. Desde que veio morar com eles, Miranda ajudava a montar as *pizzas* e, depois, comia com a família. Mas naquela noite a vovó Finley quis dar um tratamento especial a Kim e aos gêmeos. Ia ensiná-los a preparar a refeição favorita de Derek — sua incomparável *pizza gourmet*.

Miranda passara a maior parte da tarde no deque, meditando ao lado da coleção de elementos que, segundo ela, alimentavam o engrandecimento espiritual — cristais, um pequeno Buda de bronze, um rosário budista de sândalo e uma mandala indígena. Quando a varinha de incenso queimou até transformar-se em cinzas, ela entrou em casa. Trazendo consigo um pouco do aroma de patchuli, Miranda usava uma túnica de algodão azul-turquesa até o tornozelo e várias pulseiras de prata, que retiniam enquanto ela media os ingredientes dentro de uma panela no fogão.

— Para fazer um bom molho branco — ela dizia aos gêmeos — o leite precisa ser integral. E aqui temos o amido de milho, o sal, a pimenta, três dentes de alho...

— Espere um pouco — Lydia interrompeu. — Você disse molho *branco*? Onde vai pôr isto?

— Sobre a massa da *pizza*. — Miranda gesticulou com a mão acima dos outros ingredientes, como se estivesse segurando uma varinha de condão. — Alho misturado com sal, cebola em pó, orégano e manjericão.

— Onde está o estragão? — Luke perguntou com o cenho franzido, olhando para a fileira de potinhos no balcão. — Não entendi. *Pizza* sem molho de tomate e estragão?

— Esta não é uma *pizza* qualquer. É minha especialidade. *Pizza* de espinafre com parmesão.

— Espinafre! — Lydia gritou. — Ah! Sem essa! Não vou comer *pizza* de espinafre. Detesto espinafre.

— Eu também não gosto — Luke disse, virando-se para a mãe com olhar de súplica. — Não podemos fazer a nossa *pizza*, mãe? A vovó Finley pode fazer a dela, mas quero aquela que costumamos comer.

— Você não vai sentir gosto de espinafre — Miranda informou antes que Kim tivesse tempo de responder. — Ele desaparece no meio do queijo derretido. — Ela parou de mexer a panela para desembrulhar um pedaço de queijo e segurou-o diante dos gêmeos. — Sintam o cheiro, crianças. É o céu na terra.

Luke cheirou o queijo, fez cara de nojo e tapou o nariz.

Lydia deu três passos para trás e começou a abanar-se, com ar desolado.

— Tem cheiro de coisa estragada! — ela disse choramingando. — Vou vomitar! O que é isto?

— O verdadeiro queijo parmesão. — Miranda olhou firme para os gêmeos, que agora estavam se divertindo, fingindo que iam vomitar. Virando-se para Kim, ela encarou-a em silêncio por um momento antes de falar. — Seus filhos sempre fazem este teatro?

— Bem, eles...

— O verdadeiro queijo parmesão vem de uma região remota na Itália — Miranda disse em voz alta, para abafar o drama teatral dos gêmeos. — É diferente de todos os outros. A textura do queijo também é extraordinária. Vocês estão vendo? O verdadeiro parmesão quebra-se em lascas. E eu adoro seu aroma delicado.

— Aroma delicado? — Lydia estava tapando o nariz e abanando-se. — Aroma de vômito é o que você quer dizer!

— Aroma de vômito! — Luke repetiu, caindo na gargalhada. — É isso aí, Lyd. Aroma de vômito!

Kim ficou sem ação ao ver a brincadeira de Lydia com o irmão. O queijo realmente tinha um cheiro horrível, e ela não podia culpar os gêmeos pela dramaticidade. Aliás, estava pensando em abrir a janela para permitir a entrada de ar fresco.

Visivelmente decidida a não fazer caso dos gêmeos, Miranda retomou os preparativos. Entre uma mexida e outra no molho, ela começou a untar os três discos de *pizza* com azeite de oliva.

— Espere! — Luke disse de repente. — Vovó, você não vai fazer as *três pizzas* com este molho branco, vai?

— Claro que sim. E, se quiser, pode começar a ralar a mozarela. Aqui está o ralador. Preciso de três xícaras de queijo ralado. Lydia, pegue esta faca e corte aquele tomate em fatias bem finas. Kim, você poderia lavar o espinafre...

— Mãe! — Luke gritou, empunhando o ralador. — As três não! Queremos comer a *pizza* que fazemos todas as sextas-feiras à noite.

— Luke, você concordou — Kim lembrou-lhe. — Vamos dar uma chance à vovó Finley.

— Eu não quero! Tem cheiro ruim, mãe. Não quero *pizza* de espinafre com cheiro de vômito!

— Por favor, Luke.

Kim caminhou em direção ao filho, mas Lydia pôs-se entre eles.

— Deixe Luke em paz, mãe. Ele não quer comer a *pizza*. E se ele passar mal? E se o nível de açúcar no sangue for parar nas alturas?

— Lydia, você sabe que isso não vai acontecer.

— Pode acontecer! Nunca comemos molho branco. Luke pode morrer!

— Ricota! — Miranda disse bem alto. — Se quiserem prestar atenção à vovó Finley, estou pronta para adicionar ricota.

Kim virou-se e viu que a sogra já havia despejado o molho branco sobre todas as três *pizzas*, com o auxílio de uma concha.

— Miranda, você poderia aguardar um momento? Espinafre não é a comida favorita dos gêmeos, e...

— Não vou comer esta droga! — Luke gritou. — Não vou comer, a glicose vai subir e eu vou passar mal.

— Mãe, faça alguma coisa! — Os olhos de Lydia encheram-se de lágrimas. — Vovó Finley, pare de pôr requeijão! Nós detestamos requeijão.

— Para sua informação, isto se chama *ricota*. Espere até o espinafre e o manjericão se misturarem ao molho branco. E com a mozarela e a ricota, vocês não vão sentir o gosto do espinafre.

— Mas o espinafre é verde! — Luke berrou. — A única coisa verde que gosto na *pizza* é estragão. Mãe, mande a vovó parar. Ela está detonando nosso jantar.

— O que Luke pode comer esta noite, mãe? — Lydia interpelou com firmeza, lágrimas descendo pelo rosto. Ela bateu o pé no chão. — Ele precisa comer a comida certa, ou vai passar mal!

Kim segurou a filha.

— Ouça, Lydia...

— Não, mãe! Você precisa ajudar Luke. Ele é seu filho. Não pode deixar a vovó Finley fazer isso! — Soluçando, ela sacudiu a cabeça e olhou para a mãe. Em seguida virou-se e saiu correndo da cozinha. — Odeio você! Odeio tudo!

— *Veja* o que aconteceu! — Luke disse em tom ríspido. — Vovó Finley, você não está nem aí para a Lydia?

Miranda colocou a mão no quadril.

— Quero que saibam que esta minha *pizza* é famosa. É deliciosa e preparada com os melhores ingredientes. E, se você e sua irmã pararem de agir como dois maníacos, vão ver como é bom experimentar uma comida nova.

— Não quero nenhuma comida nova! Quero nossa velha *pizza* com molho de tomate e estragão! Quero que tudo seja como antes! — Ao dizer isso, Luke atirou o ralador de queijo na cozinha. A peça de alumínio bateu no armário e caiu no ladrilho.

— Luke! — Kim gritou ao ver o filho sair intempestivamente da cozinha. — Luke, volte aqui neste instante!

— Esforço inútil — Miranda anunciou enquanto começava a lavar o espinafre. — Sua incompetência como mãe me assusta, Kim. Aqueles dois estão completamente fora de controle.

Com os nervos à flor da pele, Kim apontou o dedo para a sogra.

— O problema aqui é *você*, não eu. Você sabia desde o início que o queijo parmesão ia causar confusão, mas continuou a ralar.

Você não dá a mínima para a opinião dos outros e insiste em fazer tudo a sua maneira.

— Fizemos um acordo, Kim. Se ceder aos caprichos das crianças, você perderá todo o controle. — Miranda levantou o queixo e encarou a nora. — Você tem ideia de como é fácil uma criança escapar da mão da gente? Sabe o que significa perder a autoridade de mãe? Claro que não. Você nunca teve autoridade sobre os dois. Uma boa mãe vigia os filhos da mesma maneira que uma ave de rapina vigia o ninho. Ela não desgruda os olhos deles nem por um momento. Basta uma distração para ela perder o controle dos filhotes para sempre.

— Por tudo o que é mais sagrado, Miranda, estamos falando de *pizza*. Não é um problema desse que vai prejudicar minha autoridade sobre meus filhos. Sou boa mãe, e acredito que seja certo ceder um pouco. Você precisa fazer as três *pizzas* do seu jeito? Não pode dar aos gêmeos um ou dois discos para eles montarem com os ingredientes que preferem?

— Se cedermos um centímetro, perderemos o controle. — Miranda virou-se e começou a cobrir as *pizzas* com espinafre e queijo. — Pode acreditar, Kim. Sem uma boa orientação e controle dos pais, a criança segue na direção errada. Hoje a questão pode ser a *pizza*, mas nunca se sabe o que acontecerá amanhã.

Kim levantou as mãos, sem acreditar no que ouvira.

— Ora, que ridículo! — Ela não sabia se deveria começar a fazer novas *pizzas* ou consolar as crianças. Talvez um jantar decente acalmasse os gêmeos, portanto deixou que eles consolassem um ao outro. — Vou fazer outra massa — ela disse a Miranda. — Ficaria muito grata se você tirasse o parmesão daqui.

Em silêncio, as duas mulheres andavam de um lado para o outro na cozinha. Quando Kim espalhou molho de tomate no novo disco de massa, Miranda colocou suas *pizzas* no forno, uma após outra. Em seguida, saiu da cozinha sem dizer uma só palavra.

Kim ligou o exaustor acima do fogão. Talvez ele dispersasse um pouco o cheiro do parmesão e, ao mesmo tempo, levasse para longe a lembrança da voz insidiosa da sogra. Enquanto trabalhava, Kim olhou para o lago através da janela da cozinha. A água serena, com um brilho azul e dourado, parecia um lençol de vidro. Quando, porém, um peixe pulou perto da margem, Kim imaginou imediatamente o som maravilhoso e gratificante de um corpo caindo na água, que ecoaria por toda a Deepwater Cove se alguém empurrasse Miranda do deque no lago.

Sacudindo a cabeça diante desse pensamento, Kim sabia que aquilo não tinha graça nenhuma. Mesmo assim, a satisfação de imaginar a expressão no rosto de Miranda foi tão grande que Kim continuou a saborear a cena até o momento em que tirou as *pizzas* de Miranda do forno e colocou a sua para assar.

Quando Charlie Moore parou o carrinho de golfe em frente à casa dos Finleys naquela noite de sexta-feira, Derek estava arrancando ervas daninhas ao longo da vala. Embora gostasse de seu vizinho aposentado, Derek não estava interessado em conversa fiada.

Ele passara o dia todo navegando para patrulhar a enseada da Festa e as centenas de canais do lago de Ozarks, sem falar nas várias horas gastas conversando com investigadores a respeito do afogamento da mulher sem nome, cujo desaparecimento ainda não havia sido informado. As impressões digitais não deram nenhuma pista, nem as informações da arcada dentária. Agora, os detetives estavam discutindo a possibilidade da contratação de um artista forense para criar uma reconstrução facial da mulher, a fim de ajudar a identificá-la. Para Derek, era difícil acreditar que não havia nenhum registro de desaparecidos que se encaixasse na descrição da vítima. Embora tivesse trabalhado com peritos criminalistas desde o início, os resultados foram insatisfatórios.

Além de toda aquela frustração e exaustão, ao chegar em casa naquela noite, Derek teve de enfrentar o campo de batalha desanimador de mais uma peleja no feudo da família — uma briga por *pizzas* que deixara Lydia em lágrimas, Luke furioso, Kim em silêncio mortal e sua mãe queimando incenso no deque. Os combatentes contaram-lhe quatro versões diferentes do mesmo evento. Uma vez que nenhuma delas foi registrada em seu cérebro cansado, Derek decidiu arrancar as ervas daninhas do jardim.

— A vida parece estar muito boa na casa dos Finleys — Charlie disse com palavras arrastadas, acariciando a cabeça de seu cão enquanto falava. Os dois iam juntos a todos os lugares. — Aquela chuva que caiu um dia desses foi muito bem-vinda. Realçou o verde de todos os jardins.

— Também serviu para refrescar um pouco. Para mim foi ótima. — Derek examinou o fio da máquina de arrancar ervas daninhas. — Acho que o trabalho está pronto. Na próxima vez, vou precisar de mais linha.

— Não é assim que a vida é? Sempre falta alguma coisa. A máquina de arrancar ervas daninhas precisa de linha. O cortador de grama precisa de óleo. A bateria do carrinho de golfe descarrega. As calhas ficam entupidas de folhas. As aranhas começam a fazer teias nas beiras dos telhados. O trabalho do homem nunca acaba.

Derek fez um movimento afirmativo com a cabeça.

— É verdade, e é melhor eu entrar em casa para verificar minha lista de tarefas. É quilométrica.

— Antes disso, que tal dar uma volta comigo e Boofer, patrulheiro Finley? Tenho alguns assuntos para tratar com você. Tudo bem?

"Tudo bem, não", Derek pensou. Ficar ouvindo Charlie Moore, um homem que tinha todo o tempo do mundo para fazer o que desejasse, e descansava a seu bel-prazer, não soava divertido para Derek. E qualquer que fosse o assunto que Charlie quisesse discutir, não seria de seu interesse. Os Moores eram boa gente — prestativos, amáveis e atenciosos —, porém se intrometiam demais na vida dos outros. Derek não gostava disso e não queria fazer parte dos mexericos.

— Preciso entrar para avisar Kim — ele disse a Charlie — e tenho a impressão de que ela já fez planos para mim esta noite.

— Ora, não vamos demorar. Apenas uma ou duas voltas na vizinhança. Kim nem vai notar sua ausência.

Derek franziu a testa. Ele não conseguiria sair desta. Já via Charlie empurrando o cão para deitar-se no chão, tirando a poeira do assento e guardando sua lanterna num compartimento atrás do banco. Bem, talvez um passeio no carrinho de golfe fosse melhor que enfrentar o território de guerra em que sua casa se transformara.

— Acomode-se aí — Charlie disse quando Derek entrou no carrinho. — Vou lhe contar uma coisa. Não há nada como um passeio tranquilo à noite ao redor do lago. Boofer acha a mesma coisa, não é mesmo, garoto? Este cão e eu damos uma volta ao pôr do sol quase todos os dias. Passou a ser um hábito, se você entende o que quero dizer. Um carteiro estabelece uma rotina, e ela passa a fazer parte da vida dele. Nem mesmo a aposentadoria põe fim a essa rotina.

Derek recostou-se no banco, e o carrinho de golfe começou sua penosa e lenta jornada pela estreita estrada de acesso à comunidade de Deepwater Cove. Após um dia dentro da lancha, perseguindo pilotos irresponsáveis e navegando velozmente de um marco de milha a outro, o passeio parecia interminável. Charlie, porém, não estava disposto a pisar mais fundo no acelerador, por isso Derek fez o possível para relaxar os músculos.

— A lua já apareceu — Charlie disse, apontando para o arco prateado acima do lago. — Não, senhora, você não supera a beleza do reflexo do pôr do sol na água. Não há nada mais bonito, é o que eu penso. Você não concorda comigo?

— Concordo — Derek respondeu, abafando um gemido. Dependendo do turno de trabalho, ele via o pôr do sol acima do lago quase todos os dias. Fazia muito tempo que o esplendor dos tons cor-de-rosa, dourado e azul havia deixado de fasciná-lo. Era no fim da tarde e no início da noite que as festas pegavam fogo.

— A casa dos Hansens está bonita — Charlie comentou quando o carrinho de golfe passou pelo local. — Essa Brenda tem jeito para decoração. Superou todos os vizinhos no Dia da Independência. Bandeiras, faixas coloridas, coroas feitas de estrelas brilhantes. Nunca vi nada semelhante. Esther contou que Brenda chegou a plantar canteiros de flores vermelhas, brancas e azuis. Claro que ela estava certa. Esther quase sempre tem razão.

Charlie cutucou o companheiro com o cotovelo, e Derek esboçou um sorriso.

— Coisas de mulher — Derek disse. — Kim também é assim.

— E sua mãe também. Deve ser interessante morar com duas mulheres. Como consegue?

Dessa vez Derek não foi capaz de reprimir um suspiro.

— Para ser franco, a situação está um pouco tensa. Mas estamos dando um jeito.

— Miranda é muito cuidadosa com os gêmeos. Tenho visto os três nadando no lago ou indo à cidade no carro dela. Miranda contou que eles vão à biblioteca ou ao *shopping*, e que ela gosta de parar no restaurante de Bitty para comer um daqueles sanduíches enrolados californianos. Acho que os gêmeos gostam das *fajitas*, mas Miranda prefere comida vegetariana, porque está controlando o peso.

Tudo aquilo era novidade para Derek, e ele estava começando a gostar da ideia de que sua mãe aceitara a nova função e a desempenhava com competência. Se a "vovó Finley" cuidava bem das crianças, por que ela e Kim tinham tantos problemas? As duas mulheres eram simpáticas, cordiais, bondosas e generosas. Por que não encontravam uma forma de conviver em paz?

— Aqueles exercícios que ela faz no deque devem ter provocado falatório na vizinhança — Charlie contou a Derek. — Esther acha que Miranda está fazendo exercícios de alongamento para livrar-se das cãibras. Mas Kim contou-me que se trata de uma espécie de ritual oriental.

— Eu não presto muita atenção — Derek replicou. — Minha mãe sempre teve a mente aberta, disposta a tentar qualquer coisa. Esse comportamento vem da infância, da maneira como foi educada. Os pais dela também tinham pensamento liberal. Não se preocupavam muito com regras. Nunca entenderam por que eu quis ser agente da lei.

— Eram *beatniks*?[1] — Charlie quis saber. — Miranda é um pouco mais nova que Esther e eu. Deve ter sofrido as influências da década de 1960... *Hippies*, protestos contra a guerra, turma do movimento "paz e amor". Na época, eu era um carteiro que começava a constituir família, por isso perdi todas essas coisas. Mas não me arrependo, claro.

Charlie ficou calado por alguns instantes enquanto o carrinho contornava a ponta esquerda do loteamento e começava a fazer o retorno.

— Penso que isso explica o incenso.

— Está incomodando as pessoas? — Derek perguntou.

— De jeito nenhum. O pessoal apenas fica conjeturando. Não é todo dia que a gente vê uma mulher bonita se contorcendo pra lá e pra cá, ouvindo música de flauta e queimando incenso. Ou talvez seja porque, na maioria dos dias, Miranda se exercita de maiô.

— De maiô?

— Bom, ela começa com um roupão — Charlie olhou de relance para Derek e piscou. — Uma senhora muito atraente, em minha opinião. Mas algumas viúvas estão ficando nervosas com a situação, principalmente depois que Lydia contou a Esther que a avó dela adora ídolos.

— Ídolos? — dessa vez Derek sentou-se ereto no banco. — Minha mãe não adora ídolos.

— Não se preocupe. Esther acalmou as viúvas, e agora que você e eu já nos entendemos, bem, não há mais nada com que se preocupar. — Charlie desviou o carrinho de um caminhão. — O problema verdadeiro talvez seja aqui. Achei por bem mencioná-lo a você, porque, como agente da lei, deve conhecer essas situações. Claro, não tem nada a ver com água, mas...

Derek ainda visualizava sua mãe em trajes de banho e adorando ídolos quando Charlie parou o carrinho a pouca distância da menor casa de Deepwater Cove. Pegada a outra que estava à venda, a casa localizava-se na extremidade da enseada, perto dos estaleiros, da área comum e da maior parte da agitação. Provavelmente havia sido construída como pesqueiro antes de a área ser loteada e transformada numa bela comunidade. O deque coberto perdera o nivelamento, e as janelas precisavam de pintura.

— Esta casa pertence a Brad e Ashley Hanes — Charles disse pelo canto da boca, em voz baixa, como se estivesse confidenciando um grave e tenebroso segredo. — Tenho informações confiáveis de que eles não estão pagando os impostos prediais. E ouvi dizer que as prestações do financiamento estão atrasadas. O problema é deles, claro, mas o que causa preocupação é o que se passa ali, ao lado da casa.

Sob a luz do crepúsculo, Derek mal conseguiu enxergar algo parecido com um alicerce encharcado e algumas paredes sem teto.

— Eles estão construindo alguma coisa? — o patrulheiro perguntou, sem exitar.

— O jovem Brad trabalha com construção, você sabe — Charlie respondeu. — Ele contou a alguns amigos que está construindo uma garagem para seu novo caminhão. O veículo não está aqui neste momento. Brad passa as noites naquele antro de bebedeira, o Bar do Larry, esperando Ashley voltar para casa depois do expediente no clube de campo. Mas repito, é problema deles. A questão é que Ashley contou a Esther que eles estão construindo esse cômodo para ser o quarto do bebê. Ela não engravidou ainda, mas certamente espera que isso venha a acontecer. Trata-se de um segredo, claro. Ninguém sabe, a não ser Esther.

Derek fez um movimento afirmativo com a cabeça. Se os Hanes quisessem aumentar a família, isso não era da conta dele. E qual o motivo de tanto alvoroço da parte de Charlie?

— Observe que no local não há nenhuma placa de permissão para construir tal cômodo — o homem idoso continuou a falar em voz baixa. — Ninguém vai querer estragar a festa deles, mas não se pode construir nem demolir uma parede sequer em Deepwater Cove sem permissão das autoridades. Faz parte das leis municipais.

— Bem, você é o presidente do comitê responsável pelo cumprimento das leis municipais, Charlie. É melhor conversar com Brad antes que ele vá adiante com essa garagem ou quarto de bebê... ou sei lá o quê.

— O problema é que não temos certeza se podemos fazer valer as nossas leis. Elas não têm muito peso no condado, e ninguém sabe até onde vai sua jurisdição. Você tem alguma ideia?

— Há leis de zoneamento. Tenho certeza.

— Mas elas se aplicam a áreas fora dos limites urbanos de Camdenton?

Um tanto irritado, Derek passou a mão no cabelo.

— A Patrulha Aquática é responsável pelo cumprimento das leis estaduais, Charlie. Não aplicamos leis municipais ou do condado. Mas tenho certeza de que, se existe alguém capaz de descobrir quais são as leis para construção em Deepwater Cove, esse alguém é você. Você tem tempo e sabe o que fazer.

O carrinho começou a rodar novamente.

— Eu esperava que você nos desse a resposta. Mas Esther sempre diz que sua jurisdição é o lago e que talvez não soubesse responder. O homem deve ouvir o que a esposa diz.

Ambos seguiram o caminho em silêncio, quebrado apenas quando Derek espantava um pernilongo com um tapa. Aparentemente, ouvir a esposa fosse sua maior falha, ele pensou irritado. Quando chegasse em casa, explicaria a Kim onde esteve e a encontraria aborrecida. Embora tivesse tentado de todas as formas comunicar-se com a esposa sobre seu trabalho e outras questões que ela abordara, a tarefa era muito difícil. Derek não estava acostumado a conversar sobre nada além do que ele estava vivenciando. Se estivesse multando alguém por uma infração, ele explicava as leis da região do lago. Se estivesse reunido com o pessoal do departamento de homicídios, falava sobre assassinatos. Se estivesse saboreando um jantar, elogiava a refeição. O que havia de errado nisso?

— Por falar em lago — disse Charlie, que aparentemente não tinha nenhum problema em falar de qualquer assunto a qualquer hora — Esther fez um comentário maluco hoje cedo. Logo depois do café da manhã, eu estava tentando contar a ela o que planejava fazer a respeito da manutenção do carrinho de golfe, enquanto ela montava uma daquelas saladas de gelatina com *marshmallows* e frutas. Você já experimentou?

Derek assentiu com a cabeça. Já provara a salada de gelatina de Esther mais vezes do que seria capaz de contar.

— Ela não estava prestando atenção a nada do que eu dizia. Quando reclamei, ela virou-se e disse: "Charlie, a mulher é como um peixe. Se você quiser apanhá-la, precisa encontrar a isca certa, agitá-la diante dela e enrolar a linha lentamente e com cuidado". Você acredita? Esther... falando de pescaria! Ela não joga uma linha na água há vinte anos. Mas hoje à tarde, enquanto fazia alguns reparos no carrinho de golfe, pensei no assunto e concluí que Esther estava certa.

— Você sempre diz isso — Derek comentou.

— Porque na maioria das vezes ela está certa. — Charlie deu uma risadinha. — Convivi com essa mulher praticamente a vida inteira, e raramente ganho dela numa discussão. Por isso, aprendi a prestar atenção quando ela me diz alguma coisa. Por exemplo, aquela comparação com a pescaria. Logo depois de ouvir o que ela disse, senti o desejo de jantar no restaurante Boa Comida da Tia Mamie. Nas noites de sexta-feira, Mamie prepara um camarão especial, sem casca, empanado e... sei lá o que mais. Mas, quando sugeri um jantar fora de casa, Esther ficou aborrecida comigo e excessivamente nervosa. Foi então que decidi pescar... pescar minha mulher.

— Pescar Esther?

— Isso mesmo. Eu quis apanhá-la e levá-la a fazer o que eu planejava: comer um camarão especial no Mamie. Sentei-me numa cadeira na frente de Esther e fitei-a diretamente nos olhos, da maneira como examinamos uma toca de peixes antes de atirar a linha. Em seguida, joguei a isca. "Qual é o problema, Esther querida?", perguntei, com a voz mais doce que você pode imaginar. Ela mordeu a isca imediatamente. Começou a falar de tudo o que a aborrecia, e eu me mantive calado o tempo todo. Não devemos falar quando queremos pegar um peixe, você sabe disso.

Derek sabia. Sabia também que, quando Kim começava a falar de todas as coisas que a aborreciam, a última coisa que ele queria fazer era sentar-se diante dela e fitá-la nos olhos. Ao contrário, seu desejo era correr na direção oposta, o mais rápido possível. Charlie, porém, continuou a falar enquanto dirigia o carrinho de golfe na estrada enluarada.

— Enquanto Esther falava — Charlie prosseguiu — não desgrudei os olhos dela. Não disse uma só palavra. Apenas concordava com a cabeça. Eu estava louco de vontade de pegar o controle remoto e ver o jogo na TV, mas o que queria mesmo era ir ao restaurante da Tia Mamie. Mantive as mãos imóveis, como fazemos quando estamos prestes a pegar uma perca enorme. E Esther continuou a falar. Disse que havia feito aquela salada e estava magoada porque eu preferia jantar fora. Confessou que sempre se sentiu insegura a respeito de seus dotes culinários e que eu queria jantar no restaurante porque a Mamie sabia preparar um camarão melhor que o dela.

Derek tentava prestar atenção, mas começou a sentir-se um pouco sonolento. Toda aquela conversa sobre salada de gelatina e camarão o deixara faminto, e a velocidade lenta do carrinho de golfe estava prestes a deixá-lo em transe. Quanto mais Charlie falava, mais Derek visualizava Esther Moore como uma perca de boca grande. Quase podia vê-la nadando cada vez mais perto da isca de Charlie, enquanto ela falava e ele enrolava a linha, pronto para pescá-la e levá-la ao restaurante.

— Não movi um músculo sequer — Charlie continuou. — Inclinei o corpo para a frente e escutei com atenção. Ela estava falando da salada, mas, quando pegou um lenço de papel do bolso e passou-o nos olhos, comecei a entender quais eram seus sentimentos verdadeiros. Ela não estava aborrecida com o jantar no

Mamie. O fato era que a mãe de Esther não a ensinou a cozinhar, e aquilo a deixou insegura quanto a seus dotes culinários durante a vida inteira. Sabe o que eu disse? Eu disse: "Esther, você é a mulher mais maravilhosa que o Senhor fez. Sabe cozinhar melhor que sua mãe... e aprendeu sozinha. Além disso, prefiro sua salada de gelatina a todas as outras saladas do mundo. E digo o mesmo a respeito do camarão que você faz". Sabe o que Esther disse? Ela disse: "Eu o amo, Charlie. Calce os sapatos e vamos jantar no restaurante da Mamie". E foi exatamente o que fizemos.

Derek sentiu como se estivesse diante daquela perca de boca grande numa frigideira untada com manteiga e um limão cortado em rodelas. Charlie não pescara uma ida ao restaurante da Mamie. Havia fisgado o coração de sua esposa — com anzol, linha e rede.

Ao ouvir os passos de Derek na varanda, Kim decidiu interceptá-lo antes da mãe dele. Kim *precisava* convencer Derek a despachar Miranda de volta a St. Louis, se ambos quisessem ter um pouco de paz na família. As tensões haviam chegado ao limite, mas o homem no centro do furacão parecia feliz, alheio à situação. E aquilo enfurecia Kim.

Ao aproximar-se da porta da frente, Kim ouviu a voz de Derek na varanda e viu sua silhueta através da grade da janela. Ele estava agachado conversando com Lydia, que, deitada no balanço, cobria os olhos com o braço de forma dramática. Kim esticou o braço para girar a maçaneta, mas se deteve ao ouvir a voz de Derek.

— Qual é o problema, Lydia querida? — ele perguntou pousando a mão no braço do balanço.

Fazia tanto tempo que Kim não ouvia um tom gentil na voz do marido que ela não conseguiu mover-se no *hall* escuro. Por um momento, nenhum deles falou. De repente, Lydia disse fungando:

— Odeio esta família.

Derek afastou-se um pouco e sentou-se na cadeira de balanço de vime perto de Lydia.

— Você odeia esta família? — ele repetiu. — Você me odeia, odeia Luke, odeia sua mãe e a vovó Finley? Ou ainda gosta de um de nós?

— Gosto de Luke — Lydia respondeu. — Gosto da mamãe também, mas ela anda muito mal-humorada.

— Hummm... — A cadeira rangeu um pouco quando Derek começou a balançá-la para a frente e para trás.

Kim acomodou-se numa cadeira perto da porta, de onde podia ver a silhueta dos dois e ouvir a conversa do marido com a filha através da janela. Por um motivo desconhecido, aquele momento parecia mágico — ouvir a filha e o marido conversando. A voz dele era forte e máscula; a dela, fraca e quase tímida. Embora falasse com agressividade, Lydia parecia frágil e receosa. Kim perguntou a si mesma se Derek tinha ideia de como a garota estava sensível, beirando a adolescência, querendo descobrir sua identidade, insegura quanto ao futuro. Kim lembrou-se do tempo em que se sentia muito semelhante a Lydia, porém sabia que Derek não tinha ideia do que fazer com aquele novelo emaranhado de confusão, medo e esperança.

— A vovó Finley é gente boa — Lydia contou a ele — mas esquisita. Você me entende? Ela montou aquele altar no deque. Os vizinhos sentem o cheiro do incenso... E ela usa maiô para fazer o *tai chi*.

— Pensei que ela usasse um roupão também.

— Ela tira o roupão! — Lydia disse choramingando. — Sinto vergonha. Tenho vontade de morrer. Se a mamãe usasse uma coisa parecida, eu ia querer matá-la.

— *Morrer*. *Matar*. Palavras fortes. Você pensa muito na morte, criança?

— E quem não pensa? Bom, ela é sua mãe, Derek. Não sente vergonha dela? Você precisava ter visto a *pizza* que ela tentou fazer esta noite. Cheia de queijo parmesão, espinafre e matinhos esquisitos. Sua mãe é estranha. Não sei como você é normal. — Lydia calou-se por um instante. — Mas não quero que ela vá embora. E também não quero que ela *morra*. Nem você. Nem Luke.

— Ah, sim. Claro, eu sei. — Derek deu novo impulso à cadeira de balanço.

— É assim que as coisas estão aqui. Como se tudo estivesse desabando e morrendo. Já passamos por isso, Luke e eu, quando a mamãe e o papai se divorciaram. Não me importo que você seja meu padrasto, mas odiei quando eles se separaram. Ele não era o melhor pai do mundo, mas era tudo o que a gente tinha. E depois tivemos de morar naquele abrigo horroroso. E depois naquela casa caindo aos pedaços, cheia de goteiras. Aí você apareceu.

— É, eu apareci depois.

Kim percebeu que Derek não dizia quase nada, mas, por um motivo ou outro, Lydia decidira se abrir com ele. Calmamente. Agora ela estava sentada, com os braços ao redor da corrente que sustentava o balanço. Sentado na cadeira, Derek inclinou o corpo para a frente e apoiou os cotovelos nos joelhos. Olhava para Lydia, concordando silenciosamente enquanto ela falava. A intensidade da concentração dele chegou quase a assustar Kim. Ela nunca vira o marido concentrado daquela forma.

— Tudo bem que você é nosso padrasto — Lydia admitiu. — Mas por que teve de convidar a vovó Finley para morar aqui? Estávamos indo bem sem ela. Todas as vezes que olho para a vovó Finley lembro que ela está aqui conosco para que Luke não morra. E isso me incomoda. Luke sabe cuidar dele próprio, e, se não souber, estou aqui para ajudar. Lembro o que aconteceu no feriado, e foi bom a vovó Finley ter trazido tão rápido o *kit* de insulina de Luke. Mas as coisas estão muito confusas aqui. Quem manda? Quero saber se a vovó Finley vai ficar morando aqui para sempre, ou se vai voltar para St. Louis. Parece que a situação nunca vai voltar ao normal. Primeiro perdemos o papai, depois encontramos você e agora temos a vovó Finley... mas podemos perder Luke. E a vovó Finley poderá ir embora. Ou ficar. E você e a mamãe andam discutindo. De repente vocês se divorciam como ela fez com o papai, e você vai embora. Não confio em ninguém desta família. Odeio todo mundo.

— Puxa! — Derek havia parado de balançar. —Você odeia mesmo esta família.

— Não, eu não *odeio*. Você é muito bobo, Derek. Amo esta família, mas como a gente pode amar alguma coisa se não pode contar com ela? De repente tudo pode ir embora, morrer e explodir. É horrível. Não aguento mais.

A essa altura, Lydia começou a chorar baixinho, e Kim mal podia suportar ver a filha sofrer tanto. Mas, assim que se levantou para entrar na varanda, ela viu Derek esticar a mão na direção de Lydia.

— Venha aqui, pequena — ele a chamou com um gesto. — Sente-se um pouco aqui.

Enquanto ele falava, Lydia levantou-se do balanço e aninhou-se no colo dele como fazia quando era mais nova.

Derek abraçou-a e começou a balançar a cadeira.

— Ouça, queridinha — ele disse em voz baixa. — Não vou abandonar esta família. Não vou me divorciar de sua mãe. Não vou decepcionar você e Luke. De jeito nenhum. De maneira nenhuma. Entendeu?

— Hã, hã — Lydia disse soluçando, como se tivesse voltado a ser bebê. — E se a mamãe se divorciar de você?

— Ela não vai. Não vou permitir. E fim de papo. Quanto à vovó Finley... Bem, agora que você mencionou aquele fato, também acho que ela é um pouco esquisita. Mas estou acostumado, porque ela sempre foi assim. Você também vai se acostumar. Sua avó e sua mãe vão ter de encontrar uma forma de conviver em paz, porque nenhuma delas vai embora. Ainda não conversei com sua mãe sobre esse assunto, por isso não dê com a língua nos dentes.

O quê? Kim não podia acreditar no que acabara de ouvir. Ainda não haviam discutido o assunto? Ela não havia sido perfeitamente clara? Miranda tinha de ir embora! E Derek dizia que ela ia ficar. Além disso, pediu a Lydia que não revelasse o segredo à mãe dela.

Enquanto sua raiva aumentava, ela viu Lydia aconchegar-se a Derek.

— Não vou contar a ninguém — ela disse.

— E quanto a Luke, você está certa. Ele é esperto e vai tirar de letra esse tal de diabetes. E mais, ele tem você para ajudá-lo. E aqui estamos nós. Uma família. Um pouco estressada, um pouco esquisita, às vezes triste ou zangada, mas unida. É assim que somos.

Lydia fungou. Kim viu os braços magros da filha ao redor do pescoço de Derek e a cabeça de cabelos escuros encostada no ombro dele.

— Você promete? — Lydia perguntou.

— Prometo.

— Espero que... — ela prendeu a respiração.

— Não, eu não vou morrer. Quero ter uma vida longa, ver você e Luke crescerem, ser um bom marido para sua mãe e carregar seus bebês como estou fazendo com você agora. Que tal?

— Joia! — Lydia disse.

Ainda no *hall*, Kim encostou a cabeça na parede e assentiu com a cabeça. Não era perfeito. Não era aceitável. Mas, naquele momento, era razoavelmente bom.

13

Agosto chegou ao estado de Missouri com o calor de sempre. Patsy estava atarefada cortando bem curto o cabelo das clientes em razão do calor e da umidade. Elas entravam no salão trajando *shorts* e regatas. Todas queriam cuidar dos pés, porque nessa época o uso de sandálias de tira ou de dedo era imprescindível. Elas exalavam bronzeador ou óleo de bebê. Algumas clientes chegavam ao salão transpirando e desanimadas, mas, graças a Patsy, saíam dali com os cabelos macios, limpos e cheios de vida. Patsy acrescentara três sabores de chá gelado ao cardápio da sala de chá, que se tornaram um sucesso. Ela mal tinha tempo de repor as mercadorias.

Na verdade, a vida parecia boa em toda a região. O restaurante Pop-In, de Bitty Sondheim, vizinho ao salão de beleza, vivia lotado de turistas comprando omeletes e sanduíches californianos para levar ao lago. Depois de fazer as pazes com Pete, Patsy voltara a frequentar a Rods-N-Ends para tomar uma vaca-preta e, de vez em quando, saborear um cachorro-quente enquanto conversava com Pete do outro lado do balcão.

Os negócios dele iam de vento em popa. O povo abastecia lá seus carros, *trailers*, barcos e *jet skis*. A loja também vendia artigos de pesca. As minhocas e as iscas vivas da Rods-N-Ends tinham a fama de ser as mais saudáveis e mais carnudas da região, e Pete, claro, era generoso ao vendê-las. Se pedissem uma dúzia, quase sempre levavam quinze ou vinte.

O quiropraxista e salão de tatuagem na mesma rua estavam lucrando com seu comércio. Os turistas acabavam dando um mau jeito dentro da água, e precisavam visitar o quiropraxista para colocar a coluna no lugar. E jovens despreocupados ou irrequietos gostavam de ir ao salão de tatuagem em grupos de três ou quatro. Patsy sabia que eles escolheriam palavras ou desenhos dos quais se arrependeriam mais tarde, e tatuavam partes do corpo que se tornariam flácidas e horríveis. Mas ela entendia. Para desafiar um grupo de amigas, ela havia tatuado uma pequena joaninha nas costas, perto do ombro, quando tinha 16 anos. Hoje, dependendo de seu humor, de vez em quando ela usava uma camiseta de alças finas para exibir a tatuagem.

Quando o pessoal do Clube dos Amantes de Chá começou a entrar no salão naquela tarde de quarta-feira, Patsy não lembrou de nenhum assunto importante que Esther Moore pudesse ter incluído em sua pauta. Talvez o grupo conseguisse conversar em paz pela primeira vez. E Patsy havia apressado a saída da última cliente para ter tempo suficiente de participar do início da reunião.

— Acho que devemos providenciar mais água quente — Cody sugeriu. Ele estava enchendo a grande vasilha de alumínio enquanto Patsy verificava o estoque de doces. — Alguém vai querer chá verdadeiro — ele explicou. — Com leite e açúcar. E esse alguém pode ser eu.

— Você não gosta de chá gelado, Cody? — Patsy perguntou.

— O meu papai não tinha geladeira, nem garrafa térmica, nem nada parecido. Por isso eu prefiro... *infusões*... quentes. É assim que se diz?

— Claro. *Infusões*. Palavra elegante.

— Estou aumentando meu vocabulário. Brenda acha uma boa ideia, e eu também. Só para você saber, já consigo ler como um aluno da quinta série. Leitura oral e compreensão. Os dois.

Patsy deu-lhe um grande abraço.

— Estou muito orgulhosa de você, Cody.

Pouco tempo atrás, Cody não conseguia ler uma só palavra. Brenda Hansen contara a Patsy sobre sua frustração de tentar lhe ensinar, e estava a ponto de desistir. Mas, de repente, houve um estalo, e Cody começou a entender as letras e a formação das palavras. Recentemente, Patsy notara Cody examinando as revistas na sala de espera. Antes, ele olhava as ilustrações na tentativa de encontrar ideias para seu mural. Agora, já devia saber ler o texto.

— Quinta série? — ela perguntou. — Não está brincando?

— Por que eu brincaria com minhas aulas de leitura? — Cody retrucou. — É difícil aprender a ler. Estou me esforçando muito, e agora estou lendo *Meu lado da montanha*, um livro escrito por Jean Craighead George. E sabe de uma coisa? O garoto desse livro é parecido comigo. Mora na floresta, como eu morei. É por isso que gosto de ler. A leitura faz você pensar em si mesmo e descobrir as coisas. Eu nunca tive um falcão chamado Horripilante. Essa parte é diferente. Também levei uma surra de alguns homens que não gostavam de mim. Isso não aconteceu com Sam. Ele gosta de morar sozinho na mata, mas eu gosto de morar em Deepwater Cove, com muita gente em volta de mim.

— Nós também gostamos que você more aqui. — Patsy observou Cody colocando a vasilha de água para ferver. — A bem da verdade, acho que também vou querer uma xícara de chá quente.

— Inglês ou indiano? — ele perguntou.

— O último.

Cody encarou-a.

— Não há nenhuma fila aqui, Patsy. Não há nenhum último, a não ser eu.

Ela abriu a boca para explicar, mas decidiu deixar o trabalho a cargo de Brenda.

— O indiano, por favor, Cody. E vou colocar uma rodela de limão dentro. Terei que colocar mais açúcar, mas Pete gosta de mim como eu sou: macia como uma maçã.

— Eu sei. Você e Pete são amigos. — Cody inclinou o corpo. — Acho que Jennifer Hansen é bonita. Brenda disse que ela vai vir à reunião do CAC hoje. Você acha que eu sou o rapaz mais bonito do mundo?

Patsy sorriu.

— Claro que sim, querido. Desde o dia em que fizemos aquela limpeza, você está cada vez mais bonito. Mas Brenda disse que Jennifer já começou a fazer um curso para missionários no Centro de Treinamento para Tribos Desconhecidas, perto de Camdenton. Espero que você não continue com essa ideia de se casar com ela.

— Continuo, sim. — Cody mexeu o chá de maneira solene. — E muito. Mas não diga nada a Jennifer quando ela vier à reunião. Ela acha que somos só amigos, como você e Pete, e não sabe que eu a amo como se fosse minha esposa. Também não sabe que vai se casar comigo. Isso só vai acontecer depois.

— Entendo.

Enquanto Patsy assimilava as palavras de Cody, a ideia de uma reunião festiva com as outras mulheres do Clube transformou-se em nó na boca do estômago. Aquele amor infantil de Cody por Jennifer poderia vir a ser um problema verdadeiro. A comunidade entendia que o rapaz era fora do comum, benquisto por todos. Era sempre prestativo, bondoso, animado e sincero.

No entanto, Cody não via a vida da mesma forma que a maioria das pessoas. Olhava o mundo por um ângulo diferente, como se tivesse pegado emprestado os olhos e o cérebro de outra criatura. Em geral, era preciso de muita paciência para lidar com Cody. As pessoas nem sempre tinham paciência de sobra. A própria Patsy havia sido ríspida com ele algumas vezes. Apesar de sentir-se mal depois, ela não conseguia conter-se. Mas Cody sempre a perdoava imediatamente.

— Você pegou a última rodela de limão — ele disse a Patsy. — Isso vai contra as regras da etiqueta, Patsy, mas tudo bem. Ninguém vai saber, a não ser eu, e não vou dedar você. Veja, Kim Finley e Miranda Finley estão chegando. Elas não brigaram hoje, porque as duas estão sorrindo. E aí vem Esther Moore. Ela deveria ter trazido Charlie. Assim haveria dois homens no CAC. Ah, rapaz, é o carro de Brenda! Veja, ela chegou! Ela não é linda?

Patsy movimentou a cabeça afirmativamente e sentou-se numa cadeira. Sabia que Cody não estava falando de Brenda, embora ela fosse uma mulher encantadora. Cody tinha os olhos fixos na filha de Brenda. Quando Jennifer Hansen entrou no salão, Patsy viu que ela deixara os longos cabelos loiros soltos sobre os ombros e usava uma camiseta simples, *short* cáqui e sandálias comuns. Ao contrário da irmã, Jennifer nunca era recebida com festa quando voltava à cidade e nunca foi o centro das atenções no colégio de Camdenton. Era tranquila, estudiosa e doce como mel.

Com um péssimo pressentimento, Patsy viu o rosto da moça iluminar-se ao avistar Cody. Ele acenou para a moça com ansiedade e apontou uma cadeira vazia a seu lado. Jennifer disse alguma coisa em voz baixa para a mãe, uma confidência de mulher para mulher que deixou Patsy ainda mais inquieta. Embora Jennifer gostasse sinceramente de Cody — o que Patsy esperava ser verdade —, ele se abateria quando suas aspirações românticas fossem por água abaixo.

— Oi, Cody — Jennifer disse com entusiasmo. Ela sentou-se na cadeira que Cody indicara, enquanto ele se levantava desajeitadamente para ajudá-la a se acomodar. — Oi, Patsy. O salão está maravilhoso. Você está atraindo muita gente para cá neste verão.

— Não me diga que vai querer cortar esses lindos cabelos — Patsy observou. — Eu não faria isso.

Jennifer deu uma risadinha.

— Ah, não se preocupe. Posso prendê-los no alto da cabeça se o tempo esquentar demais. É fácil.

Infelizmente, aquele comentário levou-a a fazer uma demonstração, o que chamou a atenção de Cody como uma mariposa atraída por uma lâmpada acesa. Ele abriu a boca literalmente quando Jennifer ajuntou os cabelos soltos sobre os ombros, enrolou-os no dedo indicador, tirou um clipe do bolso e prendeu o rolo na parte posterior da cabeça com muita habilidade. Patsy, porém, sabia que Cody não estava admirando a destreza da moça. Aqueles olhos azuis e brilhantes não desgrudavam do rosto e do pescoço de Jennifer... e um pouco mais abaixo.

— Puxa! — ele disse.

Jennifer encolheu os ombros.

— É fácil, Cody. Faço isso desde criança. Foi Patsy quem me ensinou. Eu também fazia o mesmo com o cabelo de minha irmãzinha o tempo todo.

— Eu me lembro — Patsy disse. — E agora você é adulta e vai ser missionária.

— Missionária? — Miranda Finley dera um jeito de conseguir um par de cadeiras perto da mesa para ela e Kim. — Uma moça tão bonita como você? Que pena! Mas suponho que esteja determinada.

Jennifer sorriu.

— Claro que sim. Tenho orado para saber aonde devo ir. Adorei minha viagem missionária à África, mas estou pensando cada vez mais em ir a Nova Guiné.

— Não quero desanimá-la, querida, mas não lhe ocorreu que o povo de Nova Guiné já deve ter uma boa religião?

— Algumas pessoas de lá conhecem Cristo, mas ainda há muitas tribos que não foram alcançadas.

— Nunca entendi por que os cristãos são tão determinados a impor sua religião aos outros — Miranda disse. — Entendo que você esteja muito entusiasmada com sua crença, Jennifer, mas posso garantir-lhe que os hindus são felizes à moda deles. Da mesma forma que os muçulmanos. Você vai encontrar muito fervor pelo islamismo no mundo árabe, claro. Não tenho dúvida de que essas tribos que você vai visitar têm uma religião que também é adequada para eles. Em minha opinião, todos os caminhos levam a Deus.

Kim suspirou.

— Sim, Miranda, nós já sabemos sua opinião. Tenho certeza de que todos aqui já viram o Buda e você no deque.

Ao ouvir essas palavras, Miranda calou-se. Mas não por muito tempo.

— Bom, pelo menos sou tolerante e deixo as pessoas adorarem o que quiserem. Não ando por aí tentando convencer o povo a aceitar minha fé. Aceito *todos* os ensinamentos de *todas* as religiões.

— Menos o cristianismo — Jennifer salientou.

Todos à mesa viraram-se para encarar a jovem que acabara de falar. O semblante de Brenda Hansen anuviou-se, e ela olhou de relance para Kim. Evidentemente as duas mulheres entenderam que haveria uma discussão à mesa e problemas pela frente.

— O que você quer dizer com isso, Jennifer? — Miranda perguntou com suavidade. — Claro que aceito o cristianismo. É um caminho perfeitamente válido que leva a Deus como todos os outros. Como pode dizer que não aceito as doutrinas do cristianismo?

— Cristo insistiu em que há um só caminho que conduz a Deus. Ele disse: "Ninguém vem ao Pai, a não ser por mim".

— João 14.6 — Cody interrompeu. — Está na Bíblia. Sei esse capítulo inteiro de cor.

— Sério? — Jennifer analisou o rapaz por um momento, como se estivesse absorvendo e digerindo a informação. Em seguida, voltou-se para Miranda. — Se você concorda com Jesus, que ele é o único caminho que conduz a Deus, não pode aceitar todas as religiões.

Miranda sacudiu a cabeça e suspirou fundo. Tomou um gole de chá, fez um comentário sobre seu aroma delicioso e voltou a falar com Jennifer.

— Pode ter certeza de que aceito todos os ensinamentos de Jesus e os considero válidos. Claro que ele acreditava ser o único caminho que conduz a Deus. Maomé e Buda também acreditavam. Esses três homens tiveram revelações espirituais profundas e ensinaram verdades valiosas para iluminar nossa jornada até descobrirmos quem somos. Prefiro aceitar todos eles.

— Todos, *menos* Jesus.

Brenda pousou a mão no braço da filha.

— Jennifer, vamos mudar de assunto. Que tal você contar nossa novidade? Você sabe... Sobre sua irmã.

— Jessica vai se casar — Jennifer disse em voz baixa, e continuou depois de um suspiro. — Sra. Finley, Jesus instruiu seus seguidores a ir por todo o mundo e fazer discípulos de todas as nações. Quando a senhora ou qualquer outra pessoa quer negar ao cristão o direito de evangelizar as pessoas, está negando o direito de praticar nossa religião. E isso se chama discriminação.

— Bem, mas eu...

— Se a senhora aceitasse de fato o cristianismo, não faria objeções a meu desejo de ensinar minha religião ao povo de Nova Guiné, porque entenderia que a evangelização é parte essencial do cristianismo. Cristo foi muito claro a respeito disso.

Todos à mesa ficaram em silêncio por alguns instantes. De repente, Cody começou a aplaudir.

— Muito bom, Jennifer! Foi um discurso longo sobre Jesus. Gostei. Achei bom. Você é a melhor cristã que conheço.

Durante o tempo todo em que Cody falava, Patsy tentou de todas as maneiras pensar em algo para dizer que desviasse o foco da conversa sobre religião. Mas a verdade era que Patsy gostou do que Jennifer disse, e admirou a maneira como a moça falou, sem o mínimo de hesitação. Portanto, em vez de perguntar sobre o casamento de Jessica, ela repercutiu as palavras de Cody.

— Com certeza você vai ser uma ótima missionária, querida — ela disse a Jennifer. — Não me lembro da última vez que ouvi alguém falar com tanta convicção, a não ser de um pregador. Não é de admirar que você vá viajar pelo mundo. Duvido que alguém consiga mantê-la aqui em Deepwater Cove.

— Mas Deepwater Cove tem muita gente que precisa de missionários — Cody interpelou. — Pessoas como a sra. Finley, que dança no deque de maiô. Ela adora ídolos, e não aceita os Dez Mandamentos, por isso precisa, sim, de um missionário. Ele virou-se para Miranda. — A senhora deveria ir à igreja conosco para ver como é lá. Se for, a senhora vai saber que, um dia, os ídolos serão completamente abolidos. "Os homens fugirão para as cavernas das rochas e para os buracos da terra, por causa do terror que vem do SENHOR e do esplendor da sua majestade, quando ele se levantar para sacudir a terra. Naquele dia os homens atirarão aos ratos e aos morcegos os ídolos de prata e os ídolos de ouro, que fizeram para adorar. Fugirão para as cavernas das rochas e para as brechas dos penhascos, por causa do terror que vem do SENHOR e do esplendor da sua majestade, quando ele se levantar para sacudir a terra." Isaías 2.19-21. Certo, Jennifer?

Todos os olhos voltaram-se para a moça, que tinha o olhar fixo no outro lado da sala, com expressão de estranheza no rosto.

— Patsy, por que há cinco retratos meus em sua parede? — ela perguntou apontando para o mural de Cody. — Bem ali. Cinco. Sou eu, não?

Cody deu um sorriso malicioso.

— Fui eu quem pintou. Desenhei mulheres bonitas na parede para mostrar os vários penteados.

Jennifer olhou para ele.

— Mas todos os rostos se parecem com o meu. Não parecem? Alguém mais está vendo?

Graças aos céus, naquele exato momento, Esther levantou-se e começou a bater com a colherinha na xícara de vidro.

— Senhoras, senhoras — ela disse em voz alta antes de Cody assobiar para pedir silêncio. Em seguida, ela olhou radiante para o rapaz. — Senhoras *e cavalheiro*, bem-vindos à reunião do Clube dos Amantes de Chá. Estamos emocionados por ter um número tão grande de participantes nesta tarde quente. Antes de retornarmos ao chá e às conversas, quero recapitular nossos assuntos anteriores e mencionar alguns novos.

Esther tirou um pequeno caderno da bolsa, e Patsy aproveitou a oportunidade para correr os olhos ao redor da mesa. Não era uma cena confortável. Jennifer olhava fixamente para as pinturas na parede do salão. Miranda não tirava os olhos de Jennifer. Kim olhava para Miranda com o cenho franzido. Brenda observava Cody. E Cody estava devorando a última rodela de limão de Patsy.

— Não há muita coisa para falar dos assuntos anteriores — Esther disse. — Até agora não temos o que reclamar deste verão. Todos os jardins estão lindos, e devemos reconhecer o trabalho de Brenda Hansen, que plantou flores vermelhas brancas e azuis para homenagear nosso grande país. E, conforme eu disse, o churrasco do Dia da Independência foi um evento espetacular. As áreas comuns e as ruas foram enfeitadas com quase cem bandeirinhas doadas generosamente por Ashley Hanes, por cortesia do clube de campo. Opal preparou um prato em camadas e várias tortas de maçã, que agradaram a todos. O número de saladas e acompanhamentos foi tão grande que não conseguimos dar conta de tudo. A carne de porco estava deliciosa, e todos se divertiram muito. Bem... acho que já mencionamos tudo. Alguém tem algum comentário a fazer sobre os assuntos anteriores?

Ninguém se apresentou, portanto Esther prosseguiu.

— Agora vamos falar dos assuntos novos. Proponho uma nova confraternização em Deepwater Cove no feriado do Dia do Trabalho.[1] Que tal domingo após o culto? O tempo ainda estará agradável para as crianças nadarem, e poderíamos incluir um concurso de pescaria no embarcadouro. Pensei num passeio de carroça enfeitada com feno ou palha, mas Charlie disse que ainda é muito cedo para isso. Nossa intenção é homenagear os trabalhadores de nossa comunidade, por isso pensei também num desfile.

— Brad não participaria de um desfile nem que fosse para salvar a vida dele — Ashley disse. — Eu também não sou fã disso. Você e Steve participariam de um desfile, Brenda?

— Duvido que Steve ache isso divertido — Brenda disse a respeito de seu marido, o corretor imobiliário. — Talvez o churrasco, o concurso de pescaria e natação sejam suficientes, Esther.

A presidente autonomeada do CAC cruzou as mãos e olhou para seu caderno.

— Bom, se vocês pensam assim... — ela disse, quase sem voz. — Sempre gostei de desfiles.

— Aquiles? — Opal interpelou. — Há algum Aquiles aqui? Não ouvi quando ele chegou.

Patsy sabia que todos pensavam a mesma coisa. Opal não ouviria a chegada de ninguém, mesmo que fosse anunciada com trombeta.

— Tenho uma novidade para contar — Brenda disse. — Jessica, minha caçula, acabou de ficar noiva. Eles ainda não marcaram a data do casamento, mas todos vocês estão convidados.

— Parabéns! — várias mulheres disseram.

— Jessica é muito bonita — comentaram. — Parecida com a irmã.

— Não é de admirar que um rapaz tenha arrebatado o coração dela — outra pessoa comentou.

— Eu gostaria de apresentar um assunto novo — Miranda disse, levantando-se tão repentinamente que a mesa balançou, fazendo o chá espirrar da xícara de porcelana. — Esther, você me concede a palavra?

— Claro, Miranda. Adoraríamos ouvir o que você tem a nos dizer.

Enquanto o coração de todos batia acelerado, Patsy receou que Miranda tivesse a intenção de expor sua teoria de que todos os caminhos levam a Deus. Ou talvez quisesse defender sua decisão de colocar a imagem de Buda no deque dos Finleys. Ela, porém sorriu amigavelmente e virou-se para a mesa onde estivera sentada.

— Cody — Miranda disse, com ternura. — Quero comunicar que encontrei sua tia.

Os participantes da reunião suspiraram em conjunto. Em seguida, todos mergulharam em silêncio. Cody olhava para a frente, sem fitar ninguém, piscando sem parar.

Finalmente, Miranda voltou a falar.

— Marylou Annette Goss mora no oeste do estado de Kansas. Ela é irmã de seu pai. Conversei com ela por telefone, Cody. Muito tempó atrás, antes de você nascer, seu pai afastou-se da família e nunca mais teve contato com ela. Sua tia Marylou não tinha ideia do paradeiro de seu pai.

Patsy pegou a mão de Cody por baixo da mesa e segurou-a entre as dela. Ao ver que ele continuava imóvel, ela deu um leve aperto na mão dele.

— A surpresa foi grande demais, não, doçura? — ela cochichou. — E então? A sra. Finley encontrou sua tia, da maneira que você desejava.

— Eu sei — ele replicou. — Ouvi o que ela disse.

Miranda sorriu.

— Proponho que os membros do Clube dos Amantes de Chá façam uma vaquinha para comprar uma passagem de ônibus para Cody. Aliás, já verifiquei isso. Posso colocá-lo no ônibus em St. Louis, e a tia dele o pegará em Garden City, Kansas. De lá, ela o levará de carro até cidade onde mora, na divisa com o Colorado. — Miranda sorriu para todos e voltou a sentar-se.

Patsy passou o braço ao redor dos ombros de Cody.

— Pelo jeito, Miranda, você revirou muita coisa para encontrar a família de Cody. Penso que a tia dele deve estar muito ansiosa para conhecê-lo.

Miranda tomou um gole de chá.

— Claro. Ela nem sabia da existência do sobrinho. Tenho certeza de que vai gostar dele tanto quanto nós.

— Pode ser que não, se ela descobrir que sou meio burro — Cody disse.

Jennifer encostou o corpo no dele.

— De jeito nenhum, Cody! Você acabou de recitar um trecho da Bíblia que a maioria de nós jamais conseguiria decorar.

— Sua tia Marylou não sabia que seus pais haviam morrido — Miranda continuou a falar. — O sr. Goss não teve contato com a família depois da morte da mãe de Cody. Deve simplesmente ter decidido desaparecer com o filho.

— Fomos a muitos lugares — Cody acrescentou.

— Marylou contou-me que sempre quis saber do paradeiro do irmão.

Decidindo que era hora de mudar de assunto, Patsy deu um leve abraço em Cody.

— Puxa! Minha xícara está completamente vazia. Cody, querido, você poderia providenciar mais chá para mim?

Ele olhou ao redor da mesa, fixou os olhos azuis em Jennifer por um momento antes de levantar-se e dirigiu-se à vasilha com água fervente.

Quando Miranda se virou para Esther, Patsy notou que os olhos de Esther estavam cheios de lágrimas. Ela colocou o caderno na bolsa, pegou um lenço de papel, enxugou os olhos e fez um movimento afirmativo com a cabeça.

— Essa ideia é maravilhosa — ela disse, fungando alto. — Se a tia de Cody quiser que ele fique com ela... e se Cody quiser ficar com a família dele... bem... então... — ela engoliu em seco. — Bem, vamos nos esforçar para fazer uma festa de despedida inesquecível.

14

— **Onde estão as velas?** — Kim vasculhava uma gaveta na cozinha, com o cenho franzido. — Eu sempre tenho um bom estoque de velas de aniversário à mão.

— Na despensa! — Miranda disse em voz alta, atravessando apressada a cozinha com uma tigela de pipoca sabor queijo na mão. — Reorganizei os utensílios de forno para você, Kim. Espero que não se importe, mas aquela gaveta onde você guardava as velas estava uma bagunça. Coloquei tudo dentro de um lindo cesto de vime na última prateleira.

Kim rangeu os dentes e correu à despensa. Não, ela não se zangaria. Não naquele dia especial. Dia de aniversário. Dia de festa, de agradecimento e de agradáveis despedidas. Kim tinha todos os motivos para sorrir. Celebrariam o aniversário de 11 anos dos gêmeos, e a partida de Cody a Kansas, onde encontraria sua tia desconhecida. Kim decidira concentrar-se nas bênçãos, não em infortúnios.

A verdade era que Miranda continuava a morar na casa dos Finleys e, pelo jeito, para sempre. Derek não pronunciara uma só palavra a respeito do plano que confidenciou a Lydia aquela noite na varanda. Portanto, Kim dizia a si mesma que não sabia "oficialmente" que sua sogra não partiria quando as aulas começassem. Decidira guardar os pensamentos para si a fim de manter a paz no lar, reprimindo a mágoa e a ira causadas pela decisão de Derek — e sua recusa de dialogar com ela.

Ao pensar na própria infância, Kim tinha poucas lembranças boas para agradecer, mas uma delas era a facilidade de adaptar-se a situações. Era quase impossível contar as vezes que sua mãe se mudou com a família de uma cidade para outra, de uma casa para um apartamento, de um homem para outro. As pessoas entravam e saíam da vida deles o tempo todo, e Kim compreendeu a angústia que Lydia expressara a Derek na varanda. Uma família fragmentada e em constante mudança era capaz de instabilizar e assustar as crianças. Kim sabia disso muito bem, e não queria envolver os gêmeos em situações mais aflitivas do que já haviam enfrentado. Mas a dificuldade que encontrou na vida ensinou-a a se adaptar, a extrair o melhor de cada situação, a enxergar bênçãos. E era isso o que faria para proteger sua preciosa família.

No momento em que ouviu as passadas firmes dos gêmeos na cozinha, Kim encontrou as velas de aniversário dentro de um cesto na despensa. Dez minutos antes, ela pedira a Luke e Lydia que fossem buscar Cody na casa de Charlie e Esther Moore — um artifício para manter os gêmeos barulhentos fora da cozinha —, mas eles já estavam de volta.

— Onze! — ela disse, espetando as velas no bolo ao ver os gêmeos entrando intempestivamente na cozinha. — Onze anos. Parabéns, Luke e Lydia!

Lydia começou a dançar pela cozinha, e Luke pulava sem parar.

— Espero ganhar um *skate*. Espero ganhar um *skate* — Luke cantarolou.

— Quanto tempo vai demorar para o pessoal chegar? — Lydia perguntou. — Não aguento mais esperar!

— A qualquer momento. Onde está Cody?

— No deque com o sr. e a sra. Moore. Eles vieram atrás de nós, no carrinho de golfe.

— Ótimo! Luke, sei que você está atento aos carboidratos. Já verificou o nível de açúcar no sangue?

— Já, e está tudo bem, por isso posso comer bolo e sorvete.

Kim sorriu com orgulho.

— Eu sabia que você faria isso. Muito bem, crianças, corram e abram a porta da frente para a entrada dos outros convidados.

— Você fez um bolo em forma de onze, mamãe! — Lydia exultou antes de correr atrás do irmão. — Você viu, Luke? Temos 11 anos! Temos 11 anos!

Kim não conseguia negar o prazer que sentia por ter feito um *onze* enorme com duas receitas de bolo de chocolate. Todos os anos, desde o primeiro aniversário dos gêmeos, ela fazia um bolo no formato da idade deles. Esse ano, os dois bolos cobertos com chocolate derretido e salpicado com nozes eram grandes o suficiente para ser servidos a todos os amigos das crianças e a Cody também. Seria um grupo grande, mas Kim estava preparada.

— A mesa no deque está arrumada e pronta para receber os convidados — Miranda anunciou ao entrar de volta na cozinha com passos macios. — Vejam os carros chegando! Onde está meu filho? Ele já deveria ter chegado.

— Derek quase sempre recebe telefonemas ou papelada de última hora. Ele vai chegar logo.

— Papelada? O que pode ser mais importante que a família dele? Principalmente num dia de aniversário! Eu dizia a mesma coisa ao pai dele. Família em primeiro lugar. Eric estava sempre fora, fotografando em safáris. Mas, quando ele voltava para casa, eu deixava claro que sua esposa e o filho eram prioridade máxima.

Kim tirou duas embalagens de sorvete do *freezer*, um deles sem adição de açúcar, e colocou-as no balcão.

— Eu não sabia que Eric viajava tanto.

— Ah, sim. Para fotografar a cordilheira do Himalaia no Tibete, um vulcão no Havaí, o Grande Vale do Rift na África. Viagens de uma semana. Outras duravam meses. Não sei como Derek reconhecia o pai quando ele voltava para casa. Se eu soubesse que casar com um fotógrafo internacionalmente reconhecido faria de mim uma mãe solteira, bem... teria casado com ele da mesma forma.

Kim riu, para surpresa dela própria. Dessa vez o riso saiu naturalmente, não forçado, como ela costumava fazer para ser simpática à sogra. Miranda raramente falava do pai de Derek ou do filho. Era revigorante ver a sogra tão animada e ansiosa por conversar.

— Você sabia que a gente se casa por motivos tolos demais? — Miranda disse enquanto abria uma embalagem de batatas fritas e as despejava numa tigela grande. — Ah, Eric Finley era muito bonito! Cabelos encaracolados, olhos azuis-acinzentados e personalidade maravilhosa. Se eu tivesse pensado duas vezes, teria entendido que aquela pele bronzeada e todos aqueles músculos eram resultado de caminhadas a pé pelas montanhas e pelos desertos. Mas, para mim, ele era sensacional. Muito romântico. E fotógrafo também!

— Pelo jeito, ele era muito bonito — Kim comentou.

— Lindo de morrer. Em meus sonhos de contos de fadas, Eric e eu viajaríamos juntos pelo mundo, pedindo carona de uma aventura a outra. Então, casamos e engravidei, ou melhor, engravidei e casamos, e ele partiu sem mim. As revistas para as quais ele trabalhava como *freelancer* não cobriam despesas com esposas e bebês. E pior, ele não queria companhia em suas viagens, muito menos a de um bebê. Mas a família de Eric era rica, e não nos faltavam recursos. Um marido bonito e ausente; um garotinho encantador; e dinheiro o bastante para viver confortavelmente pelo resto de nossos dias.

Kim encontrou as colheres para sorvete e estava tentando descobrir como faria para passar os dois bolos pela porta de vidro do deque. No entanto, também queria ouvir a história de Miranda. Em vez de retomar o assunto das cortinas de Kim ou de suas falhas como mãe, Miranda estava dialogando.

— Derek trabalha durante muitas horas, mas nunca passa a noite fora de casa — Kim disse enquanto colocava os apetrechos do aniversário numa bandeja. — Você se sentia muito sozinha?

— Claro que sim. Nos primeiros anos de casada, eu sempre tinha a companhia de Eric e Derek. Ou de Derek e Eric. De repente, sobrou apenas Derek. E depois ninguém mais. Mas o dinheiro ajuda muito a vencer a solidão. — Ela encolheu os ombros. — Até chegar aqui, eu achava que minha vida seria daquela maneira. Mas veja... No fim, tudo deu certo.

— Este não é o fim — Kim disse. — Você tem muita vida pela frente.

Miranda fez uma pausa.

— Não comece a me fazer pensar assim — ela disse em tom suave. — Meu objetivo é esperar até passar desta vida para uma nova forma de existência.

— Você está esperando a morte chegar?

— Para reencarnar. — Miranda parecia desanimada quando se encostou no balcão da cozinha. — E, por favor, não me ofenda como fez aquela garota na reunião do CAC um dia desses. Se eu fosse cristã, estaria pensando em passar a eternidade tocando harpa e usando um par de asas de anjo. Não, muito obrigada. Quero proteger meu futuro e deixar as portas abertas. Se eu estiver certa a respeito da reencarnação, haverá esperança para um futuro melhor para mim. Talvez eu venha a ser um... gato!

Ao dizer aquilo, ela piscou para Kim e começou a rir. Depois, pegou as embalagens de sorvete que Kim acabara de abrir e dirigiu-se para a porta.

— Ah, como eu adoraria ficar me aquecendo ao sol o dia inteiro! Que delícia ser um gato!

Kim pegou a bandeja com os bolos e começou a pensar que a vida de gato era muito diferente da vida que Miranda desfrutava. Dinheiro. Tempo livre. Até mesmo uma família com que se ocupar — ou desprezar — de acordo com seus caprichos.

No entanto, não havia tempo para desenvolver sentimentos de frustração em relação a Miranda, cujo conceito de céu se distanciava tanto dos princípios bíblicos que chegava a ser cômico. Em vez de ressentir-se com a sogra, Kim sentiu compaixão dela.

Apesar de sua vida privilegiada, Miranda arrependia-se claramente de algumas de suas escolhas. Viveu em solidão e concentrada em si mesma por muitos anos, por isso era muito difícil conviver com ela. Sem ter a Bíblia como diretriz e a igreja para proporcionar apoio em tempos bons ou maus, Miranda aprendera a confiar em si mesma e em suas filosofias.

— Será que ouvi Miranda mencionar a palavra gato? — Esther Moore perguntou ao entrar na cozinha. — Devo avisar a você que sua casa já está muito cheia, querida. O nosso Boofer é uma alegria, mas aquele cão toma grande parte de nosso tempo. Espero que você não tenha comprado um animal de estimação de presente para os gêmeos.

Kim riu.

— Não temos animais de estimação, mas temos Miranda, que espera reencarnar como gato.

— Como gato? — Esther pegou as duas tigelas de batatas fritas. — Essa não! Eu quero ir para o céu, e espero que esse dia chegue logo. Não vou mais sentir dores nem sofrer, e poderei segurar a mão de minha irmã e pular na grama como fazíamos quando éramos crianças. Charlie diz que gostaria de cantar no coro celestial, mas tenho muitas pessoas que quero visitar.

Kim sorriu ao pensar em Charlie elevando a voz para louvar ao Senhor, e Esther conversando com amigos e familiares. Ela olhou para o céu enquanto chegava ao deque com o bolo. Era muito reconfortante saber que não precisava ter medo de reencarnar como gato, como um inseto ou como outro ser humano.

Tão logo Kim colocou os bolos na mesa, seus olhos pousaram no marido, que acabara de chegar. Ainda de farda, Derek estava conversando com a mãe e, por certo, ouvindo um sermão por ter chegado quase uma hora após o término de seu turno. Kim suspirou fundo. Bem, se Derek era capaz de aguentar a mãe dele, por que ela não?

— Vou para casa.

As palavras foram proferidas tão perto de seus ouvidos que Kim levou um susto. Voltou a cabeça e viu Cody Goss a seu lado, enquanto ela endireitava as velas nos dois bolos.

— Onze — ele disse, lendo os números. — Luke e Lydia estão completando 11 anos, e foi por isso que você fez um bolo em forma de *onze* para eles. Nunca tive um bolo de aniversário. Não sei quanto anos tenho. Só sei que tenho mais de 21. Você acha que minha tia vai fazer um bolo para mim *no formato de mais de 21*?

— Talvez, Cody. Peça a ela quando chegar lá.

— Eu tive poucos bolos na vida. Se hoje fosse meu aniversário, eu ia querer bolo de chocolate cortado em quadrados. É fácil cortar esses bolos em quadrados.

Kim endireitou o corpo e fitou aqueles olhos azuis e sinceros.

— Cody, você gostaria de dividir estes bolos com Luke e Lydia? Eles estão acostumados a dividir tudo, por isso sei que não vão se importar.

— Significa que eu também tenho 11 anos?

— Não... Mas significa que você pode comer bolo de chocolate cortado em quadrados.

Cody entreabriu a boca, mostrando seus dentes brancos ao sorrir.

— Gostei. Espero que minha tia seja igual a você.

— Seja como for, ela ficará muito orgulhosa de você. Tenho certeza disso. Você se transformou num rapaz esperto e competente.

— Com licença, Cody — Derek disse, dando-lhe um tapinha no ombro. — Posso interromper? Preciso conversar com Kim por um minuto.

— OK — Cody resmungou, com os ombros curvados. — Achei que a gente ia cortar estes dois bolos. Quero experimentar, porque eles também são meus.

— Não, não são! — Miranda Finley caminhou com graciosidade em direção à mesa, com um terceiro bolo nas mãos. — *Seu* bolo é este, Cody! Encomendei-o especialmente para sua festa de despedida. É um bolo de sorvete. Escondi-o no *freezer* de Esther por vários dias. Uma surpresa, só para você!

Ela colocou o bolo redondo, decorado com muito esmero, perto dos bolos cobertos com chocolate que Kim preparara com orgulho para os gêmeos. O lindo bolo redondo de Miranda tinha uma cobertura brilhante de glacê branco, formando ondas e espirais criados por confeiteiro profissional. Sobre a cobertura havia uma estrada desenhada com glacê cinza, uma faixa amarela dividindo-a em duas pistas e uma miniatura de ônibus trafegando nela. E, para finalizar, estes dizeres escritos com letras floreadas: *Felicidades, Cody!*

Boquiaberto, o rapaz contemplou o bolo por um momento; depois, leu os dizeres em voz alta:

— *Felicidades, Cody!* O bolo é para mim, porque meu nome é Cody. Este é o primeiro bolo de aniversário que tive na vida.

Miranda tocou-lhe o braço.

— Querido, não é um...

— Não sei quantos anos tenho — Cody prosseguiu. Depois de examinar a mesa por alguns instantes, ele apontou para os três bolos e disse: — Um, um, zero. Tenho 110 anos. Puxa!

Todos riram. Charlie Moore passou o braço ao redor dos ombros de Cody.

— É isso mesmo, seu galo velho! Afaste-se um pouco para que os gêmeos assoprem as velinhas e a gente possa comer. O bolo de sorvete já está derretendo, e estou faminto.

O coração de Kim enterneceu-se de emoção quando Derek acendeu as velinhas. Luke e Lydia riam felizes enquanto todos cantavam "Parabéns pra você". E depois, com a participação de Cody, eles sopraram as velinhas. Esther e Miranda prepararam-se para cortar o bolo e acrescentar o sorvete às fatias enquanto Brenda Hansen enchia as taças de ponche.

— Kim? — Derek bateu com a mão no cotovelo da esposa. — Podemos nos afastar um pouco por um minuto? Preciso conversar com você.

Preocupada, ela assentiu com a cabeça e acompanhou-o até um banco num canto do deque, longe do burburinho ao redor do bolo, das velinhas e dos presentes.

— Qual é o problema, Derek? Aconteceu alguma coisa no trabalho?

— Não, não é nada disso. — Ele cruzou os dedos, pousou os cotovelos nas coxas e olhou para o piso entre suas botas. — Bem... É sobre minha mãe.

— Você sabia que ela espera reencarnar num gato? — Kim perguntou em tom de brincadeira.

Derek ergueu os olhos, e por um momento sua expressão séria suavizou um pouco.

— Do jeito que as coisas estão, ela vai voltar como tigre... Com garras e tudo. — Ele balançou a cabeça negativamente. — Eu queria falar com você sobre este assunto, e minha mãe sabe que estou adiando a conversa. Ela me pediu que falasse com você hoje, antes da festa. Eu planejava vir direto do trabalho para casa, mas hoje de manhã recebemos finalmente a reconstituição facial da vítima de afogamento. Tivemos de imprimir folhetos, falar com a imprensa e divulgar a notícia para ver se alguém sabe quem ela era...

— Derek — Kim interrompeu-o. — Sei que sua mãe não está planejando voltar para St. Louis quando as aulas começarem. Se é isso que quer me contar, eu já sei. Ouvi o que Lydia...

— Ela não devia ter contado a você — ele ralhou. — Garota linguaruda.

— Não foi culpa de Lydia. Eu estava perto da varanda naquela noite em que você conversou com ela. Ouvi o que disse sobre Miranda.

— Você sabia? O tempo todo?

— Sabia, e fiquei muito aborrecida por você ter contado a nossa filha antes de me contar. Por que fez isso? Tem medo de conversar comigo? Também me considera um tigre?

Ele não disse nada.

— Penso que isso responde a minha pergunta — Kim prosseguiu, com uma mistura de mágoa e frustração fervilhando dentro dela. — Não sei o que você pensa de mim, Derek, mas mereço saber a verdade.

— Estou dizendo a verdade neste momento.

— Aqui? No meio da festa de aniversário dos gêmeos?

— Segurei o mais que pude, mas é agora ou nunca. Você sabe que mamãe vai a St. Louis amanhã, para levar Cody até a rodoviária. Ela quer aproveitar e contratar uma empresa de mudanças, alugar um depósito e pôr a casa à venda. Ela quer morar aqui permanentemente.

Apesar de todo o esforço para se conter, Kim sentiu o sangue ferver.

— *Ela* quer morar aqui? Pensei que a ideia fosse sua.

— Em parte é. — Ele abaixou a cabeça. — Há algumas coisas que você não sabe, Kim. Coisas que eu deveria ter contado há muito tempo.

— Derek, esta é a festa de aniversário dos gêmeos! Qual é o seu problema? Você não sabe conversar, não sabe ouvir, não sabe nada! Como pode fazer isso?

Kim viu o músculo da mandíbula dele tremer.

— Lamento não ser exatamente como você, Kim. Não tenho facilidade para falar. Prefiro cuidar do hoje, lidar com as situações no momento em que surgem. Comigo é um dia por vez, entende?

— Não, não entendo. Não quando o assunto diz respeito a sua família. É melhor começar a falar... e *já*.

— Prefiro aguardar o final da festa.

— *Já* — ela repetiu.

— Tudo bem — ele resmungou. — O negócio é o seguinte. Você sabe que amo minha mãe e quero cuidar dela. Mas nunca planejei que ela viesse morar conosco. *Ela* decidiu, e não posso dizer não.

— Por que não? Miranda trouxe muita tensão a esta casa. Claro que ela tem sido prestativa com as crianças, mas também desestrutura a família inteira. Faço o possível para manter o bom humor quando ela me azucrina. Sua mãe incutiu ideias malucas na cabeça das crianças, e permite que façam tudo o que querem. Ela passa por cima de nossas regras a respeito do computador, das bicicletas, da natação e sei lá o que mais. Critica quase tudo o que faço, desde o tecido de minha cortina até a maneira como eu cozinho. E pior, debocha de nossa fé. Você sabe como este verão está sendo difícil para todos nós, e não posso acreditar que permita que ela tome esta decisão. Principalmente contra a sua vontade.

— Eu não tenho saída, Kim. É o que estou tentando dizer a você.

— Por quê? Você é adulto. É o homem mais forte, mais corajoso que conheci. Como pode permitir que sua mãe o controle?

— Ela não me controla. Existe uma coisa que me prende.

— Que tipo de coisa? O que você está dizendo, Derek?

— Dinheiro — ele cuspiu a palavra. — Tudo por causa de dinheiro, tá?

— Como assim?

Ele cobriu os olhos com a mão e coçou a têmpora.

— Deveríamos conversar sobre isso em outra hora.

— Por favor, Derek.

Ele respirou fundo.

— Há uma parte de minha vida que nunca lhe contei. Não queria acreditar que fosse importante. Aconteceu no passado, e decidi que não queria que aquilo nos prejudicasse. Prejudicasse *você*.

Kim sentiu o coração apertar.

— Ah, não — ela sussurrou. — O que aconteceu?

— Tudo começou quando eu estava na faculdade. Passei a mão no dinheiro da mensalidade, do alojamento, de tudo. E mais, usei o dinheiro para... para jogar, tá? Nos cassinos fluviais. Há muitos deles às margens do rio em St. Louis, e eu ia lá com os amigos só para me divertir. Depois, comecei a ir sozinho. Todos os dias. Todas as noites.

— Derek... — Kim queria tocar nele, mas sentia-se paralisada.

— Não sei como explicar, mas o único lugar em que eu me sentia à vontade era sentado diante de uma mesa de pôquer. Lá, ninguém exigia nada de mim. Eu não tinha de ser o filho do famoso, do grande, do falecido fotógrafo Eric Finley, reconhecido no mundo todo. Não tinha de viver de acordo com os sonhos e expectativas de minha mãe. Sabia que estava me destruindo, mas, por algum motivo, o jogo me dava a sensação de segurança. Falsa segurança. Imaginava que, se ganhasse, poderia comprar as coisas boas da vida sem ter de trabalhar ou herdar. A verdade é que eu não queria crescer, e achava que poderia fugir da responsabilidade... Até o ponto em que o jogo se transformou em obsessão.

— Impossível — Kim murmurou.

— Não é impossível. É verdade. Mal consegui pagar a faculdade. Gastava à beça, sempre achando que ficaria rico. A próxima bolada seria minha. Dizia a mim mesmo que tinha costas quentes. Poderia contar com o dinheiro deixado por meu pai, e foi o que aconteceu. Mas isso teve um preço. Passei a dever tanto dinheiro a minha mãe que jamais teria condições de devolver. Ela pôs essa dívida sobre meus ombros para evitar que eu tivesse uma recaída. Ela está errada, mas não posso convencê-la disso. No último ano de faculdade comecei a frequentar a Associação dos Jogadores Anônimos. Ia às reuniões mais do que você vai à igreja. Já ouviu falar de um poder superior? Eu tenho um, e seu nome é Miranda Finley.

Enquanto Derek falava, o corpo inteiro de Kim permaneceu contraído. Cada músculo estava rígido e tenso; os dentes, cerrados; as mãos, fechadas. Como isso poderia estar acontecendo?

Não era verdade. Não podia ser. Se tivesse um problema com jogo, Derek lhe teria contado. Ele sabia que ela era filha de alcoólatra e se casara com outro. Havia jurado que nunca, nunca se casaria com um viciado.

No entanto, se casara. De alguma forma, a história se repetia. Além de ser viciado em jogo, Derek escondeu dela o fato. Negou e enterrou seu segredo tenebroso por três anos!

— Eu lhe disse algumas vezes que precisava trabalhar até tarde — ele revelou — mas era mentira. Estava na reunião dos Jogadores Anônimos. Eu tinha de ir, Kim. Até hoje é difícil resistir ao impulso. Venho mantendo distância daqueles barcos durante anos, mas enfrento a batalha todos os dias. Meus colegas fazem apostas para saber que time vai ganhar. Quando a esposa de um deles engravida, eles querem que eu aposte que dia a criança vai nascer. Sabe por que nunca passo tempo diante do computador? Por que sou rígido com as crianças a respeito disso? Agora já sabe. Há muitas oportunidades de voltar a jogar. Todas as lojas de conveniência e a maioria dos restaurantes têm máquinas de apostas. Raspadinhas. Loto. É por isso que vou ao Rods-N-Ends de Pete. Ele não tem essas coisas, por isso só abasteço no estabelecimento dele.

Kim não conseguia falar. Mal podia respirar.

A pouca distância dali, ela viu os filhos abrindo os presentes de aniversário, abraçando as pessoas, rindo, conversando umas com as outras.

E lá, a seu lado, estava aquele homem. Aquele jogador. Aquele viciado. Aquele pesadelo.

— Para sobreviver, eu ajo como se não devesse dinheiro a ninguém — ele continuou. — Você e eu vivemos de nosso salário, e ele é suficiente para o mês. Mais ou menos. Temos uma casa bonita, comida na mesa, roupas para as crianças, carro. Mas aquele dinheiro que você pensa que estamos economizando não vai para uma conta no banco. Vai para St. Louis. Para minha mãe. Para pagar minha dívida. Quando minha mãe morrer, o que não vai acontecer logo, estaremos livres. Por enquanto, tenho de pagar minha dívida. Tenho de devolver o que peguei.

Kim engoliu em seco, lutando para não chorar.

— Você deveria ter me contado, Derek.

— Você não teria casado comigo. Eu sabia disso. Sou um viciado, igual a Joe.

— Você não é igual a Joe. — Mas, ao dizer essas palavras, Kim se deu conta de que estava brincando consigo mesma. Derek era muito parecido, de várias formas, com seu primeiro marido, não apenas por ter um vício, mas também por ser fraco emocionalmente, por ter uma vida contraditória, por guardar segredos. Até mesmo a função de Derek na Patrulha Aquática revelava que exercer controle sobre as pessoas era muito importante para ele. Joe exercia autoridade e, com o tempo, tornou-se violento. Apesar de nunca ter levantado um dedo contra Kim nem contra os gêmeos, Derek escolhera um emprego e uma vida nos quais podia exercer poder e influência.

Derek mergulhou em silêncio, e Kim não conseguia sair do lugar. Continuaram sentados no banco, vendo as crianças rindo e os adultos comendo bolo e sorvete. Brenda e Steve Hansen haviam presenteado Cody com uma mala de rodinhas para a viagem. Os Hansens pareciam felizes juntos, como um atraente e animado buquê de primavera. Esther e Charlie estavam sentados lado a lado nas cadeiras do deque, tomando sorvete e rindo de tudo. O sol de verão irradiava alegria no rosto deles. Patsy e Pete haviam fechado seus estabelecimentos para participar da festa. Ele não parava de azucrinar Patsy. Envergonhada, ela lhe dava tapas no ombro, para que ele se aquietasse. Os gêmeos estavam sentados em grupo com os amigos, examinando e admirando seus presentes.

Somente duas pessoas pareciam desanimadas. Tiffany, a amiga íntima de Lydia, afastara-se um pouco, como se ela se sentisse mais velha e um tanto diferente daquelas crianças despreocupadas. E Cody. Ele segurava um prato com bolo de chocolate cortado num quadrado perfeito por Esther, mas permanecia longe do grupo, em pé na beira do deque, olhando para o lago. Kim gostaria de saber se o turbilhão dentro dele era semelhante ao dela.

— Sinto muito — Derek disse em voz baixa. — Eu deveria ter lhe contado, Kim. Deveria saber que o assunto viria à tona de uma forma ou de outra. Mas tenho me esforçado para manter essas coisas trancadas no passado.

— Elas não fazem parte do passado — Kim ouviu a própria voz retorquindo. — Não se você continua a frequentar as reuniões dos Jogadores Anônimos. Não se você continua a lutar contra o vício. Não se você tem mentido para mim com regularidade. Você diz que Miranda controla seu futuro. Que ela o controla por causa de uma dívida, mantendo-o amarrado como um cachorrinho que faz todas as vontades dela. Significa que tudo o que pensei a nosso respeito, tudo em que confiei e acreditei quando nos casamos, não passou de uma farsa. Não passamos de uma fraude.

Derek coçou o rosto e levantou-se rapidamente.

— Vou dar uma volta com o caminhão. Se as crianças perguntarem por mim, diga-lhes que saí para buscar uma coisa especial para elas.

— Outra mentira? — Kim disparou.

— Não é mentira — ele fitou-a com os olhos vermelhos. — Tenho presentes para eles. Vou voltar.

Antes que ela tivesse tempo de impedir, Derek atravessou a porta corrediça, entrou em casa e desapareceu. Depois de alguns instantes, ela ouviu o caminhão de Derek saindo da garagem.

15

— **Penso que agora eles confiam** plenamente nas crianças, para deixar Luke andar por aí naquele *skate*.

Esther estava debulhando milho na varanda em companhia de Charlie. Eles haviam comprado uma boa quantidade na feira dos agricultores na cidade e planejavam retirar os grãos e congelá-los. No passado, Esther gostava de enlatar as frutas e vegetais que Charlie cultivava na horta da casa. Ela preparava geleias, manteiga de maçã e, de vez em quando, até molho mexicano. Ainda restavam fileiras de vidros de conservas nas prateleiras da despensa, mas Esther não se dava mais ao trabalho de prepará-las. Era muito mais fácil congelar a produção, e o sabor era quase idêntico ao das conservas.

— Mesmo que você me oferecesse todo o dinheiro do mundo, eu jamais me equilibraria numa coisa daquelas. — Charlie observava o jovem Luke voar em cima do *skate* no declive da rua, com os braços abertos e os joelhos dobrados. Ele estava de capacete, mas seu largo sorriso era claramente visível. — Eu teria tentado fazer isso alguns anos atrás. Parece muito divertido. Mas reconheço que agora sinto muitas dores nas articulações.

Esther deu uma risadinha.

— Eu não teria tanta certeza, Charlie. Se aquele menino viesse aqui e lhe oferecesse uma carona, aposto que você toparia. Não existe alguém mais bobo que um velho bobo, meu pai dizia.

Charlie deixou a espiga no colo e deu um impulso na cadeira de balanço, enquanto observava Luke divertindo-se com seu presente de aniversário. A bem da verdade, Charlie não se sentia tão velho quanto Esther o fazia pensar. Ele ainda levava Boofer para um passeio a pé na vizinhança ou no carrinho de golfe várias vezes ao dia. Cultivava uma horta em casa. Mexia com suas ferramentas na garagem, e até chegava a montar um objeto útil de vez em quando.

Acima de tudo, ele estava começando a sentir um desejo ardente de viajar. Esther nunca quis se afastar muito de casa, e seus destinos favoritos eram o salão de beleza, a igreja, o supermercado. Charlie, porém, havia sido carteiro e gostava de passear um pouco mais. Não se importaria de visitar os netos na Califórnia nem de fazer uma viagem à Flórida para ver a filha. Mas ele sabia que, se fizesse alusão a um passeio, Esther não concordaria. Se a família quisesse reunir-se, ela dizia, que todos viessem ao lago. Por que os mais velhos tinham de atravessar o país?

Isso deixava Charlie um pouco frustrado. A sensação era de que ele tinha um pé na sepultura e já começava a embolorar.

— Nunca vi um menino tão entusiasmo quanto Luke quando Derek trouxe aquele *skate* no dia do aniversário dele. — Esther atirou uma espiga no cesto e bateu na roupa para tirar os cabelos de milho do colo. — E aquela bolsa que ele comprou para Lydia! Não tenho dúvida de que foi Miranda quem a escolheu. Você chegou a ver? Couro cor-de-rosa. Eu nunca permitiria que uma menina levasse uma bolsa chique daquelas à escola, como Kim fez. Se você me perguntasse, eu diria que se trata de uma bolsa para ir à igreja. Mas acho que a influência de Miranda está aumentando dia a dia.

— Por falar em Miranda... — Charlie ia dizendo, mas abafou as palavras assim que o ritual começou.

A mulher esguia e loira pisou no deque dos Finleys, que era apenas visível do ângulo em que Charlie se encontrava na cadeira de balanço. Após alguns instantes, uma música suave e tilintante, de flautas de pã e sininhos de bronze, encheu o ar enquanto Miranda despia seu longo roupão branco.

Nas primeiras semanas, Charlie resistiu a assistir às performances noturnas, porém finalmente cedeu à tentação. Miranda Finley era poucos anos mais nova que Esther, mas vejam só o que alguns exercícios de alongamento eram capazes de fazer a uma mulher! A vizinha de corpo flexível, pele bronzeada e em excelente forma física começou a movimentar-se no deque — curvando-se para lá e para cá, girando a cabeça, levantando os braços — em meio ao aroma inebriante de algum tipo de incenso.

— Charlie, para onde você está olhando tanto? — Esther levantou-se da cadeira e inclinou o corpo na direção do marido. — Ah, céus! É Miranda Finley executando sua dança do ventre noturna? Deixe-me ver. Chegue um pouco pra lá.

Ambos ficaram assistindo à apresentação por vários minutos. Na opinião de Charlie, aquela era uma das melhores exibições de Miranda. Ela conseguia dobrar o corpo para trás até quase tocar o piso do deque com as pontas dos dedos. Esther, porém, tagarelava e sacudia a cabeça o tempo todo como se não gostasse da apresentação.

— Não sei como Kim e Derek toleram esse absurdo — ela disse quando o som da música diminuiu. — Você gostaria que eu dançasse de maiô na varanda todas as noites?

Charlie pensou em várias respostas, mas nenhuma seria bem recebida, portanto pegou uma espiga e começou a tirar as palhas do milho.

— E então? — Esther insistiu. — Gostaria?

— Eu não me importaria se você fizesse a dança do ventre em nosso quarto de vez em quando — Charlie levantou as sobrancelhas e olhou para ela — se é que você me entende.

— Ora, Charlie! — Esther riu. — Você é tão bobo.

Balançando-se na cadeira e debulhando o milho, Charlie pensou que poderia ser bobo, mas não estava morto. Quanto a Esther, se dependesse da atenção que ela lhe dispensava — pelo menos naquele cômodo particular da casa —, ele bem que poderia estar entre os queridos que já haviam falecido. No entanto, ela sempre foi boa esposa em todos aqueles anos, e ele não tinha do que reclamar. Pelo menos em voz alta.

— Aí vem Ashley! — Esther disse, cutucando o marido ao avistar um carro pequeno entrando na rampa de acesso à garagem. — Ela está trazendo algumas contas artesanais. Vou encomendar colares para todas as pessoas que conheço. Que tal? Todos os presentes de Natal comprados de uma só vez.

— Sensacional! — Charlie exclamou.

Ashley Hanes desceu do carro e ajeitou os lindos cabelos ruivos.

— Oi, sr. e sra. Moore. Quais são as novidades?

— Poucas — Charlie respondeu, observando Miranda Finley vestir o roupão e sair do deque. — Quase nada.

— Trouxe minha coleção inteira de contas para vocês verem. — Sem ser convidada, Ashley acomodou-se na terceira cadeira da varanda. Empurrou um amontoado de palhas de milho da mesa e deixou-as cair no chão. Em seguida, expôs várias bandejas de plástico com inúmeros compartimentos pequeninos, cada um exibindo um tipo diferente de conta.

Para Charlie, aquele era o sinal de que ele deveria sair de fininho, mas Esther não captou a mensagem. Segurou-o pelo braço quando ele tentou levantar.

— Fique aqui, Charlie Moore, e ajude-me a escolher as contas.

Obediente como sempre, Charlie afundou-se na cadeira de balanço. Para ser sincero, às vezes ele achava que a aposentadoria não era tudo aquilo que diziam. Seria bom se o camarada pudesse passear de vez em quando. Ou discutir com a mulher. Mas ali estava ele na companhia de Esther, debulhando milho, esperando a morte chegar.

— Gosto destas retorcidas — Esther comentou. — O que você acha, Charlie? Pode imaginar estas contas no pescoço de May?

Charlie mal se lembrava da sobrinha da esposa, muito menos tinha condições de dar palpite sobre que colar ela deveria usar.

— Claro — ele resmungou. Virando-se para a visita, disse com voz arrastada quando Esther voltou a concentrar-se nos recipientes de plástico. — Diga-me uma coisa, Ashley, como vai aquele cômodo que Brad está construindo?

A jovem ergueu os olhos, corou um pouco e abaixou a cabeça novamente.

— Faz um tempo que ele não mexe naquilo.

— Poderia ser uma ótima garagem para o novo caminhão dele.

Esther levantou a cabeça e franziu a testa.

— Ou para qualquer outra coisa que eles quiserem — ela disse, inclinando a cabeça e piscando em direção a Ashley, aparentemente para lembrar Charlie da discussão que o jovem casal mantinha a respeito da finalidade do cômodo.

— Penso que Brad já conseguiu licença para construir o cômodo e expôs seus planos na Associação de Deepwater Cove — Charlie opinou. — Ele é empreiteiro, portanto deve saber tudo sobre esse assunto.

— Acho que sim — Ashley disse. — Que tal estas contas alaranjadas, sra. Moore?

— Não são apropriadas para presente de Natal, querida. O tom é um pouco exagerado, você não acha?

Esther havia enfileirado as contas sobre a mesa, e Ashley estava anotando os pedidos num caderninho. As duas discutiam nomes, idades, cor de cabelo e outras tolices femininas nas quais Charlie não pensava havia anos. Aquele era um grande divertimento para Esther, claro, porém o maior desejo dele naquele momento era entrar na casa e ligar a TV.

— Não vamos terminar aquele cômodo — Ashley disse repentinamente. — Pelo menos por enquanto.

A ideia de uma construção inacabada na vizinhança não agradou a Charlie, principalmente porque a casa vizinha à dos Hanes estava à venda.

— Brad está sem tempo?

— Sem dinheiro — Ashley informou. — Gosta destas listras verdes, sra. Moore? Acho que elas combinam com as contas de vidro roxas. Talvez separadas por algumas pequenas contas douradas.

Charlie examinou os tons de verde, roxo e dourado e achou que aquela era a mistura de cores mais maluca que já vira. Mas, vejam só, Esther parecia uma avezinha arrulhando. Disse que gostaria de ter um colar igual.

Charlie pensou em voltar ao assunto.

— O dinheiro é sempre curto quando começamos a vida — ele comentou. — Talvez você e Brad pudessem conseguir uma segunda hipoteca. Fizemos isso quando as crianças eram pequenas. Não é fácil amortizar a dívida de duas casas, mas conseguimos.

Ashley pousou seus lindos olhos em Charlie por um momento.

— Estou pensando em arrumar outro emprego. Poderia trabalhar durante o dia e continuar no clube de campo. Nunca quis ser como meus pais. Eles sempre corriam o risco de fechar a sorveteria a qualquer momento. Mas, se a venda destas contas não melhorar, vou ter de procurar outro trabalho.

Charlie apreciou a franqueza da jovem, e compreendia os problemas financeiros. Mesmo assim, seria melhor que Brad

Hanes não parasse no bar todas as noites. E por que comprou aquele caminhão enorme? Sem falar da hipoteca e da ampliação da casa. Aparentemente, a juventude moderna não sabia pensar a longo prazo.

— Escolha um belo conjunto de contas para mim, Ashley — Charlie pediu. — Vamos fazer três cordões, um deles mais longo que os outros.

Esther deu um gritinho.

— Charlie, você está comprando um presente de Natal para mim, seu velho bobo? Não sabe que não deve escolher um presente diante de mim?

— Claro que sei — ele cantarolou. — Aprendi muito bem com você, mulher. Este colar não é para você. Pensei em pedir a Ashley que crie alguma coisa para Cody dar de presente à tia dele no Natal. Assim, se ele esquecer de comprar um, não ficará envergonhado.

A menção do nome de Cody fez os três mergulharem em silêncio na varanda. Esther remexeu as contas enquanto Ashley escrevia em seu caderno. Charlie pensou no rapaz que ajudara a limpar a casa deles durante todo o verão. Fazia pouco tempo que Cody partira, mas as teias de aranha já começavam a criar problema nas beiras do telhado, e as janelas precisavam de uma boa lavada.

Charlie, porém, não sentia saudades de Cody por esse motivo. Havia algo especial naquele rapaz, na maneira que ele sempre sorria e cumprimentava as pessoas com um aceno de mão, na maneira que começava, de repente, a recitar versículos da Bíblia ou a falar de seus pratos favoritos: bolo de chocolate e cachorro-quente. Deepwater Cove jamais seria a mesma sem aquela conhecida figura magra e despreocupada, andando pelas ruas de uma casa a outra.

— Sinto saudades de Cody — Ashley falou finalmente. — É difícil acreditar que ele acabou de partir.

— Cody queria conhecer a tia — Esther disse. — É compreensível.

— A senhora recebeu alguma carta dele?

— Recebi, mas ele deve ter passado a mesma informação para todos. Escreveu apenas uma carta e copiou-a para cada pessoa da vizinhança.

Charlie resmungou.

— Ele deveria ter nos contado como vai nessa nova vida. A carta inteira não passou de um relato do percurso de ônibus e, depois, de uma longa descrição da casa da tia dele. Frisos em volta das janelas e maçanetas de bronze. Quem se importa com isso? Quero saber se ele gosta da mulher e se é feliz lá.

— Ele supõe que a gente já saiba. — Esther bateu de leve no joelho do marido. — Marylou Goss é tia dele. Quer reunir o que restou da família dela. Claro que ele gosta dela. Você conhece Cody. Ele gosta de todo mundo.

— Isso é verdade... Infelizmente para nós. Se conseguiu viver no mato e comer insetos, é capaz de sobreviver em qualquer lugar. É melhor começarmos a nos acostumar com isso.

Ao pensar que nunca mais voltaria a ver os cabelos encaracolados de Cody e seus olhos azuis brilhantes, Charlie teve o terrível pressentimento de que irromperia em pranto, por isso levantou-se da cadeira de balanço para entrar em casa.

— Palha de milho, contas e dança do ventre — ele resmungou. — Já me diverti por hoje. Até mais, senhoras.

Dentro da casa, ele acomodou-se na poltrona reclinável e apertou o botão do controle remoto para ligar a TV. Através da janela aberta, ouviu Esther passando a Ashley todos os detalhes da mais recente exibição de Miranda Finley. Ainda bem que o programa de esportes já havia começado. Charlie aumentou o volume mais que o usual; depois, recostou-se na cadeira e fechou os olhos.

Trabalhar no turno da manhã deu a Derek a oportunidade de jantar com a família naquela semana. Ele havia feito grandes esforços para apreciar o tempo passado com seus queridos, mas os longos silêncios de Kim haviam erguido uma barreira definitiva entre eles. Após sua confissão no deque durante a festa de aniversário dos gêmeos, ele voltara para casa trazendo os presentes de aniversário escolhidos anteriormente. Apesar da alegria dos filhos por terem ganhado a bolsa e o *skate*, Kim nem sequer olhava para o marido.

No restante da semana, eles mal se falaram de manhã, e as refeições eram preenchidas com a costumeira folia dos gêmeos. A rápida viagem de Miranda a St. Louis também causara impacto na conversa durante as refeições. Assim que retornou, a mãe de Derek sentiu-se impelida a descrever a partida de Cody no ônibus, os problemas com a mudança e o aluguel do depósito, e seus esforços para escolher um corretor imobiliário e pôr a casa à venda. Kim pouco falava, limitando-se a responder às perguntas.

Aquela noite de sexta-feira, noite de *pizza*, transcorria normalmente, mas, ao ver a família escolher os ingredientes para a cobertura da massa, Derek teve a sensação de que grande parte da alegria desaparecera. A situação com Kim não ia bem, mas ele não tinha a intenção de voltar a tocar no assunto. Ao contrário, queria agir da forma mais normal possível. Kim e as crianças haviam chegado a um acordo com Miranda, e agora tinham uma grande variedade de coberturas para escolher. Depois que as *pizzas* foram assadas, Derek tentou animar a refeição enquanto todos se sentavam ao redor da mesa de jantar.

— O que é esta coisa verde, mãe? — ele perguntou, apontando para um raminho em cima de uma fatia de *pizza*. — Você sabe que eu detesto coisa verde.

— Se quer mesmo saber, é manjericão. — Miranda sorriu para o filho. — Você sabe exatamente o que é esta *coisa verde*, rapaz, porque eu plantava manjericão na horta de casa todos os verões. E você colhia para mim.

— De qual *pizza* você gosta mais, Derek? — Lydia perguntou. — Da vovó Finley ou da nossa?

Derek foi capaz de ver o projétil vindo em sua direção, e esquivou-se rapidamente dele.

— Todas estas *pizzas* não são nossas? — ele apontou para as fatias em seu prato. — Esta de *pepperoni*, esta de calabresa e esta aqui com a coisa verde?

— Mas de qual você gosta mais? — Lydia estava balançando as pernas sob a mesa, o que a fazia pular na cadeira. — Gosto mais da nossa, porque tem molho de tomate. A da vovó Finley não tem.

— A *pizza* dela fede — Luke declarou.

— Ei, rapazinho, isso não é maneira de falar sobre nossa comida.

— Ora, Derek, você dizia a mesma coisa — Miranda lembrou-lhe. — Não sei por que eu me incomodava.

— Tiffany brigou com o namorado — Lydia anunciou. — Agora ela o odeia. Queimou todas as cartas dele.

— O que Tiffany tem a ver com *pizza*? — Luke perguntou.

— A última vez que comi *pizza* foi na casa de Tiffany. A mãe dela é garçonete na pizzaria em Camdenton, por isso elas comem *pizza* quase todas as noites. Foi nesse dia que Tiffany me contou que brigou com o namorado e queimamos as cartas dele.

— Vocês não deviam brincar com fogo.

— Não brincamos. Queimamos as cartas na grelha da churrasqueira no quintal. Depois queimamos as cartas que ela escreveu a ele, mas não tinha enviado ainda. Você sabia que a tinta brilha e estala quando é queimada? É muito legal.

Derek mantinha os ouvidos na conversa e os olhos na esposa. Kim estava cumprindo seu ritual da hora das refeições. Não olhou nem uma vez para o marido.

Até quando aquilo duraria? Eles sempre gostaram da companhia um do outro. Ele a azucrinava, e ela ria. Ele a elogiava, e ela enrubescia. Ultimamente Derek tinha a sensação de estar vivendo com um cubo de gelo. A frieza estendia-se desde o momento em que ele abria os olhos de manhã até o último suspiro de Kim ao virar-se de costas para ele à noite.

Quando a refeição terminou e todos começaram a tirar os pratos da mesa, os gêmeos avisaram que queriam ver um filme juntos. Miranda anunciou que ia trabalhar no quarto. Derek não sabia ao certo como acontecera, mas sua mãe encontrara uma ocupação para as horas livres. Aparentemente, Esther Moore e sua mãe haviam formado uma parceria que tinha alguma ligação com Ashley Hanes. Bijuterias, ele pensou, mas não tinha certeza.

Kim começou a lavar os pratos enquanto Derek pensava nas mudanças negativas em seu casamento. Os problemas teriam começado com a chegada de sua mãe? Ou o erro de Derek em ser totalmente sincero com Kim teria aumentado o abismo entre eles? Ou seria a mistura dos dois fatores que os levara a viver afastados?

Derek não sabia o que dera início àquele inverno tão rigoroso na vida deles, por isso não tinha dúvida do que queria que acontecesse. Queria que os ventos do polo norte cessassem e que a brisa de verão retornasse a sua vida. Queria muito voltar a segurar a esposa nos braços. Para onde ela havia ido? E como fazê-la voltar?

Se havia um Deus verdadeiro, e não só a força invisível em que Derek confiava para se livrar do jogo, por que esse Deus não interferia na vida das pessoas boas?

"E mais", Derek pensou, "o que me impede de sentir que Deus é verdadeiro?". Ele queria fazer parte do mundo de Kim, mas não sabia como. Eles eram muito diferentes. Por mais que tentasse convencê-la de que as diferenças poderiam ser contornadas, agora não tinha tanta certeza assim.

Quando Kim passou por ele em direção à sala de estar, Derek pensou na possibilidade de segurar a mão dela. Mas não quis arriscar novo confronto.

"Mostre-me o que fazer." Ele procurou pelas palavras no fundo do coração. "*Deus, se está aí, ajude-me. Eu preciso dela. Quero que minha mulher volte a me amar. Preciso ter seu amor de volta, e não sei como agir. Peço que isso aconteça.*"

Evidentemente, nada aconteceu. Derek não sabia por que alimentara esperança. As únicas mudanças ocorridas em sua vida foram causadas pelas reuniões dos Jogadores Anônimos e pelo constante esforço em seguir os passos que o manteriam limpo do vício. Agora, sua participação na organização virou rotina, algo tão costumeiro que ele não mencionava o fato a ninguém nem lhe dava uma atenção especial. Da mesma forma, a lealdade a um poder superior fazia parte do processo que Derek usara para libertar-se, e ele ainda reconhecia esse poder em sua luta para permanecer como estava.

Com um suspiro de frustração, ele entrou na sala de estar. Como sempre, Kim não estava em lugar nenhum. Fazia de tudo para evitá-lo.

Assim que se acomodou na poltrona reclinável e ligou a TV, ele ouviu um dos gêmeos vir correndo do porão e entrar na sala. Era Lydia.

— Onde está o filme? — ela perguntou em voz alta. — Não conseguimos encontrar nosso filme! Onde ele está, Derek? Você tem ideia?

— Procure na prateleira embaixo da TV — ele disse.

Criança maluca. Sempre correndo atrás de objetos perdidos. Tão logo ela se ajoelhou diante da estante, ele inclinou-se para a frente e remexeu numa pilha de estojos de filmes ao lado de sua cadeira.

— Aqui está, fofura — ele gritou e jogou o estojo na direção dela.

Lydia deu um salto, pegou o filme e se dirigiu para o porão. Ao passar pela cadeira de Derek, ela parou de repente.

— Obrigada, papi. — Passou os braços ao redor do pescoço dele e deu-lhe um beijo no rosto. — É assim que Lukey e eu vamos chamar você daqui em diante. Papi. Espero que goste!

Sem esperar a reação de Derek, Lydia correu e desceu a escada do porão, batendo os pés com força nos degraus. *Papi.* Ele pensou na palavra. E gostou. Ao longo dos anos, dera dezenas de apelidos aos gêmeos. Era bom ter um também. Principalmente porque só faltava uma letra para formar a palavra *papai.*

Levemente encorajado, Derek zapeou os canais. Um noticiário. Um humorista desbocado. Uma comédia do cotidiano. Talvez a conversa com Lydia aquela noite na varanda tivesse feito a diferença, ele pensou. De fato, ela passou a ser mais cordial com ele depois daquela noite. Ultimamente nenhum dos gêmeos pronunciara a frase "Odeio esta família". Derek mudou de canal. Jogo de futebol. Seriado de crimes. Programa sobre pescaria.

Pescaria.

A palavra atingiu Derek como um raio. Ele continuou com o dedo no botão do controle remoto. O que Charlie lhe dissera a respeito de comunicar-se com as mulheres? *Você precisa saber o que quer e depois jogar a linha até pescar o peixe.* Charlie queria comer camarão no Tia Mamie.

Poucos dias antes, Derek queria conquistar a confiança de Lydia. E conseguiu quando a "pescou" naquela noite na varanda. Ele também sabia exatamente o que queria de Kim. Queria seu amor.

O que poderia usar como isca?

Charlie usara uma pergunta simples. "Qual é o problema, Esther querida?"

A pescaria funcionou com Lydia e Esther. Mas funcionaria com Kim? Um estratagema tão simples e óbvio? E se funcionasse? E se ela mordesse a isca? O que Derek tiraria da água da discórdia conjugal? O amor da esposa... ou um tubarão mal-humorado?

A ideia de tentar com Kim a técnica usada por Charlie fez as mãos dele transpirar. Ele conseguiria? Deveria? Derek tentou lembrar-se das palavras que Charlie lhe dissera. *É o mesmo que pescar, é o mesmo que pescar...*

— OK — Derek resmungou quando se levantou e endireitou os ombros. Talvez não funcionasse, mas qual era a alternativa? Conviver pelo resto da vida com uma mulher calada e zangada? Ou pior: perder o casamento que ele prejudicara em sua determinação de fazê-lo funcionar?

Depois de percorrer a casa inteira e verificar a garagem para saber se o carro dela estava lá, Derek finalmente encontrou Kim sentada no deque, na área coberta. Ela havia levado sua caixa de arquivo até a mesa e estava providenciando o pagamento das contas — uma tarefa que ela detestava.

"Hora errada", Derek pensou. Seria melhor entrar de novo na casa. Ele engoliu em seco e parou por um momento; em seguida, levantou o queixo. Não, podia fazer aquilo. Faria — mas não sozinho. "*Deus, se está aí, por favor, ajude-me.*" As palavras foram proferidas mentalmente. Mas ele sabia que o pedido não era um simples pensamento. Era uma oração.

16

Kim sentiu os olhos de Derek cravados nela enquanto preenchia o cheque para pagar o seguro do carro. Ele entrara no deque e estava em pé a poucos metros, fitando-a. Quando saiu da casa, ela acendeu a lâmpada e puxou a corrente para ligar o ventilador de teto, por isso Derek podia vê-la claramente, mas ela apenas sentia a presença dele espreitando-a.

Evidentemente, Derek queria alguma coisa com ela, mas Kim não tinha nenhuma intenção de ceder, fosse qual fosse o assunto.

Quem ele pensava que era, esperando que ela desse o primeiro passo? Kim sabia quem ele era — aquele estranho nas sombras. Era mentiroso. Trapaceiro. Jogador. Viciado. Manipulador. Egoísta e egocêntrico. Oportunista. Traidor. Vigarista. Indiferente à religião. Incapaz de expressar emoções. Péssimo em comunicar-se com os outros. Ele representava tudo o que ela desprezava e odiava.

Tremendo de raiva ao pensar na tolice que cometera ao casar com aquele homem, Kim destacou o cheque do talão e guardou-o no envelope. Os passos de Derek no deque eram audíveis, caminhando em sua direção, se aproximando cada vez mais. Ela não se importaria se Derek ficasse em pé ali a noite inteira. Se ele falasse, ela não responderia. Não confiava mais no que ele dizia. Ele era mentiroso.

Mentiroso, mentiroso, mentiroso.

Kim pegou a conta seguinte. Energia elétrica. Com os gêmeos e Miranda em casa o verão inteiro, a conta foi parar nas alturas.

Agora Kim entendia que todo o dinheiro que ela e Derek ganhavam serviam apenas para pagar as contas e amortizar a dívida com Miranda. Nem um centavo era deles. Ela confiou no marido quando ele prometeu que depositaria o pouco que sobrasse por mês numa poupança que ele abrira quando morava em St. Louis. Mal ela sabia que aquele dinheiro se destinava a reembolsar Miranda por ter pagado a fiança para livrá-lo das dívidas do jogo.

Agora Derek estava abrindo a porta e entrando na área coberta, onde Kim se encontrava. Ela não ergueu os olhos.

— Oi — ele disse.

Kim começou a preencher outro cheque. Era mais fácil assim. Conviver com ele em silêncio. Nem sequer dar-se ao trabalho de tentar conversar. Já gastara muita energia tentando sondar as profundezas emocionais do marido, mas descobriu que não havia mais nada além de uma lagoa de águas paradas.

Derek puxou uma das cadeiras verdes de metal ao redor da mesa. Sentou-se e respirou profundamente. Pelo menos a respiração dele não cheirava a cerveja. Com Joe, ela enfrentava uma luta constante. Kim sabia, claro, que o vício só era tolerado pelo próprio viciado e por ninguém mais. Descobrira isso muito tempo atrás, na infância.

Derek limpou a garganta, cruzou as mãos e colocou-as sobre a mesa. Em seguida, falou.

— Qual é o problema, Kim querida?

Ela olhou para ele.

— *Qual é o problema?* Você me perguntou *qual é o problema?*

— Perguntei — ele confirmou em voz quase inaudível. — Os olhos dele encontraram-se com os dela. — Foi o que eu disse. Qual é o problema, Kim querida?

Por um momento, Kim quase não conseguiu respirar quando a raiva cresceu dentro dela, fervilhou até chegar à garganta, feriu-lhe o interior das narinas, irrompeu como vapor em seus ouvidos. O homem era um idiota! Um completo idiota! Aquele sujeito com diploma universitário, com uma década de trabalho na Patrulha Aquática, era um completo idiota!

— Bem — ela disse com voz inexpressiva. — Vamos ver. Hummm. É difícil escolher um só.

Ele inclinou o corpo para a frente.

— OK, entendo.

— Verdade? Incrível! — ela sentiu o sarcasmo gotejando de suas palavras, mas não tinha ideia se aquele cabeça-dura teria capacidade para decifrar entonações verbais.

Sem desviar os olhos dela, Derek confirmou com a cabeça. Ela não sabia o que fazer. Ele olhava diretamente para ela. Em geral, fixava os olhos na TV. Nas crianças ou na mãe dele. No lago, numa árvore, num pássaro voando. Ou na mensagem na tela de seu celular. Agora ele olhava diretamente para ela.

— Você quer saber qual é o problema — ela declarou. Não se tratava de uma pergunta. Apenas repetia as palavras dele, para ter certeza de que ouvira bem. — Quer saber qual é o meu problema.

— Sim — ele confirmou novamente com a cabeça. Com os olhos fixos nela, ele não movia um dedo sequer.

Kim recostou-se na cadeira.

— Por que você não começa com a confissão de que é viciado em jogo? — ela perguntou com ar de despreocupação. — A menos que tudo não tenha passado de um pesadelo meu.

— Não foi um pesadelo.

Ela endireitou o corpo e apontou um dedo para o marido.

— Você, Derek Finley, é mentiroso. O pior tipo de mentiroso. Frequente e deliberado. Escondeu a verdade de mim. Quando a gente inclui uma mentira no casamento, o casamento deixa de existir.

— Você tem razão. Menti para você.

— Você nunca mencionou que era viciado em jogo e que estava profundamente endividado.

— Tem razão. Escondi isso de você.

— Você nunca disse que estava enviando todas as nossas economias para sua mãe.

— É verdade, Kim. Eu não disse.

— Você nunca me contou que Miranda o controlava com uma coleira como se fosse um cãozinho. Você não é o homem corajoso, forte e maravilhoso que imaginei quando nos casamos. Não passa de um fantoche. Um filhinho da mamãe.

Ela o viu engolir em seco e sabia que suas palavras iradas o haviam atingido. Derek revidaria a qualquer momento. Discutiria com ela, diria que estava errada, racionalizaria tudo. Ou talvez a espancasse, como Joe fazia. Ela estava pronta para isso. Poderia enfrentar.

Derek cruzou os dedos com tanta força que o sangue parou de correr e as juntas ficaram brancas.

— Você... se sente... traída por mim — ele disse lentamente. — Foi corajosa quando se casou novamente e agora acha que o casamento foi um erro.

— *Você* foi o erro — Kim disse, de dedo em riste para ele. — Você, você, você. Ainda não entendeu? Estou repetindo meus erros para mim mesma! Sou tão idiota quanto você. Aliás, também gosto de apostar. Assumi um risco tolo, e nunca deveria ter feito isso. Sabia que a Bíblia não aprova o casamento com um incrédulo, mas imaginei que você fosse diferente, fosse um homem extraordinário. Imaginei que sua descrença não fosse importante. Mas estava errada. Você tem falha de caráter. E eu também. Somos um casal de idiotas... Burros...

Os olhos de Kim encheram-se de lágrimas enquanto ela prosseguia.

— Somos dois palermas. Nunca deveríamos ter casado. Não sou a esposa certa. Nem sei sequer o que é necessário para um bom casamento. Trago muitas bagagens comigo. E você é mais uma mala suja e estragada que tenho de carregar. Outro erro. Outra asneira terrível, horrorosa.

As lágrimas continuaram a rolar pelo rosto de Kim, e ela recuou quando o marido tentou segurar-lhe as mãos. Não, ela não permitiria que ele a consolasse. Não aceitaria elogios oferecidos como balas e doces. Nenhuma mão carinhosa para aliviar o sofrimento. Ela merecia ser magoada. Entregara o controle de sua vida a Deus e o tomara de volta no momento em que se casou com Derek Finley.

— Kim — ele estava dizendo, com as palmas das mãos sobre as pernas. — Você tem razão. Sou viciado e mentiroso. Queria tanto casar com você que a enganei. Tenho muitos defeitos. Sou fraco. Reconheço isso todas as vezes que atravesso a porta para assistir às reuniões do JA ou para lutar contra o impulso de gastar meu dinheiro numa raspadinha. Menti todas as vezes que liguei para você para dizer que trabalharia até tarde, enquanto ia à reunião. Você tem razão de estar zangada comigo.

Kim fungou e limpou as lágrimas do rosto com os dedos. Não podia acreditar que ele estivesse reconhecendo seus erros. Olhando por ele através das lágrimas, ela parecia estar vendo o outro lado daquele homem que decidira desprezar. Um dia, ele havia sido seu cavaleiro na armadura brilhante, o amor de sua vida, seu melhor amigo. De repente, transformara-se em seu pior pesadelo — caindo tão desastradamente do pedestal de marfim no qual ela o colocara que se quebrou em pedacinhos. E agora lá estava ele... o homem quebrado... rastejando até ela... carregando os próprios cacos...

— Quanto tempo faz? — ela perguntou. — Quanto tempo faz que você não joga?

— Recebi um broche de onze anos no mês passado. Este aqui. E aqui está meu *Combo.*[1] — Derek tirou o broche e o livro amarelo do bolso, colocou-os em cima da mesa e deu uma risadinha sem graça. — Na Associação dos Jogadores Anônimos sou uma espécie de "servo confiável". Semelhante ao padrinho dos alcoólatras. As pessoas ligam para mim, e eu as ajudo a atravessar períodos difíceis. Há um sujeito em particular que me preocupa neste momento. Receio que ele se afunde no vício. Temos conversado muito.

— Esses são os telefonemas misteriosos que você recebe? Por que não me contou?

Derek suspirou.

— Tive medo de que você me abandonasse. O trabalho do JA exige muita paciência, e a maioria de nós é um tanto insegura e imatura, fugindo da realidade. Apesar de muitos anos de luta, eu ainda me encaixo nessa descrição. — Ele fez uma pausa e olhou para o chão. — Acho que você entendeu.

Com as pontas dos dedos, Kim tocou o livro surrado. Talvez Derek o lesse todos os dias. Talvez o trouxesse consigo o tempo todo. Como não percebera? Ela era cega?

— Você me contou que sua mãe era sua força superior — ela sussurrou.

— Eu não deveria ter dito isso. Reconheço que existe uma força que atua fora de mim. E certamente não é minha mãe. A presença dela me dificulta manter uma visão clara da situação. Ela está convencida de que, se me forçar a restituir o dinheiro, não voltarei a jogar. Tentei explicar, mas ela não faz ideia de como o JA funciona. Não quer entender.

— Quem é, então, sua força superior?

Derek encolheu os ombros.

— Alguma coisa maior e mais forte que eu. Alguém. Não sei, Kim. Não tenho um nome para isso.

Ela abaixou a cabeça até encostá-la nos braços pousados na mesa.

— Por que me casei com você? Você está muito longe de ter a mesma fé em Deus que eu tenho. Agora estou aqui, amarrada a você e a sua mãe. Os dois são iguais.

— Minha mãe e eu *não* somos... — Derek interrompeu as próprias palavras como se tivesse se conscientizado de repente da veemência em sua voz. Voltou a fechar as mãos com força. — Você acha que minha mãe e eu somos iguais. E isso a deixa furiosa.

Kim fungou, sabendo que suas lágrimas estavam caindo sobre a conta de energia elétrica. Mas não conseguia levantar a cabeça.

— E sabe o que é pior? Os gêmeos passaram a amá-la. Contaram-me outro dia que estavam felizes por ela ter decidido morar conosco para sempre. Não sei se vou tolerar as críticas, a *pizza* esquisita, o *tai chi* e o incenso de Miranda. Vou ter de enfrentar essa presença desagradável contaminando a mim e as crianças pelo resto da vida. Vovó Finley, cuspindo sua falsa espiritualidade e influenciando a família de uma forma que me assusta. E você... Você fica sentado aí.

Dessa vez ele exalou o ar de maneira trêmula.

— OK, estou ouvindo — disse em voz baixa.

— O que você está ouvindo? — ela disparou, levantando a cabeça. — Será que ao menos entende o que estou dizendo, Derek?

Ele calou-se por um longo momento. Kim estava prestes a zombar daquele silêncio quando ele falou.

— Você está dizendo que quer um homem mais forte, mais influente em casa. E tem razão em querer isso. Estou tão acostumado com as maneiras de minha mãe que, quando ela chegou aqui, não percebi a influência que exercia sobre nós. Não chamei a atenção dela nem a enfrentei porque sua presença me parecia normal, e esperava que o problema entre vocês desaparecesse. Mas não quero que ela domine nossa família. Não quero que ela manipule ninguém, principalmente você ou as crianças. Ou eu. — Ele levantou-se de repente, empurrando a cadeira com força para trás. — E não quero aquelas coisas grotescas...

Antes de terminar a frase, Derek virou-se e atravessou a porta de tela, batendo-a na lateral da casa. Caminhou até o deque e arrancou o pequeno altar de madeira que sua mãe pregara num canto, sob o telhado.

Meio assustada e meio em choque, Kim correu atrás do marido quando ele começou a pegar o CD *player*, o queimador de incenso e as pequenas estatuetas de Miranda. Segurando os objetos embaixo do braço, ele deu alguns passos para trás como se fosse um lançador de beisebol e atirou o altar para fora do deque. O CD *player* e o queimador de incenso foram atirados em seguida. Por último, as estátuas e outros objetos voaram uns após outros sob o luar até desaparecerem na escuridão.

Kim encostou-se no parapeito do deque e ouviu o som dos objetos batendo na água do lago. Agarrada à viga de madeira, ela prendeu a respiração. O que havia acontecido? O que significava aquilo?

— Tudo como você queria — Derek anunciou, limpando as mãos uma na outra. Sua voz era quase confiante quando ele voltou a falar. — E o que mais? Qual é o problema, Kim querida? Pode me dizer qual é?

Kim vasculhou a mente à procura de palavras. De repente, todas as coisas que atirara em cima dele não pareciam tão importantes. O jogo, a conta bancária, os gêmeos, as regras da família, até Miranda... começaram a esfacelar, a fragmentar-se em grãos de areia quando seu marido derrotado se reabilitou e voltou a ser forte.

— Nenhum — ela conseguiu sussurrar.

— Agora tenho sua permissão para listar alguns assuntos?

— Sim.

— *Jogo* — ele declarou. Posso falar disso?

— Claro. Por favor.

— Preciso ir às reuniões do JA. De agora em diante, vou ligar para você e dizer o que estou fazendo, e depois vou até lá. Faz onze anos que não jogo e não pretendo ter uma recaída. Mas o JA faz parte de meu mundo, e eu deveria ter-lhe contado antes. Vou tentar de hoje em diante.

— OK.

— *Dívida*. Não tenho como apagá-la. Cometi erros e agora tenho de liquidá-la literalmente. Mas prometo que vou parar de usar nosso dinheiro para amortizá-la. Um dia, vamos herdar as propriedades de minha mãe, mas até lá...

— Use meu dinheiro também, Derek — Kim disse de repente. — Se esta for uma decisão que tomarmos juntos, não vou me importar.

Ele fitou-a por um momento. Em seguida, fez um movimento afirmativo com a cabeça.

— *Igreja*. Outra questão. A partir do próximo domingo, todas as vezes que eu for trabalhar no turno da noite ou tiver um dia de folga, irei à igreja com você. Aliás, vou pedir folga aos domingos. Não posso prometer que serei um cristão certinho. Não vou dizer que conheço Deus como você conhece. Mas... mas acredito que ele está aqui... e que ele... — Derek riu repentinamente. — Bem, por falar nisso, ele apareceu para mim esta noite quando eu não sabia mais o que fazer, a não ser orar.

— Você orou?

Derek abriu os braços e fitou Kim nos olhos.

— Eu a amo, querida. Eu a amo muito. Sinto muito por tê-la magoado e mentido para você. Não tenho desculpas para dar. Só sei que farei o possível... Que já estou fazendo o possível para ser o homem que você deseja. O marido que merece. Você é capaz de voltar a confiar em mim? É capaz de me amar? Mesmo que seja só um pouquinho?

Antes mesmo de pensar, Kim atirou-se nos braços do marido. Ele a segurou com força contra o peito. Kim encostou o rosto no ombro dele e deixou as lágrimas caírem. O casamento deles não era perfeito. Agora ela enxergava a estrutura frágil daquele alicerce construído às pressas, e as rachaduras haviam começado a aparecer. As paredes desmoronariam? O telhado desabaria?

— O que *eu* posso fazer, Derek? — ela perguntou enquanto ele a embalava carinhosamente. — Como posso ajudar a melhorar nossa vida?

Derek permaneceu em silêncio. Ela correu os dedos pela espinha do marido enquanto ele meditava na pergunta. Finalmente, ele disse em voz baixa e rouca.

— Você poderia me deixar sair desta armadura brilhante. Sou muito melhor trabalhando na Patrulha Aquática que matando dragões.

Kim quase fez menção à mãe dele, mas decidiu calar-se. Ela se lembraria para sempre das pancadas distantes na água naquela noite — os sons definitivos dos gemidos de um dragão agonizante.

— Você poderia ir a uma reunião do JA — ele prosseguiu. — O JA é para famílias. Se conhecer outras esposas e maridos de jogadores, talvez passe a me entender um pouco melhor.

— OK. Irei. O que mais?

— Tente aceitar nossas diferenças. É um defeito muito grande eu ser um homem calado? Eu não ter muito o que falar com você sobre meu trabalho todos os dias? Meus pensamentos não serem tão marcantes e profundos? Não é bom que eu goste de expressar meu amor dizendo que você é bonita? Meus elogios não são como balas e doces, Kim. São verdadeiros. Não preciso lavar pilhas de roupas nem preparar pratos deliciosos para expressar meus sentimentos. É você que é assim. Eu sou deste jeito. Gosto de dizer que você é a criatura mais maravilhosa, mais encantadora, mais deslumbrante deste mundo de Deus. E sou sincero.

— Oh, Derek — ela disse, sentindo o rosto arder. Em seguida, fez a pergunta na qual meditava havia meses. — Que tal um bebê? Isso não nos ajudaria?

Para surpresa dela, Derek sacudiu a cabeça.

— Vamos esperar, Kim. Você sabe que desejo muito ter outro filho. Mas precisamos de tempo. Há o problema de minha mãe, do diabetes de Luke, desta nova fase de sinceridade... que precisamos reconstruir. Preciso ser um pescador mais eficiente.

— O que esta conversa tem a ver com pescaria? — ela perguntou, curiosa.

— Converse com Charlie. Talvez ele lhe conte em segredo.

Kim abraçou o marido com mais força.

— Estou disposta a reconstruir. Ou a pescar. Ou a fazer qualquer coisa.

Ao dizer essas palavras, ela sentiu os bíceps de Derek retesarem-se.

— Qualquer coisa? — ele perguntou.

— Claro — ela respondeu em voz baixa.

Com um largo sorriso, ele abaixou a cabeça e beijou-a.

— *Qualquer coisa* me parece *bom demais.*

Quando terminou de aplicar *spray* no penteado semanal de Esther, Patsy teve a sensação de que a vida não transcorria satisfatoriamente em Deepwater Cove. O verão começava a se despedir, e muitas situações problemáticas continuavam irresolutas. Patsy queria ver todos os seus problemas — e os problemas da comunidade inteira — adornados com lindos laços de cetim. Mas não era o que estava acontecendo.

A mais recente reunião do Clube dos Amantes de Chá confirmou que nenhuma das mulheres havia recebido uma segunda carta de Cody Goss. Logo após ter chegado a Kansas, ele escreveu a quase todos da comunidade, informando as mesmas notícias em cada carta. E mais nada. Nenhuma palavra. Patsy pensou em perguntar a Miranda Finley se ela ainda tinha o número de telefone da tia de Cody.

A lembrança de Miranda, no entanto, trouxe-lhe outra preocupação. E grande. A mãe de Derek não era mais uma visita na casa dos Finleys. Mudara-se para lá. Definitivamente. E, para complicar a situação, Derek decidira que, com a mudança da mãe, algumas coisas teriam de mudar também. Definitivamente.

Charlie Moore encontrara uma daquelas coisas na beira do lago dias antes. Pegou o altar destruído e entregou-o nas mãos de Esther, que jogou o problema inteiro no colo de Patsy.

— O que você acha que devemos fazer? — Esther perguntou pela décima quinta vez naquela tarde. — Devemos devolvê-lo? Ficar com ele? Ou jogá-lo fora?

Patsy cobriu as orelhas de Esther e aplicou um *spray* extraforte para manter os cachos no lugar. Ela sabia que ouviria reclamações sem fim se um único fio daqueles cabelos cor de neve saísse do lugar. Se um tornado passasse pela cabeça de Esther, o penteado continuaria intacto.

— A pergunta é esta — Patsy disse. — Quem jogou aquilo no lago? Você tem certeza de que Derek é o culpado? Ou teria sido Kim?

— Pode ter sido Jennifer Hansen — Esther sugeriu com um suspiro. — Você se lembra da discussão sobre religião entre ela e Miranda algumas semanas atrás? Ela pode ter entrado de fininho na casa dos Finleys, aproveitando a escuridão da noite, e ter atirado tudo de cima do deque. Jennifer referiu-se a estátuas e ídolos, você se lembra. Pelo menos, foi o que Brenda me contou quando mencionou a discussão inteira. Eu não prestei muita atenção. Você prestou?

— Ouvi as duas discutindo sobre religião — Patsy respondeu. Ela usou a ponta fina do cabo de um pente para levantar e definir os outros cachos prateados de Esther. — Mas não penso que Jennifer faria uma coisa dessa. Ela é uma moça muito meiga.

— E eu não sei disso? Todas as vezes que entro aqui, vejo Jennifer olhando para mim de um daqueles retratos que Cody pintou. O rapaz estava apaixonado, Patsy. É verdade, estava abobalhado. Por que ele partiu e nos deixou?

Patsy apresentou a resposta que repetira a si mesma várias vezes.

— A tia quis que ele morasse com ela.

— Sinto muitas saudades dele. Aliás, agora entendo por que Jennifer o trata com tanta bondade. Cody tornou-se um rapaz bonito depois que demos um trato nele. E estava aprendendo muitas coisas com a ajuda de Brenda. Você viu como a grafia dele é clara e perfeita nas cartas que nos escreveu? Sem falar no excelente jovem cristão em que se transformou. Para ser sincera, Patsy, eu estava a meio caminho de amar aquele rapaz como um filho.

— Cody envolveu todos nós com sua figura encantadora, com certeza. — Com receio de chorar, Patsy mudou o pensamento para outro problema que a angustiava. Ao ouvir Esther dizer a expressão *meio caminho*, Patsy lembrou-se de seu vizinho da porta ao lado.

Pete Roberts voltara a frequentar a igreja depois da discussão sobre o incidente da cadeira no Dia da Independência, mas não parecia estar nem um centímetro mais perto do Senhor do que antes. Ele se esforçava para participar do estudo bíblico e dos cultos todas as manhãs de domingo, como vinha fazendo. Depois, ele e Patsy iam almoçar no restaurante Boa Comida da Tia Mamie, e os interesses de Pete paravam por aí. Na verdade, Patsy tinha uma leve desconfiança de que ele encontrara um jeito de dormir com os olhos abertos durante o sermão. Um dia, Pete deixou escapar um ronco tão alto que assustou o pessoal sentado nas duas fileiras ao redor deles.

— Eu lhe digo que parecem ídolos — Esther estava dizendo enquanto se aprumava diante do espelho. Assim que Patsy terminava o penteado, Esther gostava de pegar um espelho de mão e ver sua imagem de costas para ter certeza de que cada cacho estava preso no lugar. — Durante a festa para Cody e os gêmeos, fui dar uma espiada mais de perto — ela prosseguiu, ajeitando com o dedo um cacho rebelde perto do pescoço. — O maior era feito de latão. Mas ela também tinha um de barro, algumas flores de seda cor-de-rosa, varetas de incenso e outras coisas. O altar flutuou e prendeu-se num pedaço de madeira perto da praia. Charlie acha que a estátua de latão está a 3 metros debaixo da água, mas nós dois a vimos na festa. E isso me faz lembrar de Cody novamente. Ah, Patsy, o que vamos fazer para tirar aquele rapaz de nosso coração?

— Temos escolha, Esther?

A mulher mais velha levantou-se da cadeira e retirou a capa dos ombros.

— Tento contar minhas bênçãos, mas neste momento estou tentando encontrar alguma. Acho que temos o churrasco do Dia do Trabalho para nos alegrar. E somos gratas porque o pequeno Luke está cuidando bem melhor de seu diabetes. Não acredito que vamos ter outra crise como aquela do último feriado. Você já deve ter ouvido falar que Ashley Hanes vai promover uma venda de colares no próximo evento. Foi ideia de Miranda, claro. Ela está por trás da maioria das estratégias para vender as peças de artesanato de Ashley. Ou estava, até seus pequenos artigos religiosos serem atirados no lago. Charlie diz que nunca mais a viu fazendo exercícios no deque, e você sabe que ele está sempre de olho na vizinhança.

— Sei, claro que sei — Patsy conduziu Esther à caixa registradora. — Espero que Miranda esteja feliz na casa, apesar de ter perdido seus objetos espirituais. Você sabe como o humor de uma pessoa influencia os demais. Quando eu cuidava de minha mãe com mal de Alzheimer, fazia de tudo para manter o bom humor.

— Você tem um coração bom, querida. Passou tempos difíceis cuidando dela, não? Bem, agora é dona de seu nariz, embora eu não saiba por quanto tempo. Você e Pete parecem muito próximos um do outro nas manhãs de domingo.

— Somos só amigos — Patsy disse.

— Claro. — Esther deu um sorriso tímido e afagou os cabelos de Patsy. — Ah, meu bem, nada me faria mais feliz que vê-la casada. Você tem o maior e o melhor coração de todo o Missouri. E se Pete conquistá-lo, melhor para ele!

Patsy guardou a costumeira gorjeta de Esther no bolso e conduziu-a até a porta.

— Não acho que Pete esteja tentando conquistar meu coração. E não tenho certeza absoluta de que Miranda esteja fazendo bem à família Finley. Mas sabe o que mais me preocupa?

Esther assentiu com a cabeça.

— Sim, eu sei.

As mulheres abraçaram-se e sussurraram no ouvido uma da outra ao mesmo tempo.

— Cody.

17

Kim colocou uma jarra de limonada e dois copos cheios de gelo numa bandeja. Enfiou a mão num pote de vidro, pegou dois biscoitos de baunilha e arrumou-os num prato para completar a tarefa. Através da porta corrediça de vidro, ela viu Miranda bronzeando-se ao sol.

Sentindo-se como se estivesse a caminho da forca, Kim levantou a bandeja e começou a dirigir-se ao deque. Os gêmeos estavam passeando de barco com o padrasto naquela tarde — um estratagema que Kim e Derek inventaram — e chegara a hora de realizar a tarefa tão temível. Kim e Derek sentiram que o casamento havia melhorado desde a noite em que discutiram seus problemas. Não estava perfeito, apenas melhor. Pelo menos agora Kim e Derek tratavam as questões que surgiam entre eles.

Miranda, por outro lado, não havia concordado com perda de seu altar. Aliás, estava furiosa. Parou de falar com todos da casa e se recusava a sair do quarto, a não ser para as sessões de banho de sol diárias.

Seria agora ou nunca.

Equilibrando a bandeja num dos braços, Kim abriu a porta corrediça de vidro com a mão livre e entrou no deque. Ao conversar com Charlie Moore no domingo anterior após o culto, Kim aprendera o significado da "pescaria" de Derek. Em sua mente, porém, a técnica poderia ser reduzida à simples palavra *ouvir*. Era o que fazia o tempo todo.

Na opinião de Kim, a maioria das mulheres era boa ouvinte. E ela sabia, claro, que teria de enfrentar a parte mais difícil — manter a boca fechada. Isso não seria nada fácil, principalmente se Miranda começasse a criticá-la. Kim, no entanto, prometera a Derek que tentaria "pescar" a aceitação da sogra.

— Trouxe uma jarra de limonada para nós — Kim começou a dizer, colocando a bandeja numa mesa pequena de tampo de vidro entre duas cadeiras reclináveis. — Derek acabou de telefonar para dizer que estará em casa dentro de mais ou menos uma hora. Luke pescou três peixinhos e Lydia fisgou um peixe-gato que quase a derrubou na água.

De olhos fechados, Miranda continuou a banhar-se ao sol em silêncio.

Kim sentou-se, esticou o corpo na cadeira e tentou imaginar se suportaria aquela situação desalentadora por mais de alguns minutos. Despejou a limonada nos copos e ofereceu um à sogra.

— Aceita uma bebida gelada, Miranda?

Nenhuma resposta.

Kim voltou a colocar o copo na bandeja e tomou um gole de seu copo. O lago estava tranquilo, vítreo e brilhante. A cor verde-acinzentada fez Kim lembrar-se de aço polido. Nenhuma ave voava no céu sem nuvens. Até as árvores pareciam exauridas em razão do calor, com as folhas murchas nas pontas e galhos curvados.

Lembrando-se da repetida insistência de Derek em que Kim começasse a sessão de pescaria usando a "isca" certa, ela umedeceu os lábios. Em seguida proferiu as palavras que o marido lhe instruíra.

— Qual é o problema, Miranda?

Nenhuma resposta.

— Miranda? O que a está aborrecendo?

Nada.

"Esqueça essa isca", Kim pensou. Ela já sabia qual era o problema. Miranda deixara seus sentimentos bem claros na outra noite. Kim decidiu lançar mão de uma técnica de "pescaria" infalível que costumava usar no consultório do dr. Groene para saber qual era a origem exata de um problema. Quando um paciente chegava ao consultório reclamando de dor em um lugar qualquer — mandíbula, dentes, gengiva, lábio e até garganta — ela ouvia com atenção. Depois repetia exatamente o que acreditava que a pessoa lhe dissera.

Quase sempre ela errava.

Kim aprendera que, quando as pessoas sentem dor, elas resmungam e se atrapalham, apontam aqui e ali, tentam descrever o indescritível. Em geral, balbuciam fatos sem nenhuma importância. Por exemplo, onde se encontravam quando a dor começou ou o palpite dado pelo primo que teve o mesmo problema anos atrás. O diálogo ia e vinha, enquanto Kim tentava ajudar, reformulando as frases e repetindo as palavras do paciente até que o problema verdadeiro fosse esclarecido.

Talvez o sofrimento e a raiva de Miranda emergissem da mesma maneira. Kim tomou outro gole de limonada e lançou a isca idealizada por ela.

— Miranda, entendo seu aborrecimento por Derek ter atirado seu altar no lago — ela começou a dizer, recitando quase textualmente as palavras que a sogra usara dias atrás, depois de dar por falta dos objetos. — E você acredita que ele fez aquilo para tentar me agradar.

Finalmente Miranda respondeu, e seu tom de voz era gelado.

— E daí? Estou errada?

Em vez de responder, Kim decidiu continuar a repetir as palavras da sogra.

— Você deve achar que ninguém da família lhe quer bem, que ninguém é sensível a sua individualidade. Acha que não gostamos do que tem feito por nós e que não reconhecemos seu valor.

— É exatamente isso — Miranda rebateu rispidamente. Ainda de olhos fechados, ela esticou o braço para pegar os óculos de sol e colocá-los. — Vocês me tratam como se eu fosse um inseto nojento.

Magoada, Kim pensou em todas as refeições que havia preparado, em todas as roupas que havia lavado, em todas as vezes que incluíra Miranda nas atividades da família — não apenas para fazê-la sentir-se à vontade e confortável, mas também para atender às necessidades básicas daquela mulher ingrata. Como Miranda se atrevia a dizer que eles a tratavam como um inseto nojento? Que ridículo!

Lutando contra o impulso de devolver a ofensa ou de refugiar-se dentro de casa, no conforto do ar condicionado, Kim tomou outro gole grande da limonada gelada.

— Você deve achar que não gostamos de sua presença na casa — ela disse. — Deve pensar que a decisão de Derek de atirar seus artigos religiosos na água seja prova disso.

— Claro que é! — Miranda vociferou. — Meu filho é um homem inteligente, e sabia muito bem o que aquilo significava para mim. Aquele altar era meu lugar de meditação e reflexão sobre a vida. Era o único meio que encontrei para alcançar e tocar minha divindade interior.

— Sua alma? — Kim perguntou, na esperança de ter escolhido a palavra certa.

— Isso mostra que você não entende nada! Alma é um conceito cristão. Alguma coisa que faz a pessoa acreditar numa vida após a morte em vez de na reencarnação. Dentro de cada pessoa deste mundo há um espírito de divindade, a essência do Criador, um lampejo de santidade. Minha coleção de cristais e minha mandala eram meios para eu receber e conservar essa energia celestial.

Agora, a caixa em que eu guardava meus cristais mais preciosos está no fundo do lago. Buda e as outras imagens ajudavam-me a meditar nas coisas que eles representavam e nas verdades que ensinavam. Agora, também estão no fundo do lago. Você pensa que tudo gira em torno de Jesus, Jesus, Jesus, mas eu lhe garanto que sua mente tacanha a impede de autorrealizar-se, de autocompletar-se por meio de outros caminhos espirituais disponíveis.

Embora estivesse fazendo o possível para ouvir Miranda até o fim, Kim não tinha condições de chegar a um acordo. Inúmeros argumentos passaram-lhe pela mente, mas Kim sabia que, se quisesse conquistar a confiança da sogra, teria de começar com um relacionamento de respeito mútuo. Um bate-boca sobre religião não as levaria a lugar nenhum, por isso Kim engoliu em seco e lançou novamente sua linha de pesca.

— Entendo sua mágoa — Kim procurou ser o mais gentil possível. — Algumas coisas que dissemos a ofenderam realmente. O que Derek fez na outra noite deve ter dado a impressão de que seu filho a ofendeu de propósito.

Para sua surpresa, Kim notou um leve tremor no lábio inferior de Miranda. Não foi um sinal muito evidente, mas mostrou que as palavras de Kim atingiram o alvo. E talvez... talvez ela estivesse perto de fisgar e puxar o alvo daquela pescaria: a compreensão por parte da sogra.

— Miranda, por favor, posso dizer-lhe que lamento muito o que aconteceu? — Kim murmurou. — Você chegou aqui numa época em que Derek e eu estávamos sem opções e nos ajudou muito a cuidar dos gêmeos. Peço desculpas por você não ter notado nossa gratidão.

— Não notei mesmo.

— E você tem razão de estar aborrecida com o que Derek fez na outra noite. Ele não deveria ter jogado fora seus objetos. Se eu puder explicar... — Kim fez uma pausa e respirou fundo. — Alguns dias antes, Derek finalmente me contou sobre seus problemas do passado. Eu não tinha ideia de que ele frequentava a Associação dos Jogadores Anônimos ou que devesse tanto dinheiro a você. Estamos tentando resolver esse assunto, e, durante um momento de tensão, ele reagiu com violência. Sou tão culpada quanto ele, porque não fiz nada para impedi-lo. Deveria ter feito. Não gostaria de ver minha Bíblia ser atirada no lago, e deveria ter levado seus sentimentos em consideração. Por favor, perdoe-me, Miranda. E perdoe também os gêmeos. Temos sido insensíveis. Sei que Derek diria a mesma coisa se estivesse aqui.

Quando terminou de falar, Kim recostou-se na cadeira e encostou o copo gelado de limonada nas faces e na testa. "Que experiência terrível", ela pensou. Magoara Miranda, e suas palavras não haviam ajudado a melhorar a situação. Seria mais prudente entrar em casa e começar a preparar o jantar. Talvez, um dia, seus esforços apresentassem resultado, mas evidentemente sua sogra continuava zangada e voltara a mergulhar no silêncio.

Kim ia levantar-se quando olhou de relance para Miranda. Foi então que ela notou que a gota que descia pelo rosto bronzeado da sogra não era de suor. Era uma lágrima.

— Eu não queria vir, você sabe — Miranda disse com voz trêmula. — Quando Derek me contou sobre Luke, nem cogitei tomar alguma providência. Senti pena dele, claro, mas Luke não era meu neto *verdadeiro*, portanto a responsabilidade não era minha. Mas depois pensei um pouco mais... Sobre a grande aflição de Derek ao tomar conhecimento do diagnóstico de Luke, sobre a dificuldade do coitado de meu filho para equilibrar o orçamento e sobre a possibilidade de você ter de abandonar o emprego para cuidar de Luke, o que aumentaria a carga sobre Derek. Por isso, liguei um dia e me ofereci para ajudar. Esperava ficar apenas duas ou três semanas, no máximo até o início das aulas. Mas então... então Luke e Lydia passaram a ser... passaram a ser importantes para mim. Eu gostava de fazer compras com Lydia. Não tive uma filha, por isso não sabia lidar com ela. Mas passamos bons momentos juntas. E Luke, bem, ele é um garotinho muito doce. Quando teve aquela crise no feriado...

Miranda parou de falar e começou a chorar baixinho. Kim olhou para aquela criatura elegante, bronzeada, de biquíni branco. Por um instante, não foi capaz de harmonizar a imagem que havia feito de Miranda — um dragão detestável, de coração empedernido, que deveria ser trucidado pela espada da verdade — com aquela mulher em prantos, de coração tão terno.

Antes que Kim pudesse dizer alguma coisa, Miranda levantou a mão e prosseguiu.

— Percebi que amo de verdade essas duas crianças. Gosto também de fazer parte da família. Faz muitos anos que Eric morreu e que Derek me deixou. Eu acreditava sinceramente estar ajudando a família de meu filho. Tentei apresentar ideias para melhorar o aspecto da casa e tornar a vida mais fácil. Trouxe buquês de rosas para casa porque sei que todo lar precisa de flores recém-colhidas, e observei que você não tem tempo nem interesse de decorar a casa corretamente. Tentei introduzir novos alimentos, como a *pizza* de espinafre com parmesão e o bolo de sete camadas. Cheguei até a sugerir um tecido diferente de cortina para trazer harmonia à sala de estar e deixá-la mais confortável para todos nós. Tudo, porém, que ofereci foi rejeitado, atirado de volta em meu rosto, como se eu tivesse feito algo terrivelmente ofensivo.

Miranda estava agora enxugando o rosto com sua toalha de praia. Kim continuou parada como pedra, estarrecida ao saber que seu comportamento havia magoado tanto a sogra. Durante todo aquele tempo, Miranda via os filhos de Kim, seu casamento e sua vida por um ângulo diferente. Kim ressentiu-se da presença de Miranda e deixou isso bem claro desde o primeiro dia. Seria essa a atitude de uma cristã? Jesus teria feito o mesmo?

— Abandonei meus amigos — Miranda dizia com a voz entrecortada por soluços — abandonei o clube de campo, todas as lojas elegantes que adorava e os bons restaurantes... Abandonei tudo. Pus minha casa à venda. E aí descobri que ninguém se importa nem um pouco com meus sacrifícios. E pior... Nem mesmo meu filho... meu querido Derek... se importa comigo a ponto de respeitar minhas crenças. Agora vejo que perdi tudo, inclusive meu único filho.

— Oh, Miranda — Kim começou a falar, mas a mão erguida da sogra a fez silenciar-se novamente.

— Você acha que sou cruel por não perdoar a dívida dele. Vejo ressentimento em seus olhos. Mas você não estava presente quando ele chegava bêbado em casa, desesperado e assustado, temendo pela própria vida. Não tem ideia do que sofri... para forçá-lo a aceitar tratamento, para pagar seus credores, para mantê-lo longe do vício, para sustentá-lo na faculdade. Você sabia que o seu marido não pode investir no mercado de ações? Ele não pode fazer investimentos na bolsa de valores. Não pode jogar na loteria. Não deveria sequer jogar cara ou coroa! Você deve achar que estou exagerando, mas compareci às reuniões do JA. Mantive-o sob rédeas curtas durante anos para evitar uma recaída. Você entendeu? Entendeu tudo?

— Estou tentando — Kim respondeu. — Mas e agora?

— Agora não tenho certeza. Estou começando a conhecê-lo novamente.

— Entendo.

— Sei que minha presença aqui não é nem um pouco agradável — Miranda prosseguiu. — Mas quero que saiba que tenho feito o possível para me tornar parte desta comunidade. Ajudei Cody a encontrar a tia dele, ajudei o CAC a planejar o churrasco do Dia da Independência e dei início a um pequeno negócio para vender os artesanatos de Ashley Hanes. Luke ajudou-me no computador. Imprimimos cartões de visita e pedidos de compra. Lydia e eu compramos caixas de amostras para as contas. Fiz contato com amigos em St. Louis, e eles estão comprando colares a torto e a direito. Mas será que alguém nesta família nota minha presença ou me considera útil? Não, foi tudo em vão. Ninguém se preocupa comigo. Ninguém me ama. Ninguém me valoriza. Penso que vocês gostariam de *me* atirar no lago.

Essa imagem que Kim visualizara repetidas vezes — e com alegria — levou-a às lágrimas. Kim não podia negar que tudo o que Miranda disse ou pensava girava em torno de si mesma, mas que mulher não sente uma dose de autopiedade de vez em quando?

Sem hesitar, Kim levantou-se da cadeira, ajoelhou-se no deque e passou os braços ao redor dos ombros de Miranda.

— Ninguém quer atirá-la no lago — ela disse, com o rosto encostado nos cabelos úmidos da sogra. Em seguida, afastou-se. — Apesar do que você pensa, Miranda, nós a amamos. Os gêmeos a adoram, e estão felizes por você ter decidido morar conosco definitivamente. Derek contou-me que se sente confortável com sua presença e que mal notou quando você se mudou para cá. Sei que houve alguns conflitos entre mim e você, mas quero tentar mudar isso. Tive uma infância difícil, e meu primeiro casamento foi péssimo. Levo um pouco de tempo para me relacionar corretamente com os outros, Miranda. Mas amo muito seu filho, e também amo a mãe dele. Você seria capaz de me aceitar?

Miranda tirou os óculos de sol, enxugou os olhos e tomou o primeiro gole de limonada.

— Bom — ela disse, fungando um pouco — depois de tudo isso, suponho que também posso tentar. Afinal, Derek não vai abandoná-la. Já deixou isso bem claro várias vezes. E eu amo os gêmeos. Acho que... sim, acho que você e eu devemos tentar melhorar a situação. Pelo bem de Derek. E das crianças.

— Ótimo — Kim disse, levantando-se. Tudo começará de novo a partir desta tarde. Se quiser mais limonada, me avise. Vou preparar o jantar.

Ela começou a dirigir-se para a porta corrediça, mas viu, pelo reflexo no vidro, sua sogra levantar-se da cadeira.

— Kim? — Miranda chamou. Em seguida, atravessou o deque, esticou os braços e apertou Kim contra seu corpo úmido. — Eu a aceito, querida. E penso que todos nós nos daremos muito bem.

— Lá está ela de novo — Charlie comentou. — Eu não lhe disse?

Esther assentiu com a cabeça.

— Você estava certo, meu bem. Eu jamais deveria ter duvidado de você.

Sentados na varanda, Charlie e Esther montavam colares em fios de náilon. Conforme ficou comprovado, o comércio de colares de Ashley Hanes subiu como um foguete lançado do cabo Canaveral, e logo em seguida Charlie foi informado de que havia sido nomeado "montador oficial de colares".

Não era essa a ideia que ele tinha de momentos agradáveis. Primeiro, seus olhos tinham dificuldade de enxergar o minúsculo orifício de cada conta. Segundo, a leve artrite nos dedos impedia-lhe os movimentos para passar o fio naquela pequenina abertura.

Ah, mas Charlie tinha muita habilidade com as mãos — desde que o trabalho se restringisse a lidar com serra-copo, escavadeira, plaina ou furadeira. Era capaz de construir o que lhe viesse à mente, e o pequeno barracão nos fundos da casa provara que ele não era habilidoso apenas com ferramentas, mas sabia também erguer quase qualquer tipo de construção. Para Charlie, aquele trabalho de montar colares, no entanto, parecia coisa de mulher.

Por outro lado, a montagem de bijuterias para Ashley ajudava-o a preencher as horas do dia e dava-lhe a oportunidade de sentar-se na varanda e ver o entra e sai da vizinhança. Naquela tarde, Boofer estava escarrapachado aos pés de Charlie enquanto Esther separava as contas em fileiras sobre a mesa, ao lado do marido. Esther constatara, com surpresa, que não era a pessoa ideal para realizar aquele trabalho. Seus óculos trifocais não lhe permitiam enxergar com clareza o orifício por onde o fio deveria passar, e às vezes ela misturava as cores. Isso significava que, se não estivesse prestando muita atenção, Charlie teria de refazer o trabalho.

— Gostaria de saber que tipo de roupa ela está usando hoje — Esther comentou. — Você acha que ela saiu para comprar mais?

Às vezes Charlie e Esther conversavam dessa maneira. Tratava-se de uma espécie de código desenvolvido ao longo dos anos. O curto comentário de Charlie, proferido em voz baixa, informou a Esther que seu marido avistara Miranda Finley exercitando-se no deque. E a pergunta aparentemente sem sentido de Esther informou a Charlie que sua esposa se referia aos objetos para os rituais religiosos de Miranda — um altar e algumas pedras e estátuas.

— Acho que ela deve ter ido de carro a Springfield para comprar outro Buda, quem sabe dois. Você me passou as pedras alaranjadas, meu favo de mel, e ainda não terminamos de montar as vermelhas. Aquelas com bolinhas.

— Ah, céus. — Esther pegou as pedras alaranjadas e colocou-as de volta no compartimento. — Estes colares estão me deixando maluca. Eu não queria fazer parte do projeto de Miranda, mas sei que é para ajudar Ashley a não ter de procurar um segundo emprego. Não sei se ela vai ter aquele bebê que tanto deseja, coitadinha. Estou sempre de olho na barriga dela, mas não há nenhum sinal de crescimento.

— Lisa como uma tábua.

— Você não deveria olhar para a a cintura e a barriga de uma mulher, Charlie Moore.

— Ela usa aquelas regatas curtíssimas. O que um homem deve fazer nestes casos?

Esther sacudiu a cabeça.

— O quarto do bebê também não foi adiante. Na última vez que visitei Ashley, vi uma serra elétrica bem no meio da sala de estar. Há também muitos materiais de construção amontoados no jardim. Brad deveria guardar a madeira que comprou, antes que os cupins tomem conta dela. Você notou que a casa pegada à dos Hansens não tem recebido visitas de possíveis compradores?

— Ah, sim, há uma pessoa interessada naquela casa. Vi Miranda lá outro dia. Ela estava espreitando as janelas, tentando girar as maçanetas e andando na varanda com passos firmes para testar as tábuas do piso.

— Sério? Agora você me contou uma novidade interessante. Gostaria de saber se ela está pensando em comprá-la. — De repente, Esther deu um gemido de frustração. — Estamos usando as contas alaranjadas ou vermelhas, meu doce velho? Não consigo colocá-las na ordem certa.

— Vermelhas. Com bolinhas.

— Quem gostaria de usar um colar de contas vermelhas com bolinhas?

— Alguma mulher de St. Louis.

Eles trabalharam alguns momentos em silêncio.

— Penso que precisamos começar a pensar no churrasco do Dia do Trabalho — Esther disse. — Ninguém gostou de minha ideia de fazermos um desfile.

— Você me contou.

— Contei? De qualquer forma, a reação do CAC surpreendeu-me, posso assegurar-lhe. Eu sempre quis participar de um desfile. Mas ninguém na comunidade deu atenção a minha ideia. Jennifer Hansen poderia ser transformada numa linda rainha de Deepwater Cove, você não acha?

— Entendo que missionárias não podem ser rainhas de beleza, minha doçura. Que tal se você colocasse aquele antigo vestido de baile, e eu a conduzisse por toda a enseada em meu carrinho de golfe?

Esther riu ao lembrar-se dos sininhos que tocaram no dia em que Charlie se apaixonara por ela muitos anos atrás.

— Eu não caberia de jeito nenhum naquele vestido de baile. Mas é lindo. Todo de organza, cor de orquídea. Sei que deveria oferecê-lo a uma linda jovem, mas não quero desfazer-me dele.

Pelo que Charlie se lembrava, o vestido tinha uma textura tão áspera e um laço tão engomado que ele mal conseguiu chegar perto de Esther na noite do baile de formatura do colégio — uma situação que o deixara profundamente frustrado. Aliás, ele não conseguira sequer ganhar um beijo. Havia muitas saias por baixo do vestido para dar-lhe mais volume. O vestido estava guardado em algum lugar no sótão, provavelmente comido por traças, mas, na mente de Esther, continuava a ser um traje digno de rainha.

— Estamos usando as contas alaranjadas, querido? — Esther perguntou. — Ou cor-de-rosa? Não me lembro a ordem.

— Vermelhas — ele respondeu, observando Miranda terminar os exercícios, colocar o roupão sobre o maiô e sair do deque. — Com bolinhas.

— Ó céus, claro! — Esther disse. — Como pude esquecer?

18

Kim estava tão ansiosa por voltar para casa na véspera do feriado prolongado do Dia do Trabalho que não conseguia esperar nem mais um minuto. Depois que seu marido e a sogra decidiram colaborar com ela e esforçar-se ao máximo para que todos tivessem uma convivência de cooperação e amizade, depois de alguns meses a felicidade voltou a reinar na casa dos Finleys.

Tendo em vista o churrasco do Dia do Trabalho, Derek providenciara cachorros-quentes, em quantidade suficiente para alimentar dois exércitos, e Miranda estava preparando sua salada especial de macarrão com tofu e legumes. A família inteira proibira Kim de fazer qualquer coisa que não fosse relaxar, descansar e aproveitar o tempo de folga. Derek estava certo de que a maior expressão de amor da esposa pela família era cuidar daqueles que ela mais amava. Kim, porém, não podia negar que a ideia de ficar com os pés para cima durante o feriado inteiro parecia positivamente mágica.

No entanto, a última semana de agosto ainda não terminara. Kim calçou as luvas preparando-se para atender o último paciente do dia.

— Você vai me anestesiar com aquela máscara, dona Kim. Estou certo?

Extrair o dente de uma boca como a de Abe Fugal não era uma tarefa nada divertida para uma tarde de sexta-feira, mas não havia outro jeito. Seria mais fácil se o paciente estivesse inconsciente, mas o sr. Fugal viera desacompanhado ao consultório, e não havia ninguém para dar-lhe uma carona até sua casa.

— Tem certeza de que quer esse tipo de anestesia, sr. Fugal? — Kim perguntou, pousando a mão no ombro dele. — O dr. Groene pode aplicar anestesia local, mas se o senhor preferir...

— Não quero ver nenhuma agulha vindo na minha direção! Nem na minha boca nem perto dela. Sei que o doutor tem razão, mas, quando penso que ele vai me espetar com uma daquelas seringas, fico nervoso demais.

— Podemos administrar um pouco de anestesia por inalação para ajudá-lo a relaxar, mas penso que o dr. Groene vai ter de amortecer o nervo antes de extrair o dente.

— Droga! Isso me deixa irritado. Tenho 62 anos e nunca fui ao médico em toda a minha vida. Nasci em casa, e nunca pus os pés num hospital, a não ser quando minha mulher ficou doente. Câncer, você sabe. Ela teve de tomar um remédio para aliviar a dor, até o fim da vida. Mas eu tenho mais saúde que um cavalo. Nunca tomei remédio. Nem aspirina. E agora você quer que o doutor espete uma agulha em minha gengiva.

Kim deu-lhe um tapinha no ombro.

— Está certo. Vamos lá, moça! — Abe disse. — É melhor me apagar antes que o doutor chegue com a agulha. Não quero nada dessas coisas!

Kim sorriu enquanto preparava a pequena máscara para cobrir as narinas de Abe.

— Respire pelo nariz, e vai começar a se acalmar. Quando o dr. Groene chegar, vou pedir que o senhor feche os olhos. Aposto que não vai saber o que está acontecendo.

— OK, acredito na senhora, mas só porque é bonita. Ponha essa máscara em mim e vamos lá. Faça isso, dona Kim, e vou amar a senhora até o fim da minha vida.

— Por favor, avise-me se começar a sentir-se um pouco atordoado — Kim pediu-lhe com carinho quando ele começou a inalar o gás. — Não queremos que sinta náusea, sr. Fugal. Se a sala começar a rodar, aperte minha mão. — Ela colocou a palma da mão sobre os dedos enrugados do paciente.

Abe segurou a mão dela com firmeza, fechou os olhos e inalou o gás.

— Você é a moça mais bonita que já vi — ele murmurou.

— Obrigada, sr. Fugal. Kim estava acostumada a expressões ligeiramente tolas, às vezes emocionadas, que o gás anestésico produzia. Já havia lidado com pacientes risonhos, pacientes grogues, pacientes chorosos e aqueles que professavam amor eterno e imortal pelo dr. Ben Groene, mesmo enquanto ele limpava a cavidade do dente com o motor.

— Como está se sentindo agora, sr. Fugal? — Kim perguntou depois que Abe permaneceu em silêncio por alguns momentos. — Está sentindo tontura?

— Não, estou deitado aqui pensando na minha garota. Na minha queridinha. Eu e ela passamos bons momentos juntos.

— Com certeza. — Enquanto ajustava o volume de gás, Kim imaginou que a queridinha de Abe fosse a esposa que havia morrido de câncer alguns anos antes. Como assistente do dr. Groene, ela quase sempre ouvia história de pacientes que queriam falar do passado.

— Não dá para acreditar que ela morreu — Abe disse de maneira chorosa. — Foi embora, sem mais nem menos. Sem dizer adeus. Ela gritou: "Socorro!... Socorro, Abe!", e mais nada. Eu tentei. Fiz tudo o que podia para tirar minha queridinha da água, mas não deu tempo, e ela se foi.

— Da água? — Kim perguntou. Um arrepio percorreu-lhe a espinha e eriçou-lhe os cabelos na nuca. — Sua esposa caiu na água? Quando foi isso?

Uma lágrima rolou pelo rosto de Abe.

— Não foi minha esposa. Minha June queridinha. Faz alguns meses. A gente estava se divertindo um pouco, você sabe. Só uma cerveja ou duas. Pescando alguns peixes no ancoradouro perto do nosso *trailer*. Aí eu entrei para buscar mais cerveja. A gente estava se divertindo, como eu disse. Minha June queridinha e eu fazíamos isso quase todas as noites.

Kim engoliu em seco assim que o dr. Groene entrou no cubículo. Contrariando tudo o que aprendera acerca de manter o paciente confortável, continuar com os procedimentos, evitar problemas imprevisíveis, ela levou o dedo indicador à boca. Apontando para Abe Fugal, ela sacudiu fortemente a cabeça e olhou para o dr. Groene.

Ele franziu a testa e aproximou-se.

— Abe, como foi que June caiu na água? — Kim perguntou, fazendo gestos frenéticos e sem sentido para o dr. Groene.

— Ah... Ela debruçou no ancoradouro para tirar o cesto de peixes da água, e caiu. De ponta-cabeça. Subiu e gritou. Gritou que estava enrolada numa linha de pesca e não podia mexer os braços. A linha devia estar flutuando na água... Essas linhas fracas que arrebentam com o peso da isca no anzol, você sabe. Todo aquele emaranhado de fios deve ter prendido June, e ela não conseguiu se livrar. Ouvi os gritos dela, mas não vi mais nada. Estava escuro naquela hora. O lago parecia um enorme buraco negro. E engoliu minha June queridinha num piscar de olhos. Ela nunca foi boa nadadora, e com toda aquela linha de pesca... Ah, droga, detesto pensar nisso. Não dá pra aguentar.

— Kim? — o dr. Groene perguntou, com a testa franzida. — O que está acontecendo aqui?

Sem pensar duas vezes, Kim começou a interromper a passagem do gás anestésico.

— Sr. Fugal, o senhor já está voltando a si.

— Terminamos? — Seus olhos úmidos piscaram. — Ei, a senhora estava certa, dona Kim! Não senti nada. Mas meu dente ainda dói. Epa, doutor, acho que o senhor errou o alvo. Ainda sinto aquele dente aqui onde ele estava.

— Ainda não fizemos a extração, sr. Fugal — Kim explicou, inclinando o corpo para ver o rosto dele. — Preciso conversar com o dr. Groene por um instante. O senhor estava me contando sobre June, e não quero que continue a falar enquanto eu não souber como proceder.

— Ah, não faça isso. — Abe sacudiu a cabeça. — Você desligou o gás, não?

— Desliguei. Agora o senhor vai poder pensar com mais clareza.

— Como jamais consegui — ele disse com um sorriso retorcido. — Se bem que não pensava muito.

— O senhor se lembra do que me contou a respeito de June?

Seu semblante entristeceu-se.

— Ah, sim. Não vim até aqui para falar disso, mas a senhora é tão bonita e tão doce que achei que podia confessar.

— Confessar o quê? — o dr. Groene perguntou. — Abe, o que contou à sra. Finley?

— Contei que minha June queridinha caiu na água naquela noite que a gente estava se divertindo.

— Está falando da mulher que vinha aqui com você? Eu a vi uma ou duas vezes.

— Estou, é isso mesmo. June dirigia para mim a maior parte do tempo, porque perdi a licença por causa das multas que recebi. Meu dente doía tanto que June me convenceu a vir aqui para o senhor dar uma olhada nele.

— Eu não sabia que ela havia morrido.

Kim resolveu falar.

— O dr. Groene ou eu gostaríamos de ter ido ao enterro, sr. Fugal. Quando foi?

Os cantos da boca de Abe viraram para baixo.

— Não foi.

— Você não mandou fazer uma cerimônia fúnebre para ela? — o dr. Groene perguntou.

— Não. Decidi ficar de boca fechada. Não contei a ninguém que June morreu, porque... Bem, se você quer saber a verdade, não tive coragem. Veja, nós bebemos, e naquela noite a gente fez algumas coisas que não deveria, se é que você me entende. Eu não queria criar nenhum problema para nós. Além disso, ela não tem família, a não ser eu, e *nós* não casamos.

— Então... ela morreu afogada? — o dr. Groene perguntou.

— Você não viu a notícia na TV? Eles deram a notícia por uns tempos depois que encontraram June. Não sabiam quem ela era, mas eu sabia. Eu sabia que era a minha pobre June.

— Você deveria ter relatado o caso às autoridades, Abe — o dr. Groene lhe disse.

— Pode ser, mas meu pai dizia: "Morreu, está morto". Achei que devia fazer o mesmo com minha June queridinha, mais nada. Eu já contei que fiquei apavorado com o que aconteceu naquela noite por causa da bebida e de outras coisas. June sempre via programas policiais na TV, e hoje em dia eles sabem o que a gente andou fazendo e até mesmo o que fez muito tempo atrás. Sem falar que já fui preso uma ou duas vezes, e meu nome está sujo na delegacia.

— Preciso ligar para meu marido — Kim disse em voz baixa.

— Vá ao meu escritório — o dr. Groene disse. — Abe, já que você contou à sra. Finley e a mim sobre o que aconteceu com June, penso que esteja disposto a contar também à polícia, não?

— Eu sei que deveria. Sim, vou fazer isso. Acho que vão me prender e jogar a chave fora pelo resto da minha vida. Eu mereço.

— Duvido que sejam tão duros com você nestas circunstâncias.

— Foi como eu contei. Já peguei cadeia antes, por isso sei que posso aguentar. E estou feliz por ter contado a verdade a vocês. O sofrimento parecia que ia me matar.

Enquanto seguia em direção ao escritório do dentista, Kim continuou a ouvir os dois homens conversando. Ela teclou os números do telefone de Derek. Ele ainda deveria estar no barco, mas não demoraria muito a chegar ao consultório do dr. Groene.

— Oi, minha linda — Derek disse ao atender o telefone. — O dr. Groene vai dispensá-la mais cedo hoje? Espero que...

— Derek — Kim interrompeu-o, quase sufocada pela empolgação. — Ainda estou no trabalho. Você precisa vir para cá imediatamente.

— O que houve, meu bem? É uma emergência?

— Não, mas é urgente. Derek, preciso de sua ajuda. Não sei o que fazer. Um de nossos pacientes está aqui... Abe Fugal... E ele me confessou uma coisa enquanto estava sendo sedado. Desliguei o gás o mais rápido que pude, e acho que ele ainda está disposto a falar sobre o assunto.

— O que ele lhe contou, Kim?

— Ele estava com uma mulher na noite em que ela caiu na água. Ele sabe que ela morreu, porque viu os noticiários. Mas não contou nada a ninguém, e não houve enterro nem cerimônia fúnebre. Derek, acho que ninguém mais sabe a respeito da morte daquela mulher.

— Você está dizendo que o homem não comunicou um possível afogamento?

— Exatamente. Os dois beberam a noite toda. Ele contou que ela se debruçou no ancoradouro para pegar um cesto de peixe e caiu na água. Contou também que a mulher não era boa nadadora e que ela gritou dizendo que estava enrolada numa linha de pesca. Ele tentou tirá-la da água, mas não conseguiu encontrá-la por causa da escuridão. Depois, não a viu mais. Ele acha que ela morreu afogada.

— Já estou indo — Derek disse. — Estarei aí em quinze minutos. Estou ligando para a polícia para cercar a área até eu chegar aí. Continue na linha, Kim.

Em seguida, a voz de Derek tornou-se abafada enquanto ele falava pelo rádio com as autoridades municipais e depois com o controlador de tráfego marítimo da Patrulha Aquática em Jefferson City. Kim ouviu quando ele informou seu número de identificação.

— Jeff, estarei fora da água... Missão urgente no consultório do dr. Ben Groene, Rodovia 5, Camdenton. — Derek voltou a falar ao celular. — Querida, você está em situação de perigo?

— Tenho certeza de que o sr. Fugal é inofensivo. Ele mal consegue enxergar, e movimenta apenas uma das mãos. Mas, por favor, venha logo, Derek. Ele pode mudar de ideia e tentar ir embora. Contou ao dr. Groene que tem ficha criminal.

— Sabe a data de nascimento dele, Kim?

— Não, os dados médicos dele são confidenciais.

Derek voltou a falar no rádio.

— O indivíduo deve estar sendo procurado no condado de Camden — ele disse, informando os dados ao funcionário. — O nome é Abe... A-B-E... Fugal. Não tenho a data de nascimento. Você pode puxar a ficha dele?

O controlador confirmou que o nome do sr. Fugal seria verificado a respeito de possíveis mandados de prisão, bem como de registros de comportamento perigoso.

— Você está na posição 10-12? — o controlador perguntou a Derek.

Kim conhecia o código e entendeu que a Patrulha Aquática queria saber se Derek já estava no local. Aquilo indicava que havia suspeitas quanto à documentação do sr. Fugal. Com o celular grudado no ouvido, ela voltou ao corredor e olhou dentro do cubículo. O dr. Groene e Abe Fugal discutiam a classificação dos times de beisebol, principalmente do Cardinals de St. Louis, e se a equipe teria chances de vencer o campeonato daquele ano.

— Derek — Kim disse ao voltar ao corredor. — Acho que esta é a pista que você procurava para identificar o corpo que encontrou no início do verão. Penso que a mulher que morreu morava com Abe Fugal num *trailer* antigo, na curva da enseada, não muito longe de Deepwater Cove. Você se lembra de um *trailer* que perdeu parte do telhado na tempestade do ano passado? Tenho quase certeza de que sei quem ela era. Ela vinha aqui com Abe. O nome dela é June Bixby.

— June Bixby — Derek repetiu. — Ótimo. Estou a caminho. Preste atenção, quero que saiba que, quando eu chegar aí, vamos ficar separados. Vou ter de trabalhar com o Departamento de Investigações Criminais e tenho certeza de que a polícia vai interrogar você. Acho que não vou jantar em casa esta noite.

—Tudo bem, Derek.

— Kim, você pode pensar que o sujeito não é perigoso, mas ele tem ficha na polícia. Tome cuidado, meu bem. Não quero que nada lhe aconteça.

— Estou bem — ela disse em voz baixa. — Está tudo bem.

— Só quero que saiba que eu a amo. Passamos por maus bocados nos últimos tempos, e preciso lhe dizer...

— Derek, eu ouvi. Sei o que está querendo me dizer. — Kim fez uma pausa. — Também amo você.

19

Com passos hesitantes, Patsy olhou para as cadeiras no gramado enquanto levava seu prato de tira-gostos ao grupo de homens reunidos perto das churrasqueiras. Depois de avistar uma cadeira resistente de plástico que aguentaria com facilidade sua ampla figura, ela sentou-se e esticou as pernas.

— Oi, pessoal — ela disse.

Os homens interromperam o bate-papo por um instante para cumprimentá-la.

— Oi, Patsy — disseram, formando um coro de tenores e baixos. Em seguida, voltaram a conversar.

Patsy não se importou com o desinteresse dos homens por sua presença. No Dia da Independência, ela atraíra atenção suficiente pelo resto da vida. Além da vergonha causada por aquela cadeira horrorosa que se dobrou ao meio, a destruição dos enfeites patrióticos que usava e do penteado homenageando a bandeira americana, preparado com tanto cuidado, foi um espetáculo à parte.

Para o churrasco do Dia do Trabalho, Patsy decidira criar um visual mais ameno, com aparência de outono. Os cabelos foram tingidos da tonalidade mais próxima àquela dos tempos de infância. Infelizmente, a cor escolhida deu a seus cabelos um tom parecido com loiro natural ou acinzentado, ou uma mistura dos dois. Por isso, ela teve de fazer algumas luzes douradas e avermelhadas para conferir um pouco mais de brilho aos cabelos.

Em razão do calor abrasador ao ar livre, ela decidiu usar uma camiseta de mangas curtas com a estampa de uma folha com tons de cinza-amarelado, vermelho-queimado e preto. Para dar um ar um pouco mais outonal, ela escolheu um broche que pertencera a sua mãe — uma folha natural de bordo mergulhada em acrílico. Sua cor vermelho-alaranjada combinou perfeitamente com as bermudas que Patsy usava. E todos os acessórios estavam de acordo com a sandália plataforma preta que ela tirara do armário.

Patsy mergulhou um salgadinho de milho no *chili* e mastigou-o pensativamente. Infelizmente, Pete Roberts não participaria do churrasco. Ele decidiu manter a Rods-N-Ends aberta para os últimos turistas do verão à procura de gasolina para abastecer os carros. Patsy não o culpava por isso. O fim da estação significava uma calmaria tão grande a ponto de provocar sono na comunidade do lago de Ozarks. Era nessa ocasião que os negócios mais fracos começavam a desabar. Somente os habitantes da localidade e uns poucos visitantes mantinham as lojas e os restaurantes funcionando durante o fim da estação. O primeiro ano de Pete havia sido difícil, Patsy sabia, mas ele achava que conseguiria superar.

O Pop-In de Bitty Sondheim, contudo, parecia estar condenado ao fracasso. Duas semanas atrás foi afixada uma placa de "Fechado" na porta da frente, e o interior do pequeno restaurante permanecia escuro dia e noite. Fazia dias que Patsy não via sua vizinha, por isso ficou feliz ao avistar a californiana de cabelos longos e saia esvoaçante, batendo no tornozelo, chegando ao churrasco. Bitty estava na área de estacionamento e, aparentemente, tentava retirar uma peça volumosa da traseira da *van*.

— Ei, Brad — Patsy gritou para atrair a atenção do belo e jovem marido de Ashley Hanes, sentado nas proximidades. — Que tal você, Derek e Steve ajudarem Bitty ali adiante? Parece que ela trouxe metade do restaurante.

— Provavelmente tentando descarregar as sobras em cima de nós — Brad disse, olhando para a esposa, que estava vendendo colares de contas numa mesa embaixo de uma árvore. — Ashley vive me arrastando até o Pop-In. Se eu nunca mais comer um enrolado de berinjela, não vou ficar nem um pouco triste.

Ao dizer aquilo, ele e vários outros homens levantaram-se da cadeira, verificaram a carne de porco na grelha e foram ver se poderiam carregar alguma coisa para Bitty. Patsy mal teve tempo de provar os palitos de salsão recheados com queijo apimentado, que estavam em seu prato, e Brad já havia voltado, mais animado do que nunca.

— Charlie! — ele gritou. — Patsy! Venham todos ver o que Bitty fez. Vocês não vão acreditar!

Sem querer perder nem um só momento daquele entusiasmo, Patsy levantou-se e correu pelo gramado até a longa mesa dobrável onde Bitty estava abrindo caixas e espalhando utensílios de cozinha. A má notícia era que a californiana estava à beira das lágrimas quando arrumou os pratos em fileiras e começou a colocar um ou dois sanduíches enrolados em cada um. A boa notícia era que Brad Hanes havia provado um dos sanduíches e estava prestes a explodir de alegria.

— Filé de frango frito! — ele exclamou, mostrando o recheio do sanduíche que acabara de morder. — Coberto com purê de batata e molho de carne... e manteiga do Texas por fora! E grelhado! É bom. É delicioso. Vocês precisam experimentar.

— Filé de frango frito em sanduíche enrolado? — Patsy murmurou, pegando um prato.

— Isto não é tudo! — Bitty disse com voz triste e ríspida. Ela apontou para cada um dos sanduíches. — Aqui vocês têm um de peixe empanado, coberto com molho tártaro e fubá, frito no óleo. Este aqui é de frango, um filé de frango frito enrolado numa mistura de purê de batata com feijão verde, no pão caseiro. E finalmente aqui está o enrolado de presunto. Vem com um pedaço grande de abacaxi em lata, mais uma camada grossa de calda de abacaxi, e é assado dentro de uma broa de milho.

Por um momento, os homens fixaram o olhar nos pratos, atordoados e em silêncio.

— Onde estão os enrolados de *fajita*? — Derek perguntou. — São os meus preferidos.

— E aquele enrolado de salada grega que minha mulher gosta tanto? — Steve quis saber.

— Foram suspensos — Bitty respondeu enquanto os homens começavam a pegar os pratos e experimentar os sanduíches de aspecto estranho. — Também foram suspensos os enrolados de berinjela, os enrolados de cebola com queijo feta, os enrolados de carne de cordeiro assada com *homus*, os enrolados de abacate com camarão. Todos foram suspensos. As omeletes também. E o Pop-In de Bitty Sondheim também.

— Ei, espere um pouco — Patsy disse. — Você está indo embora, Bitty? Mal nos deu tempo de provarmos seus quitutes. Um único verão não é tempo suficiente para nos acostumarmos à culinária da Califórnia.

— Para mim, é tempo suficiente. — Ela olhou para cada homem. — Os clientes de fora gostaram muito de minha comida, mas tenho ouvido os comentários de vocês. Tenho visto as caretas que fazem quando leem meu cardápio. Sei que não gostam de meus enrolados californianos. Aqui estão! — Ela abriu as mãos para indicar as comidas que trouxera. — Aqui está a *droga* de comida do Missouri, comida feita em casa como nos tempos da vovó, frita com bastante óleo para provocar infartos. Vocês sempre disseram que queriam filé de frango frito com purê de batata, e aqui está. Peguem quantos quiserem. É por conta da casa.

Em seguida, Bitty irrompeu em lágrimas, deu meia-volta e dirigiu-se para a *van*.

Espantada, Patsy correu atrás dela.

— Bitty — gritou, arrependida a cada passo de ter escolhido aquela sandália plataforma preta. — Bitty, espere, por favor. — Não nos abandone desta maneira, querida!

— Vou voltar para a Califórnia, o lugar a que pertenço. O Missouri é excêntrico demais para mim.

— O Missouri é excêntrico? — Patsy alcançou Bitty, que estava colocando as caixas e as cestas de volta na *van*. — Não somos excêntricos, meu bem; somos apenas acomodados. Fazemos as mesmas coisas há anos. Comemos a comida de sempre, e usamos as roupas de sempre. Para nós, não é fácil mudar, mas não é impossível. Por favor, não vá embora, Bitty. Dê outra chance a nós. Eu estava começando a gostar daquele tal de húmus.

— *Húmus* é uma porcaria enriquecida com esterco de vaca! — Bitty choramingou, virando-se para Patsy. Sua voz começou a levantar-se até o ponto de praticamente gritar. — Eu servia *homus*! *Homus* é um purê cremoso de grão-de-bico com pasta de gergelim, temperado com suco de limão e alho! Todos comem isso na Grécia e no Oriente Médio! O *homus* é servido com pão comum ou como recheio de pão sírio!

— Tudo bem! — Patsy disse, erguendo as duas mãos para tentar acalmar Bitty. A última coisa que ela precisava era de outro grande *show*. — Calma! Sinto muito. Eu não sabia a diferença, Bitty. Sou meio ignorante a respeito dessas coisas. A maioria do pessoal aqui é... Mas não significa que não somos educados. Se você tivesse colocado no cardápio que ia servir pasta de grão-de-bico, bem... bem...

— Está vendo? Ninguém quer experimentar minha comida. Sabe quem era minha melhor cliente? Miranda Finley, porque ela é de St. Louis. Conhece a cozinha internacional. Sabe o que significa comida saudável. Entende o que eu estava tentando fazer. Pensei que poderia vir ao lago, montar um pequeno restaurante e viver o resto de meus dias aqui, onde o custo de vida é baixo e o ritmo é lento. Mas todos os meus sonhos foram por água abaixo. *Estou* arruinada, Patsy! Investi tudo o que tinha no Pop-In!

— Ah, Bitty, venha cá e deixe-me dar-lhe um abraço. — Quando abraçou a mulher, Patsy percebeu de repente que a maioria dos homens que cuidava dos churrascos se dirigia à *van* de Bitty como soldados numa missão. Ela movimentou a mão para eles na tentativa de espantá-los, mas eles não se intimidaram.

— Bitty, queremos falar com você — Steve Hansen disse. — Estes homens acabam de eleger-me diretor do Plano de Revitalização do Pop-In.

Fungando, Bitty levantou a cabeça do ombro de Patsy.

— Já entreguei o cheque final do aluguel, Steve. Sinto muito por tê-lo decepcionado, mas não consegui fazer o local prosperar. Você vai ter de encontrar um novo inquilino.

— Vou ter de impedir isso — Derek Finley disse, dando um passo à frente e conduzindo Bitty de volta à mesa, onde um grupo estava reunido para experimentar os novos enrolados. — Lamento, mas não posso permitir que você feche o Pop-In, Bitty. Isso vai causar uma revolta entre o povo, e não podemos correr o risco.

— O quê? — ela perguntou, com a voz trêmula. — O que você está dizendo?

Chegou a vez de Brad Hanes falar enquanto segurava o resto do seu lanche enrolado no papel-manteiga.

— Queremos que você mantenha o estabelecimento aberto e continue a fazer esses sanduíches do Missouri, fritos com bastante óleo para provocar infartos. São deliciosos. Falo sério. Um só é suficiente para meu almoço. Vou ter de nadar um pouco para digerir aquele que comi e deixar espaço para o churrasco, quando estiver pronto.

— Mas eles são... horríveis — Bitty disse.

— Horríveis de *bons* — Brad declarou. — Se o Pop-In continuar aberto, Bitty, vou contar a notícia ao pessoal com quem trabalho, e iremos lá todos os dias. Comi o enrolado de filé de frango frito, mas sou mais fã de peixe. Charlie disse que o que ele comeu estava fantástico.

— Não deixe Esther saber — Charlie Moore disse, aproximando-se de Brad — Mas aquele enrolado de peixe deixa o empanado dela no chinelo.

— Sério? — Bitty perguntou.

— Tão sério quanto uma fritura capaz de provocar um infarto! — Brad disse, rindo.

Todos ainda riam quando Charlie cutucou Patsy.

— Ei, quem é aquele ali? Aquele que está chegando ao estacionamento?

O coração de Patsy bateu forte quando ela olhou para o arbusto espesso na beira do estacionamento. Emergindo das sombras apareceu um homem alto, de ombros largos, carregando uma caixa grande. Por um instante, ela pensou que um milagre poderia ter trazido Cody de volta. Mas era um desconhecido. Um estranho de boa aparência que devia ter observado a reunião e decidido participar.

— Quase tive de estacionar em frente ao Rods-N-Ends e vir andando — o homem gritou enquanto se dirigia à *van* de Bitty. — Mas não me importo com todos esses carros, já que vão todos ser abastecidos na minha loja.

Ao ouvir essas palavras, Patsy suspirou tão fundo que todos se viraram para ela.

— Pete? — ela perguntou em voz baixa. — É Pete Roberts?

Era. Mas não podia ser. Onde estava o cão pastor peludo? O velho urso cinzento? O boboca de andar pesado, vestido de macacão e camisa de flanela xadrez?

— Oi, Patsy — ele sorriu, e de repente ela se deu conta de que estava vendo os dentes de Pete Roberts. Será que ela já havia visto aquela boca? Aquele queixo? Aquelas mandíbulas quadradas?

— Não vai falar comigo? — Ele fez uma pausa, sorrindo. — Trouxe uma torta de nozes pecãs feita por mim... Uma receita da qual muito me orgulho. Espero não ter perdido o churrasco de carne de porco.

— Você perdeu os novos enrolados do Missouri feitos por Bitty — Luke Finley interveio. — São ótimos.

— Não há problema, Pete — Brad garantiu-lhe. — Você pode ir ao Pop-In. Quando quiser. Ei, você emagreceu ou coisa parecida?

— Ele tirou a barba — Patsy disse, suspirando entre as palavras. — Pete tirou a barba. Você tirou a barba.

— E cortei o cabelo. Eu deveria ter deixado você fazer isso, Patsy, mas queria fazer-lhe uma surpresa. Fechei a loja mais cedo para mostrar meu novo visual. O que acha?

Sem esperar pela resposta, ele entregou a caixa a Derek Finley, segurou Patsy pelo braço e beijou-a na boca.

— O que você achou, doçura?

Patsy quase caiu das sandálias plataforma. Todos os homens ao redor começaram a aplaudir. Os gêmeos Finley cantaram: "Com quem será, com quem será que a Patsy vai casar? Vai depender, vai depender se o Pete vai querer...".

— Ei, chega! — Patsy disse, saindo do transe. — Peço licença a todos vocês. Preciso me sentar.

Enquanto se afastava, tentando equilibrar-se nas sandálias, Patsy ouviu o grupo rindo e cochichando atrás dela. Bem, ela conseguira ser o foco das atenções de mais um feriado... e novamente por causa de Pete Roberts. Só que dessa vez Patsy não se zangou. Longe disso. Aliás, estava tão afogueada, tão atordoada, tão desconcertada que não sabia se conseguiria chegar até a cadeira de plástico.

No exato momento em que ela imaginou que cairia na grama e ficaria sem as sandálias, Pete passou seus braços por sobre os dela.

— Está furiosa comigo novamente? — ele perguntou, aproximando-se dela.

Patsy não podia acreditar, mas ele tinha o cheiro delicioso do céu. Passara algum tipo de loção pós-barba com aroma de limão, e sua respiração era doce. O desejo dela era olhá-lo nos olhos e dar-lhe o maior beijo do mundo.

— Patsy — ele disse — não fique aborrecida. Achei que ficaria feliz de me ver sem barba depois de tanto tempo. Principalmente antes do inverno. É no inverno que costumo deixar a barba crescer e ficar bem cerrada. Mas você sempre dizia que eu devia tirar a barba e cortar o cabelo, e eu obedeci. Aliás, fiz isso por você. Já lhe dei algumas xícaras de chá, mas não sabia mais o que fazer para lhe agradar. Queria ver você feliz.

Patsy fez uma pausa e fitou aqueles olhos azuis encantadores.

— Você me fez feliz, Pete — ela disse. — Estou feliz, mas... mas um pouco assustada também.

— Assustada? Com quê? Sou eu.

— Mas está muito diferente. Está... não sei como dizer, você está bonito.

Ele caiu na gargalhada.

— Bonito! É a primeira vez que alguém diz isso sobre Pete Roberts. Mas, se você pensa assim, nunca mais vai ver nenhum fio de barba em meu rosto enquanto eu viver.

Patsy afundou-se praticamente na cadeira de plástico, e Pete sentou-se na grama, ao lado dela. Patsy esticou as pernas, fechou os olhos e tentou pôr os pensamentos em ordem. Aquele homem bonito *não* podia ser Pete. Não era possível. Quantas barbas ela raspou na vida? Pelo menos uma dúzia, e o que estava por baixo não tinha nenhum atrativo. E quantos homens ela vira logo após terem cortado o cabelo? Milhares? Mas nenhum ficou tão bonito quanto Pete Roberts.

— Você vai gostar de minha torta de pecãs — ele disse, segurando a mão dela. — Fiz o recheio e a massa. A receita era de minha mãe. Você nunca imaginou que um camarada como eu soubesse assar torta de pecãs, mas se houvesse um concurso aqui por perto, aposto que ganharia o primeiro prêmio.

"Claro que sim", Patsy pensou. "Mas não por causa da torta de pecãs." Ela abriu um pouco os olhos e virou o rosto na direção dele. Não havia dúvida nenhuma. Pete era bonito. Ah, ele não era dono de músculos tonificados nem de um bronzeado dourado. Não tinha dentes brancos reluzentes nem covinhas no rosto. Mas aquelas feições de linhas marcantes eram capazes de fazer parar o coração de uma mulher.

— Antes que os homens apareçam por aqui, Patsy — ele disse — quero lhe contar uma coisa. É sobre pescaria.

— Ah, Kim já me contou — ela disse. — Charlie inventou essa ideia quando estava tentando convencer Esther a acompanhá-lo ao restaurante da Tia Mamie. Funcionou tão bem que Charlie contou a Derek, e agora a família Finley está pescando todos que encontram.

— Verdade?

Patsy hesitou.

— Quando você fala em pescar, está se referindo àquela maneira especial de conversar com uma pessoa e convencê-la a fazer o que você quiser? Como Derek reconquistando a admiração de Kim, e Kim conseguindo ser aceita por Miranda? E Lydia conseguindo a permissão de Luke para ajudá-lo a controlar o diabetes, mesmo na frente de todos os amigos dele?

Pete coçou o local que um dia foi coberto por barba, mas parou em seguida, ao sentir que ela desaparecera.

— Não estou pensando nesse tipo de pescaria. Derek Finley e eu discutimos outro tipo de pescaria depois do culto no domingo passado. Você se lembra das mulheres reunidas falando sobre o casamento de Jessica Hansen?

— Sim. Jennifer vai ser a madrinha, e elas planejam usar vestido amarelo-claro e carregar um buquê de copos-de-leite. Vou cuidar dos penteados e das unhas de todo o pessoal da festa. Já marcamos horários em minha agenda.

— OK, mas, enquanto vocês discutiam essas coisas, alguns homens e eu ficamos perto de nossos carros esperando que terminassem. Foi então que perguntei a Steve Hansen sobre essa história de ser "pescador de homens". Ele explicou muito bem, e em seguida Derek começou a fazer perguntas. Logo depois, Steve decidiu dar início a um estudo bíblico para homens na Rods-N-Ends todas as quartas-feiras de manhã, às 6 horas.

Patsy endireitou o corpo.

— Um estudo bíblico para homens? Você vai frequentar?

— Claro. Vai ser na minha loja, não ouviu? E isso me faz lembrar do assunto que queria lhe contar. Mesmo sem entender completamente o que significa "nascer de novo", ou por que alguém haveria de querer ser pescador de homens, vou fazer uma tentativa. Derek disse que também vai frequentar o estudo bíblico. Nós dois somos um pouco ignorantes, mas gostamos do que vemos na igreja. E mais, gostamos das pessoas que se chamam cristãs. Por isso, Patsy, talvez eu não seja tudo aquilo que deveria ser, ou poderia ser, mas espero que saiba que estou tentando.

— Oh, Pete! — Incapaz de conter-se por mais um instante, Patsy passou os braços ao redor do pescoço de Pete e abraçou-o com força, enquanto as lágrimas desciam por seu rosto. — Estou tão feliz que não sei o que dizer! Não posso acreditar que você tenha atendido a meu pedido. E se preocupado com o que penso. E tirado aquela barba. E decidido ir ao estudo bíblico. E...

— Epa, espere um pouco! — Os braços de Pete apertaram Patsy com força. — Espere, garota. Temos um problema sério. Parece encrenca pela frente, mas acho que Derek já tomou conta da situação.

Patsy levantou a cabeça e tentou enxergar através das lágrimas que lhe cobriam os olhos.

— O que foi, Pete?

— Há alguma coisa no lago. Parece grande demais para ser uma carpa ou peixe-gato. Também não deve ser um peixe-espátula. Por que todas as vezes que temos um churrasco há sempre um problema para acabar com nossa alegria?

Ainda protegida nos braços de Pete, Patsy virou-se, enxugou os olhos e avistou uma figura de aspecto escuro um pouco adiante da linha d'água. Parecia estar flutuando à deriva em ritmo lento — talvez fosse um tronco de árvore ou uma tartaruga grande. Derek havia pegado um bastão pesado e caminhava em direção à água. Os pais tiraram as crianças do local, e todos se reuniram em grupos, abraçando-se.

No momento em que Patsy se convenceu de que o objeto era uma espécie de entulho, a coisa saiu da água. O grupo inteiro gritou e afastou-se. Agora a figura estava em pé, andando com dificuldade em direção à praia.

— É um cervo? — Patsy perguntou.

— Muito peludo e alto. Pode ser um urso. É grande demais para ser um guaxinim. O que é aquela coisa?

Naquele momento, a figura levantou a mão e começou a acenar.

— Ei, sou Cody!

— Cody! — Patsy saiu da cadeira tão rápido que Pete ficou de mãos vazias. Chutando fora as sandálias, ela correu para a água. — É Cody! Cody, você voltou!

— Oi, Patsy Pringle! Oi, Pete! Oi, Brenda Hansen! Oi, Steve! Oi, sr. e sra. Moore! — Pingando, Cody Goss cambaleava pela praia. O cabelo e a barba haviam crescido de forma irregular, e sua camiseta estava coberta de manchas de graxa. — Oi, sra. Finley e patrulheiro Finley! Oi, outra sra. Finley! Oi, Ashley e Brad! Oi, Opal!

Patsy correu na direção de Cody e passou os braços ao redor de seus ombros esqueléticos e molhados. Em seguida, quase todos os habitantes de Deepwater Cove fizeram um esforço enorme para abraçar Cody. Brenda Hansen começou a chorar. Ashley Hanes decidiu colocar colares no pescoço dele. Kim Finley enrolou-o em toalhas de praia enquanto os gêmeos dançavam ao redor dele. Esther e Charlie estavam tão felizes que começaram a dançar uma valsa de alegria. Até Brad Hanes aplaudiu a chegada de Cody à comunidade.

— Você voltou para nós! — Patsy disse, enquanto o rapaz caminhava em direção à grama. — Ah, Cody, sentimos muitas saudades de você!

— Eu também senti saudades de vocês. — Cody sentou-se num cobertor estendido no chão, e todos se reuniram em torno dele. — Senti saudades de todos, e quero dizer a vocês que Deepwater Cove não é um lugar fácil de ser encontrado.

— Mas por que você decidiu vir embora de Kansas? — Miranda Finley perguntou. — Pensamos que você estivesse feliz com sua tia.

— Minha tia é uma senhora muito bondosa — Cody declarou. — Disse que gostava de mim, e que ficou triste quando soube que meu pai morreu. A tia Marylou passa quase o dia inteiro na floricultura dela. Faz buquês para casamentos, enterros, aniversários, feriados, altares de igreja e saguões de hotel.

— Ela é florista! — Esther exclamou.

— Sim, e ela tem uma televisão grande, e disse que eu podia ver qualquer programa o dia inteiro enquanto ela estivesse fora. Quando ela voltava para casa, jantávamos juntos. Minha tia é vegetariana. A gente comia vagem, ervilha, alface e cenoura. Não havia carne. Nem ovos. Nem nada interessante. Só nozes, amendoins, macadâmias e outras coisas parecidas.

— Que droga! — Luke Finley disse. — Isso é pior que comida de diabético.

— Tem razão — Cody disse. — Droga mesmo! Além disso, minha tia e eu não conversávamos muito, porque ela estava sempre na floricultura, fazendo buquês de flores. Disse que não tinha tempo de me ensinar a ler nem de me ensinar boas maneiras. Não queria que eu limpasse nada na casa dela nem varresse o jardim. A tia Marylou sempre dizia: "Estou feliz por você ter vindo me visitar. Quanto tempo planeja ficar?". Eu disse a ela que estava feliz por ter uma família e um lar. Mas um dia decidi que já tinha visto televisão pelo resto da vida, porque, se vocês não sabem, as coisas que essa gente mostra na televisão não são boas. Escrevi uma carta de despedida para minha tia, agradeci pelos vegetais e disse que ela poderia vir me ver em Deepwater Cove, porque a minha casa verdadeira e a minha família verdadeira estão aqui. Comprei uma passagem de ônibus para St. Louis.

— St. Louis! — Patsy exclamou, imaginando o rapaz ingênuo perdido no meio de uma cidade tão grande. — É muito longe daqui.

— Eu sei. Não consegui encontrar a casa de vocês, nem o Assim Como Estou, nem a Rods-N-Ends. Então morei no mato por uns tempos, como meu pai e eu fazíamos. Mas, quando a gente mora no mato, fica com cheiro ruim. E foi por isso que... Bem, depois que encontrei Deepwater Cove alguns minutos atrás, entrei no lago para me lavar... Mas Brenda pode lhes dizer que *não sou peixe*. Agora vocês sabem por que estou cheirando mal

— Você não está cheirando mal. — A voz era de Jennifer Hansen, que se colocara entre Patsy e Pete. Ela carregava um prato, e ofereceu-o a Cody enquanto se sentava ao lado dele.

— Três cachorros-quentes! — ele praticamente gritou. — E bolo de chocolate!

— Cortado em quadrados, não em triângulos — Jennifer disse. — Porque em quadrados é bem melhor.

Cody fitou-a por um momento, sem acreditar no que via. Em seguida, pegou um cachorro-quente.

— Este é o dia mais feliz da minha vida. E há outra coisa que quero dizer. Eu amo você, Jennifer Hansen.

A moça sorriu.

— Todos aqui amamos você, Cody — ela disse. — Bem-vindo de volta a Deepwater Cove. Bem-vindo ao lar.

Notas

Epígrafe

[1]Peça escrita em 1908. (Nota aos leitores) São Paulo: Mundo Cristão, 2006.

Capítulo 1

[1]Dia dedicado à memória de todos os norte-americanos que morreram em serviço à nação. Comemorado na última segunda-feira de maio, o feriado marca também o início do verão. Nos Estados Unidos, o verão começa oficialmente em 21 de junho e termina em 22 de setembro. (N. do T.)

Capítulo 2

[1]Mateus 4.19.
[2]João 3.3.

Capítulo 6

[1]No original, *seven-layer dip*. Prato norte-americano montado em camadas com tutu de feijão, *guacamole*, creme azedo, salsa picante ou tomates cortados, queijo ralado, azeitonas pretas, carne moída e alface. (N. do T.)

Capítulo 7

[1]Carne, frango ou camarão grelhado servidos em *tortillas*. (N. do T.)

Capítulo 8

[1]A independência nos Estados Unidos é comemorada no dia 4 de julho. As cores da bandeira (azul, branco e vermelho) e suas estrelas são amplamente usados na celebração desse feriado. (N. do T.)

Capítulo 12

[1]O movimento *beat* originou-se nos Estados Unidos na década de 1950 e pregava um estilo de vida alternativo ao materialismo e consumismo. Os adeptos desse estilo ficaram conhecidos como *beatniks*. (N. do T.)

Capítulo 13

[1]O Dia do Trabalho é comemorado nos Estados Unidos na primeira segunda-feira de setembro. (N. do T.)

Capítulo 16

[1]*Combo* é o livro utilizado nas reuniões dos Jogadores Anônimos. Trata-se do resumo do programa de recuperação e contém informações sobre jogo compulsivo. (N. do T.)

Compartilhe suas impressões de leitura escrevendo para:
opiniao-do-leitor@mundocristao.com.br
Acesse nosso *blog*: www.mundocristao.com.br/blog

Diagramação: Sonia Peticov
Preparação: Daila Fanny
Revisão: Josemar de Souza Pinto
Gráfica: Imprensa da Fé
Fonte: AGaramond
Papel: Norbrite cream 66 g/m² (miolo)
Cartão 250 g/m² (capa)